Contornos del habla

Contornos del habla

Fonología y fonética del español

Denise Cloonan Cortez de Andersen

Northeastern Illinois University

Yale University Press   *New Haven & London*

PUBLISHER: Mary Jane Peluso
EDITORIAL ASSISTANT: Elise Panza
PROJECT EDITOR: Timothy Shea
MANUSCRIPT EDITOR: David R. Pritchard
PRODUCTION EDITOR: Ann-Marie Imbornoni
PRODUCTION CONTROLLER: Karen Stickler
ILLUSTRATIONS by Mary Valencia.
DESIGNED by James J. Johnson.
Set in Minion Roman by Integrated Publishing Solutions.
Printed in the United States of America.

Library of Congress Cataloging-in-Publication Data
Cloonan Cortez de Andersen, Denise, 1961–
    Contornos del habla : fonología y fonética del español / Denise Cloonan
Cortez de Andersen.
        p.   cm.
    Includes bibliographical references and index.
    ISBN 978-0-300-14130-6 (pbk. : alk. paper) 1. Spanish language—Spoken
Spanish. 2. Spanish language—Phonology. 3. Spanish language—Phonetics.
I. Title.
    PC4073.C56 2010
461′.5—dc22   2008056012

A catalogue record for this book is available from the British Library.

This paper meets the requirements of ANSI/NISO Z39.48-1992
(Permanence of Paper).

10   9   8   7   6   5   4   3   2   1

Sin duda alguna, le dedico este libro a mi hijo

Jonathon Cortez Andersen

porque me inspira diariamente.

Índice

Preface

This text is designed for implementation in a Spanish phonetics and phonology course at the third or fourth year of undergraduate university study, and possibly as an ancillary text at the graduate level. The inclusion of the Romance language material in Chapter 1 also allows the text to be used as an ancillary for a class studying the history of the Spanish language.

At the undergraduate level, three principal groups of students enroll in a course of this type: (1) the Spanish language major; (2) the Spanish secondary education major; and (3) the Spanish minor. Additionally, both heritage and nonheritage learners are represented in each of the three groups. The needs of each group differ, as do the students' educational background and their individual learning styles (as described in Howard Gardner's taxonomy of "Multiple Intelligences"). This text is designed to accommodate this diversity and to make the material accessible to all.

One of the unique features of the text is that it is conceived within a second language acquisition paradigm while fostering inductive reasoning and critical thinking skills on the part of the student. The linguistic constructs themselves are so unfamiliar—to heritage and nonheritage students alike—that the material should be presented in a manner congruous with what we, as linguists, know about the process of optimal language acquisition. In accordance with "schema theory," the preliminary chapters provide the students with the appropriate background knowledge, on which they can rely when they arrive at the more theoretical chapters later in the text. Moreover, in keeping with the National Standards for Foreign Language Learning and their emphasis on "Communication, Cultures, Connections, Comparisons, and Communities," the text provides students with authentic data and material (both oral and written) representing the diversity of dialects of the twenty Spanish-speaking nations while engaging them in a variety of "real-life" activities.

In addition, passages taken from regional literature have been incorporated to serve the function of "advance organizer" for the students. The regional literature pieces are used for both pre-reading and post-reading activities because they tend to customize the normative orthography by using a spelling that is more congruous with the way some natives speak.

In many texts of this nature, material is presented in one chapter and rarely reviewed elsewhere. In *Contornos del habla*, the material presented in each chapter is strategically revisited in subsequent chapters in an effort to help students to synthesize the information, make cross-disciplinary connections, and develop critical thinking skills that will help them to become lifelong learners. Linguistic theory is presented gradually so as not to overwhelm the students, allowing them to make their own discoveries. The last chapter, Chapter 8, comes full circle with Chapter 1 by reinforcing the concepts presented in descriptive form with linguistic constructs through application of theory.

This text offers both integrative and pragmatic exercises that are contextualized in the *realia* that represents the diversity of the target language. There are twelve labeled chapter-internal activities that follow both traditional and alternative forms of assessment. Each chapter is structured as described below.

Introducción, Objetivos, y Términos claves

The student is provided with a bulleted set of goals to be acquired upon completion of the chapter. A preliminary overview is followed by a list of key vocabulary words. These words are sequenced in the order in which they appear in the text and are highlighted on first occurrence within the chapter for easy reference.

Repaso y preparativos

This section reviews and revisits material from previous chapters (except in Chapter 1, where it is simply termed *Preparativos* since there is no prior material to review). This section also provides the forum for preparatory work, including pre-reading activities to get the appropriate schema activated or, as in many cases, to provide the missing schema. The main purpose of this section is to recycle and reinforce key concepts while guiding the students to synthesize the material.

X-1. Estimulación

The review section closes with an initial set of activities whose purpose is to bridge the gap between what students have already learned and what they are about to learn in the main section that follows. An additional purpose is to get the students motivated to move toward the target lesson by providing meaningful input. Corpus data is provided in many *Estimulación* exercises in an effort to encourage students' inductive reasoning skills—they determine what is occurring and where the phenomena are to be found. In the beginning chapters students are only asked to describe in their own words what they think is occurring; later, when they have the necessary tools and terminology, they are asked to describe the phenomena via linguistic notation.

Materia principal

This section presents the target material for each chapter. It is here that the key vocabulary from the introductory section is presented and that the linguistic processes to which these terms refer are described in depth. This section also contains the numerous figures, charts, and other illustrative materials that add concrete detail to the discussion. Phonetic transcriptions with pronunciations on the accompanying CD are numbered consecutively within each chapter and indicated by the symbol ✇.

X-2.–X-6. Comprensión

Five separate comprehension exercises are strategically placed throughout the main section so as to verify step-by-step understanding of the material. These exercises contain questions and activities (including self-assessment instruments) that break the section into manageable units and reinforce the learning process.

X-7. Verificación

Each main section ends with an exercise designed not only to verify students' overall comprehension of the chapter material but also to allow them to apply what they have learned in novel contextualized settings.

Síntesis

In this section students are given the opportunity to synthesize the material from previous sections and to make their own connections and conclusions about the linguistic processes they have been studying. Five separate activities direct students along a line of research congruous with the material and information presented in the given chapter. Students are encouraged to apply their newly acquired knowledge by such means as visiting Internet sites, listening to video/audio recordings, collecting data with their own recorders, and analyzing what data they gather through guided exercises. These guided exercises are graded in terms of difficulty and intensity—the National Standards see their full realization in these sections as the students work through the guided activities that speak to the communication, cultures, communities, comparison, and connections standards.

X-8. Aplicación

This activity provides preliminary work which directs the student toward the fieldwork component described below. The guided exercises gradually prepare the students for this project so that they are ready to complete the task when it is appropriate.

X-9. Investigación

This activity allows the students to begin their work as researchers and to acquire techniques which will be invaluable for their success with the final fieldwork component of this text as well as the work that they do for other courses.

X-10. Un poco más allá

This activity gives optional exercises that go above and beyond the expectations for the chapter.

X-11. Reflexiones personales

This activity is designed to scaffold students through the chapters via guided journal entries that help them synthesize and reflect thoughtfully on the material.

X-12. Estudio de Campo

This final component of each chapter provides preparatory activities designed to orient the student toward the ultimate goal of the text—the fieldwork to be assigned in Chapter 8, where they will be asked to seek native-speaker informants, collect data, either video or audio, analyze the data, do outside research, and write their project. This is a boxed feature so that attention is easily directed toward it.

Bibliografía y enlaces recomendados

This section is designed to direct the student to the other available resources for the material presented in the chapter.

While the instructor is encouraged to incorporate as many of the activities as possible, there is a large amount of material available for selection. Every class follows a different pace, and the variety of activities allow for the instructor to make adjustments as necessary.

The students are encouraged and prompted in each chapter to become more involved in field methods and data collection. The preliminary exercises involve work with data collected through television, radio, and the Internet; in later chapters the students seek their own native-speaker informants and begin their fieldwork.

There are two ancillary components found on the text's Web site. The workbook *Cuaderno de actividades* is presented in PDF format and can be downloaded for use either in class or at home. These exercises are more discrete point in nature to help the students deal with the new terminology and more difficult constructs. The second ancillary component is a series of self-correcting flash-based quizzes for each chapter to be used by students to verify comprehension.

The typical sixteen-week semester was used as a guideline for the chapter construction—with two seminars allotted for each chapter. A semester-long course should be adequate for the completion of all material with adjustments made for individual pacing.

Agradecimientos

Con gratitud y afecto para **Ana I. Del Rey** con quien trabajé muchas horas en la redacción de este manuscrito. Le agradezco su ayuda e interés inquebrantables en cuanto al proyecto. No habría sido posible este libro sin su pericia, tiempo y paciencia.

También le agradezco a **Nelly Zamora-Breckenridge** de Valparaiso University su ayuda y aporte en la redacción de este trabajo. Me apoyó en cada faceta de este proyecto principiando con la propuesta. Sus sugerencias me han sido muy valiosas.

Además, les agradezco a todos los reseñistas siguientes sus comentarios en todo borrador de este trabajo; sus recomendaciones han ayudado con el desarrollo y mejoramiento de este manuscrito:

Carolina González, Florida State University
Casilde A. Isabelli, University of Nevada, Reno
Eric Kartchner, Colorado State University, Pueblo
Kathleen March, University of Maine
Jim Michnowicz, North Carolina State University
Alfredo B. Torrejón, Auburn University
M. Stanley Whitley, Wake Forest University
Nelly Zamora-Breckenridge, Valparaiso University

Les agradezco a todos mis colegas de Northeastern Illinois University su apoyo. Además les agradezco a mis estudiantes sus preguntas sobre la materia y la oportunidad de compartir con ellos fragmentos del manuscrito en clase. También les quiero agradecer a todos los profesores y estudiantes que me ayudaron con las grabaciones para este libro. Este libro no habría sido posible sin la colaboración de:

Alberto Amaya, Jr.
Lucrecia Artalejo
Elisa Baena
Sandra Bonazza Cadenas
Jacob B. Chacko
Ricardo F. Chavarría
Janet Fernández
John Geary Balducci
Thomas E. Griffin

Ramona Gutiérrez
Elvia León
Susannah Burns Maldonado
Mary Ellen McGoey
Daisy A. Ortega
Rubi Popoca
Patricio Rizzo-Vast
Christopher Schroeder
Jeffrey Owen Smith
María Villaseñor

Les agradezco también a Mary Jane Peluso, Elise Panza, Annie Imbornoni y David Pritchard su ayuda editorial y paciencia infinita con todas mis preguntas en cuanto a la preparación de este manuscrito. Le agradezco a Heather Dubnick la recopilación del índice.

Capítulo 1

El español y los otros idiomas romances

Introducción

Objetivos

Al terminar este capítulo el estudiante podrá:

- distinguir entre *idioma* y *dialecto*
- entender el concepto de familias lingüísticas
- conocer la relación entre el español (y los otros idiomas romances) y el latín, como su antecesor
- entender el desarrollo lingüístico del español como idioma romance
- entender la relación entre el español y los otros idiomas romances
- conocer algunos cambios lingüísticos en la evolución del español
- conocer la relación entre el abecedario y el inventario fonémico del español

Este capítulo sirve para establecer la importante diferencia lingüística entre los térmi-nos ya conocidos como *idioma* y *dialecto*. Además se le presenta al lector una lista de los idiomas romances y sus distintas características para aclarar la diferencia entre dia-lecto e idioma. También se presentará una breve historia del español y su desarrollo lingüístico. No todos los procesos lingüísticos tienen representación en el enfoque histórico provisto; sólo los que también se evidencian en el desarrollo dialectal del es-pañol. Este capítulo será un buen punto de partida en cuanto a la formación lingüística que se precisará para poder analizar y entender con más profundidad el idioma español.

el idioma

el dialecto

la inteligibilidad mutua

el atlas lingüístico

la isoglosa

la familia lingüística indoeuropea

    la rama itálica

        el balcánicorromance

        el italorromance

        el galorromance

        el iberorromance

la Línea Spezia-Rimini

el latín clásico

el latín vulgar

el neolatino

el acento de intensidad

la lengua prerromana

el sustrato

el superestrato

la vocal laxa

la vocal tensa

la mora

la reducción vocálica

la diptongación

la asimilación

la palatalización

la fusión

la metátesis

el debilitamiento (la lenición)

    la simplificación

    la sonorización

    la fricatización

    la pérdida

el Alfabeto Fonético Internacional (AFI)

el fonema

las barras oblicuas

la grafía

el dígrafo

las comillas anguladas

Preparativos

La diferencia entre *idioma* y *dialecto*

Ha sido un tema muy discutido el de la diferencia entre **idioma** y **dialecto**. Y, fuera de la lingüística, se emplean de manera intercambiable los dos términos. Pero, aunque hay diferencias entre los dos, muchas veces es difícil determinar si dos códigos lingüísticos son idiomas distintos o dialectos del mismo. Vamos a analizar algunas perspectivas de la diferencia entre los dos términos para llegar a alguna definición más concreta.

Para comenzar, el **idioma**, o la lengua, se define como un código que establece una relación estrecha entre imágenes auditivas (articulaciones/pronunciaciones) y los conceptos (su significado). En contraste, el **dialecto** se define como un habla regional (el andaluz, por ejemplo) en el interior de una nación donde domina oficialmente (es decir, con relación a la administración, la enseñanza, etc.) otra habla; los dialectos son variedades del mismo idioma, o sea el idioma oficial. Las variedades se manifiestan en la pronunciación, el vocabulario, la gramática y la entonación entre otros.

Por otro lado se puede plantear una diferenciación entre los dos conceptos y distinguir entre idioma y dialecto por medio de tres criterios concretos. Estos criterios se aplican para discernir entre dos categorías para determinar si éstas representan idiomas distintos o dialectos del mismo. Estos tres criterios incluyen: la semejanza gramatical, el tiempo, y los juicios sociales y políticos. El primer criterio es de tipo cuantitativo, o sea, dos idiomas distintos tendrán más diferencias fonológicas, léxicas, morfológicas y sintácticas que dos dialectos. Estas diferencias gramaticales conducen a un bajo nivel de comprensión mutua entre los hablantes de los dos códigos. No obstante, este criterio merece una pequeña aclaración porque la naturaleza y la clase de diferencias gramaticales importarán mucho en la distinción. Por ejemplo, según Nora England, "Puede haber un idioma con una extensión geográfica grande donde los dialectos en los extremos territoriales son tan diferentes como idiomas distintos, pero hay una serie de dialectos geográfica y lingüísticamente intermedios entre los dos, donde el cambio de uno al otro es pequeño y gradual" (p. 17). A la inversa, si los cambios son grandes y no hay estas formas intermedias anteriormente explicadas, se puede concluir que probablemente son dos idiomas distintos.

Un factor que complica la situación es que es posible que los hablantes del mismo idioma de regiones distantes no se entiendan, aunque hablan el mismo idioma, porque los dialectos son muy distintos en cuanto a vocabulario y pronunciación. Es una cuestión de **inteligibilidad mutua** o comprensión mutua. Este término se refiere al porcentaje de entendimiento que existe entre dos interlocutores. Si dos interlocutores se entienden fácilmente entonces decimos que las dos formas tienen un alto nivel de inteligibilidad mutua y, por eso, probablemente hablan dialectos del mismo idioma. Si les cuesta mucho a los dos la comprensión, decimos que las dos formas tienen un bajo nivel de inteligibilidad mutua y será probable que hablen idiomas distintos. Los lingüistas describen los idiomas y dialectos según su porcentaje de inteligibilidad mutua, diciendo, por ejemplo, que algún código y tal otro son inteligibles mutuamente por el x%. Dos idiomas distintos tendrán un porcentaje bajo de comprensión mutua mientras que dos dialectos del mismo tendrán un porcentaje alto.

Siguiendo la cuestión de la semejanza gramatical, tenemos el segundo criterio que es el tiempo. Dos dialectos generalmente tienen menos de cinco siglos de separación mientras que dos idiomas diferentes tienen siete o más siglos de separación. England comenta que "la estandarización ayuda a detener la separación de dialectos de un idioma en idiomas diferentes, tanto como otros factores: cobertura de transporte y medios de comunicación, administración política, nacionalismo, voluntad de los hablantes para encontrar más posibilidades de entendimiento mutuo, [y] educación" (England, p. 18). En este caso, se lleva a cabo algún análisis temporal de determinados códigos con menos transcurso de tiempo entre dialectos.

El tercer criterio es más sujetivo que los otros porque abarca juicios sociales y políticos. En algunos casos la frontera política determinará si dos formas son dialectos del mismo o idiomas separados; por ende no es sino una decisión política y no una decisión lingüística. Por ejemplo, en la práctica, el noruego y el sueco son dialectos del mismo idioma (según los criterios lingüísticos), pero por ser hablados en países diferentes, Noruega y Suecia, respectivamente, son considerados como dos idiomas diferentes. Lo mismo podríamos decir en cuanto a la cuestión del croata y el serbio; son dialectos del mismo idioma, pero por la situación política actual, son considerados como idiomas separados. Aunque válido, este tercer criterio carece de sentido lingüístico.

Si se ha determinado que existen dialectos del mismo y no idiomas distintos, los lingüistas documentan las variaciones dialectales en un **atlas lingüístico** para describir las diferencias entre las hablas y categorizarlas. Primero se divide la región en cuestión en sectores diferentes según sus características léxicas y articulatorias. Estas divisiones se llaman isoglosas. **La isoglosa** es una línea imaginaria que, en un atlas lingüístico, pasa por todos los puntos en que se manifiesta un mismo fenómeno. El término *isoglosa* proviene del griego: «iso» significa "igual" y «glosa» significa "lengua". Las formas de hablar que quedan a cada lado de la isoglosa serían dialectos diferentes. Para identificar estas isoglosas y establecer un atlas lingüístico de una región, se les reparte a todos los habitantes un cuestionario con preguntas, tales como: ¿Cómo se dice *esto*? ¿Cómo se pronuncia *eso*? etc. Y, luego, los resultados son anotados, calculados y trazados en forma gráfica. Esos datos resultantes formarán el atlas lingüístico.

El resultado de los cuestionarios lingüísticos enseña cómo se diferencian entre sí los dialectos del mismo idioma. Tanto la pronunciación como el inventario léxico figuran en el cuestionario y, aunque cuenta como un factor viable e importante en la distinción entre formas de hablar, las formas léxicas diferentes no forman parte del enfoque de este texto.

Volviendo al tema de dialectos, entonces, podemos enlazar lo del habla con la cuestión de dialectos. La isoglosa, anteriormente mencionada, dividiría las hablas distintas del mismo idioma. En realidad, hay muchos factores que influencian el habla, por ejemplo, hay efectos impuestos por la región geográfica, la escala social, el nivel de educación alcanzado, la edad, el contacto que se ha mantenido con otros idiomas, la etnicidad, el género, y aun la personalidad de los hablantes.[1] Ahora que tenemos una formación básica en cuanto a la diferencia entre dialecto e idioma, vamos a analizar esta cuestión y cómo se aplica al desarrollo del español.

1-1. Estimulación

En un grupo, contemplen las siguientes preguntas y compartan sus opiniones con la clase.

1. ¿Qué es un idioma romance? ¿Qué significa «romance»? ¿Qué significa «neolatino»?

2. ¿Cuáles son todos los idiomas romances? ¿Sabe hablar otro idioma romance? ¿Hay semejanzas entre éste y el español? Describa alguna semejanza.

3. ¿Qué características tendrán o compartirán los idiomas romances?

4. Aparte de los romances, ¿qué otras clasificaciones de idiomas conoce Ud.?

5. ¿Pertence el inglés a la misma familia lingüística que el español? ¿A qué categoría pertenece el inglés?

Materia principal

1. Definición de idioma romance

a. Las características

Los idiomas se categorizan en familias que comprenden un conjunto de lenguas relacionadas por el mismo antecesor. Hay cien familias lingüísticas en total con más de seis mil lenguas clasificadas en distintas ramas, o grupos. Algunos ejemplos de las familias lingüísticas incluyen: la familia uralaltaica (húngaro, coreano . . .); la afroasiática (árabe . . .); la sino-tibetana (mandarina . . .); la uto-azteca (náhuatl . . .); la maya (k'ichee' . . .); y la indoeuropea (inglés, griego, español . . .). **La familia lingüística indoeuropea** es bastante grande y comprende doce ramas con más de 443 lenguas, y es a la que pertenecen los idiomas romances. El inglés, por ejemplo, pertenece a la rama germánica de la familia indoeuropea, mientras que los romances forman **la rama itálica**. La rama itálica se divide aún más en cuatro subgrupos que incluyen: **el balcánicorromance** (rumano, dálmata); **el italorromance** (italiano, sardo); **el galorromance** (francés, catalán, occitánico); y **el iberorromance** (español, gallego, portugués). A propósito, un dato interesante es que aunque se habla en España (como el español, el gallego y el catalán), el vascuence no pertenece a la familia indoeuropea. El vascuence se habla en Euskadi (País Vasco) y es más, no se sabe de qué antecesor se desarrolló; así, es lo que se llama en inglés un "language isolate". Y, por eso, no tiene relación con los idiomas romances y es una lengua prerromana. (Se puede escuchar fragmentos de la "Cenicienta" en catalán, francés, portugués e italiano ✎**1**.)

Volviendo al tema del atlas lingüístico, un ejemplo de una isoglosa es la famosa **Línea Spezia-Rimini**. Esta isoglosa, cuyo nombre se refiere a las dos ciudades en Italia, Spezia y Rimini, divide a los idiomas romances del este de los del oeste. La división marca dos procesos. Uno de ellos es la sonorización. El segundo proceso sería la escasez o ausencia de esta sonorización de algunas consonantes en posición intervocálica (entre vocales). La sonorización se refiere al cambio de sonido debiendo a la vibración de las cuerdas vocales. En este caso, por ejemplo, se refiere al cambio de un sonido como la «c» de «casa» a la «g» de «gato». La única diferencia entre la «g» de «gato» y la «c» de «casa» estriba en la vibración de las cuerdas vocales, o sea, la sonorización—la «g» tiene voz y la «c» no la tiene ✎**2**.

Los idiomas romances del este incluyen el italiano y el sardo (hablados en Italia y Cerdeña, respectivamente), el rumano (hablado en Rumania) y el dálmata (ya extinto pero hablado anteriormente en Dalmacia); mientras que los del oeste abarcan el portugués (hablado en Portugal), el gallego y el español (hablados en España), el catalán (hablado en España y en Francia), el francés (hablado en Francia), y el occitánico (hablado en España, Francia e Italia). Un ejemplo concreto de la sonorización se realizó con la palabra «focum» en latín. La «c» se mantuvo en el italiano, dando «fuoco», pero se sonorizó en español dando la palabra «fuego» ✎**3**.

Para enfocar nuestro estudio, cabe repasar brevemente la historia del Imperio Romano en cuanto a su relación con la evolución del español como idioma. La romanización de España empezó al comienzo de la Segunda Guerra Púnica en el 218 aC. La derrota y la colonización posteriores de Cádiz en el 206 aC. pusieron en marcha la latinización de la Península; así, en resumidas cuentas, es como llegó el latín a España. Sin embargo, con la caída del Imperio Romano en el siglo IV, todos los hablantes del latín de los distintos sectores de Europa—la Península Ibérica, la Península Italiana, la Balcánica, etc.—se separaron y se aislaron. A consecuencia de esta separación, la lengua de cada grupo comenzó a desarrollarse y evolucionar independientemente. Algunas alcanzaron la categoría de idioma y otras siguieron siendo dialectos históricos; por ejemplo, el provenzal es uno de los dialectos del occitánico que no llegó a establecerse como idioma.

Cabe volver a los subgrupos de la rama itálica para profundizar nuestra comprensión. Los subgrupos son: el balcánicorromance, el italorromance, el galorromance y el iberorromance. El nombre de cada subgrupo identifica la región asociada con las lenguas: "balcánico" se refiere a la Península Balcánica (Rumania y Dalmacia—los países balcánicos también incluyen Grecia, Serbia, Croacia y Albania, entre otros); "italo" se refiere a la Península Italiana y sus islas circundantes (Italia, Sicilia y Cerdeña); "galo" se refiere a Galia, antiguo nombre de Francia (el catalán forma parte de este subgrupo porque sirve de transición entre el galorromance y el iberorromance puesto que hay coincidencia de este idioma en Francia y en España); y, por fin, "ibero" se refiere a la Península Ibérica (España y Portugal).

1-2. Comprensión

Conteste individualmente o en grupo las siguientes preguntas basando sus respuestas en el material presentado anteriormente.

1. ¿Qué relación existe entre los términos de **dialecto** e **idioma**? ¿Con qué criterios contamos para determinar si dos códigos son idiomas distintos o dialectos del mismo? Explíquelos.

2. ¿En qué consiste una **isoglosa**? Explique cómo **la isoglosa** y **el atlas lingüístico** funcionan para delinear las diferencias dialectales.

3. ¿Qué lenguas pertenecen al subgrupo **iberorromance**? ¿A qué se refiere **ibero**?

4. ¿Qué significa **la inteligibilidad mutua**? ¿Qué importancia conlleva para distinguir entre idiomas y dialectos? En su opinión, ¿hay un nivel alto de inteligibilidad mutua entre el inglés y el español? ¿Por qué (no)?

5. ¿A qué **rama** pertenecen los siguientes idiomas romances: el francés, el italiano, el portugués, el rumano, el español?

Todo idioma romance se llama así porque proviene del latín, la lengua de los romanos. Aunque coexistían el **latín clásico** o el culto (el más formal y la forma escrita) y el **latín vulgar** (el menos formal y la forma hablada), la evidencia documentada indica que los idiomas romances se desarrollaron del latín vulgar. El vocabulario del español que se derivó del latín se asemeja a la forma hablada (vulgar); por ejemplo, la palabra «caballo» en español proviene del vulgar «caballus», y no del latín clásico «equus» ✇ **4**. Hay muchos ejemplos tales en el vocabulario del español. Lo explica de esta manera Rafael Lapesa: "Durante el Imperio, las divergencias se ahondaron en grado considerable: el latín culto se estacionó, mientras que el vulgar, con rápida evolución, proseguía el camino que había de llevar al nacimiento de las lenguas romances" (p. 69). Hay otros que clasifican a las lenguas romances no como idiomas sino dialectos del latín que representan al latín actual tal y como se habla hoy en día. El término **neolatino** (el latín moderno) compendia esta conceptualización. El problema con esta conceptualización estriba en el nivel bajo de comprensión mutua que existe entre todos los códigos romances.

b. Los idiomas romances

Según la clasificación de Posner, hay diez lenguas romances. El español, el francés, el italiano, el portugués y el rumano son lenguas de los estados europeos, mientras que el occitánico (que comprende *langue d'oc* como uno de sus seis dialectos, del sur de Francia) y el catalán son considerados lenguas literarias de la Edad Media; el occitánico era la lengua que utilizaban los trovadores en sus poemas y cantos. Tenemos también el gallego, el sardo y el dálmata. El dálmata es un idioma extinto desde hace 1898 y sirvió de puente entre el rumano y el italiano. Se denomina *extinto* algún idioma cuando fallece, según los censos, su último hablante.

Así, por haberse desarrollado de la misma fuente, todos los idiomas romances pertenecen a la misma familia lingüística y se relacionan entre sí por mostrar equivalencias sistemáticas recurrentes en la pronunciación que es evidente en palabras de significado idéntico o parecido. La característica que comparten más las lenguas romances es el inventario léxico, pero se asemejan en cuanto a cuestiones de género, concordancia entre sustantivos y adjetivos, artículos definidos y desinencias verbales. La desinencia verbal es el distintivo de la lengua romance. La figura 1.1 enseña el latín al lado de seis de los idiomas romances. Se nota mucha semejanza entre las terminaciones.

Figura 1.1 Las desinencias verbales: tiempo presente del indicativo

	Latín	Español	Portugués	Italiano	Catalán	Occitánico	Sardo
1ª	-O	-o	-o	-o	-o	-i/-e	-o/-u
2ª	-S	-s	-s	-i	-s	-s	-s
3ª	-T	ø	ø	ø	ø	ø	-t
1ª	-MUS	-mos	-mos	-iamo	-m	-m	-mus/-us
2ª	-TIS	-is	-is	-te	-u	-tz	-des/-is
3ª	-NT	-n	-m	-no	-n	-n	-n/-nt

(Adaptación de Posner, pp. 40 y 42)

Además, las lenguas romances comparten entre sí el orden de palabras que se difiere de el del latín; el latín seguía el orden de SOV (sujeto-objeto-verbo) mientras que las lenguas romances siguen SVO (sujeto-verbo-objeto), como se ve en la siguiente frase: «Mi primo estudia agronomía»—«mi primo» (sujeto) «estudia» (verbo) «agronomía» (objeto). En cuanto a todos los idiomas romances, Posner postula que el italiano es el arquetipo por ser el más parecido al latín, opuestamente con el francés al otro extremo por ser el menos parecido al latín.

Otra característica esencial en las lenguas romances digna de mención es **el acento de intensidad**, que se refiere a la acentuación tanto prosódica (hablada—como en la palabra «<u>ca</u>so») como ortográfica (escrita—como en la palabra «ca<u>só</u>») 🐚 5. Este rasgo se desarrollará en la sección titulada "Los cambios vocálicos" en este capítulo.

Figura 1.2 Comparación y contraste de renglón entre los idiomas romances

---

La Indoeuropea, Rama Itálica

El Iberorromance (el más occidental)
portugués: "Todos os seres humanos nascem livres e iguais en dignidade e em direitos."
gallego: "Tódolos seres humanos nacen libres e iguais em dignidade e dereitos."
español: "Todos los seres humanos nacen libres e iguales en dignidad y derechos."

El Galorromance
catalán: "Tots els éssers humans neixen lliures i iguals en dignitat i en drets."
francés: "Tous les êtres humains naissent libres et égaux en dignité et en droits."
occitánico: "Totei leis umans nàisson libres son egaus per la dignitat e lei drechs."

El Italorromance
sardo: "Totu sos èsseres umanos naschint lìberos e eguales in dinnidade e in deretos."
italiano: "Tutti gli esseri umani nascono liberi ed eguali in dignità e diritti."

El Balcánicorromance (el más oriental)
rumano: "Toate fiinţele umane se nasc libere şi egale în demnitate şi în drepturi."

(Adaptación del sitio: http://www.omniglot.com)

Conteste individualmente o en grupo las siguientes preguntas.

1. ¿Cómo se diferencian el **latín clásico** y el **latín vulgar**?

2. ¿Qué papel desempeña el **latín vulgar** en el desarrollo del español?

3. ¿Qué característica principal comparten los **idiomas romances**?

4. Vuelva a la figura 1.1 *Las desinencias verbales: tiempo presente del indicativo* y explique cómo se comparan y se contrastan las desinencias verbales. ¿Hay pautas regulares que se notan?

5. Vuelva a la figura 1.2 *Comparación y contraste de renglón entre los idiomas romances.* El portugués (el más occidental de los idiomas romances) y el rumano (el más oriental) están a los dos extremos del continuo que sigue. Analice las distintas formas ortográficas para la palabra «hombres». ¿Qué diferencias hay? Haga un análisis de las palabras dentro de la misma categoría: iberorromance, galorromance, italorromance y balcánicorromance y documente las semejanzas y diferencias. Después, escoja otra palabra de los fragmentos provistos y repita el ejercicio.

humanos	humanos	humanos	humans	humains	umans	umanos	umani	umane
(portugués)	(gallego)	(español)	(catalán)	(francés)	(occitánico)	(sardo)	(italiano)	(rumano)

2. Antecedentes históricos

a. Breve historia del desarrollo del español

Cuando invadieron la Península Ibérica los romanos, ya habían estado los iberos, los celtas y los fenicios con su propia lengua. En la Península Ibérica, todo idioma anterior al latín se llama una **lengua prerromana**. Con la romanización, el latín se impuso a estos otros idiomas y, después de un período de convivencia y bilingüismo, llegó a ser el idioma dominante. Cualquier otro idioma que es desplazado por otro constituye lo que se llama **un sustrato** (queda por debajo) porque era la original, o sea, la lengua establecida. Por otra parte, la Península fue invadida desde el norte por los visigodos y desde el sur por los árabes que, con sus lenguas extranjeras, influyeron y afianzaron el latín pero no lo reemplazaron. Esas lenguas se llaman **superestratos** (queda por encima) porque influenciaron después de que se había establecido el latín. Tanto el sustrato como el superestrato dejarán sus huellas en la lengua en cuestión mientras ésta va evolucionando y desarrollándose. En las Américas, las lenguas indígenas (maya, quechua, náhuatl, etc.) forman los sustratos y han dejado, por su parte, su impacto tanto en la pronunciación como en el inventario léxico.[2]

Vamos a analizar los cambios que se llevaron a cabo con la evolución del español por comparar su inventario con el de su antecesor, el latín. En las figuras 1.3 y 1.4 hay una lista de la ortografía en latín con su correspondiente pronunciación entre corchetes.[3] Por ahora podemos decir que los corchetes permiten que se pronuncie el símbolo encerrado. Con pocas excepciones, hay una correspondencia única entre la ortografía normativa y la pronunciación. En latín había diez vocales y tres diptongos. Había dos clases de vocales: **las laxas** y **las tensas** (las tensas tenían más duración); la pronunciación de las tensas se indica con dos puntos al lado para indicar alargamiento, aunque en la ortografía no había distinción. Entonces, había cinco vocales escritas con diez pronunciaciones. Dos de los tres diptongos tenían una ortografía que difería de la pronunciación: el diptongo «ae» transcribía el sonido [aj] como en la palabra «aire» del español; mientras el «oe» transcribía [oj] como en la palabra «oigo» ❀ **6**.

❀ **7**

Figura 1.3 Las vocales del latín

Ortografía	Pronunciación
1. «a»	[a:] [a]
2. «e»	[e:] [e]
3. «i»	[i:] [i]
4. «o»	[o:] [o]
5. «u»	[u:] [u]
6. «ae»	[ai]
7. «oe»	[oi]
8. «au»	[au]

❀ **8**

Figura 1.4 Las consonantes del latín

Ortografía	Pronunciación
1. «pa»	[pa]
2. «fa»	[fa]
3. «ma»	[ma]
4. «ba»	[ba]
5. «ta»	[ta]
6. «sa»	[sa]
7. «na»	[na]
8. «la»	[la]
9. «ra»	[ɾa]
10. «da»	[da]
11. «ka»	[ka]
12. «qua»	[kʷa]
13. «ga»	[ga]
14. «gua»	[gʷa]
15. «ha»	[ha]

En cuanto a las consonantes, había quince sonidos distintos en total. A continuación, examinaremos cómo se realizó la afloración del español que conocemos hoy.

1-4. Comprensión

Conteste individualmente o en grupo las siguientes preguntas.

1. ¿Cómo se diferencian los **sustratos** y **superestratos**? Dé algún ejemplo. ¿Existe una relación tal con el inglés en su región?

2. ¿Qué papel desempeñan los **sustratos** y los **superestratos** en el desarrollo de idiomas?

3. ¿Qué característica tiene **la vocal tensa** que no la tiene **la laxa**?

4. ¿Qué significa el término **prerromano**? ¿A qué se refiere una **lengua prerromana**?

5. Basando su respuesta en los datos de la figura 1.4, *Las consonantes del latín*, ¿qué sonidos tiene el español que no tienen representación en el inventario del latín?

b. Los cambios vocálicos

Recordemos que el latín tenía diez vocales—cinco laxas y cinco tensas (las de más duración)—mientras que el español actual tiene sólo cinco vocales. ¿Qué habrá pasado para reducir el inventario tanto? Vamos a examinar los ajustes vocálicos que se llevaron a cabo para disminuir el inventario vocálico. Se examinarán las siguientes cuestiones en esta sección: la mora, la reducción vocálica, la diptongación, el acento de intensidad, la epéntesis, y la metafonía. Estos fenómenos fueron seleccionados porque siguen siendo vigentes en el desarrollo actual del español.

"El latín clásico tenía un ritmo cuantitativo-musical basado en la duración de las vocales y sílabas" (Lapesa, p. 76). **La mora** se refiere a este concepto cuantitativo en cuanto a la duración de las vocales en latín, toda vocal siendo de una mora o dos. Las vocales laxas, con menos duración, constituían una mora; mientras que las tensas (incluyendo los diptongos), con más duración, constituían dos moras. Con la evolución del español, ya no había distinción entre las tensas y las laxas, entonces, había una **reducción vocálica** de diez a cinco: «a, e, i, o, u». El español, a diferencia del latín clásico, sigue un ritmo silábico en el que toda sílaba tiene más o menos la misma duración. Además había fusión de los tres diptongos del latín, «ae, oe, au», con las vocales; la «ae» y la «oe» se unieron con la «e», mientras que la «au» se unió con la «o». Con este último ejemplo tenemos la palabra «TAURUS», luego «TAURO» en latín que cambió a «toro» en español 🔊 9.

Estas transformaciones se ponían en marcha desde el siglo III en adelante, y seguía reduciéndose el inventario con el desarrollo del español. Lo interesante de este ajuste se nota en los verbos del español que contienen «o» y «e» en la raíz, que provinieron de las vocales laxas «ŏ» y «ĕ» respectivamente. En español, la vocal de la raíz se mantenía cuando átona («p<u>o</u>der, h<u>e</u>lar»), pero cuando tónica se convirtió en diptongo («p<u>ue</u>do, h<u>ie</u>la»). Este proceso se llama **la diptongación**. La «o» se convierte en el diptongo «ue» y la «e» se convierte en «ie». Un diptongo es la unión de dos vocales en la misma sílaba—una abierta más una cerrada o dos cerradas. La denominación de *abierta* o *cerrada* se refiere al grado de amplitud bucal que se exige para pronunciar el sonido. En español, las vocales «i, u» son las de menos abertura bucal y las restantes, «a, e, o», tienen mayor abertura.

El acento de intensidad es el distintivo de las lenguas romances y es un componente esencial de ellas. Es decir que la sílaba tónica (la acentuada) no dura más que las otras sino que la tónica tiene un golpe de voz más intenso, un volumen más alto o prominencia perceptible. La vocal acentuada, tanto la prosódica (hablada) como la ortográfica (escrita), se destaca por su mayor intensidad y no por su mayor duración.[4] Uno de los contrastes entre el español y el inglés estriba en el ritmo acentual característico del inglés.

c. Los cambios consonánticos

En comparación con los cambios vocálicos, los consonánticos son más numerosos e incluyen los siguientes procesos por nombrar sólo a unos pocos: la asimilación, la absorción, la palatalización, la fusión, la epéntesis, la metátesis y el debilitamiento. Se examinarán ahora los cambios que se llevaron a cabo con las consonantes en español. Han sido seleccionados estos procesos porque estos fenómenos surgirán de nuevo cuando se presenten los procesos dialectales actuales del español.

La asimilación se refiere a la cuestión de la modificación de un sonido que se asemeja con otro sonido vecino. Algún ejemplo sencillo se nota con la palabra «PALUMBA» en latín que cambió a «paloma» en español. Tanto la «m» como la «b» son sonidos bilabiales, es decir que se articulan con la unión de los dos labios, pero la «m» es nasal y la «b» es oral, es decir que el aire pasa por la cavidad oral (la boca). Entonces la «b» se asimila con la «m» y termina siendo nasal. La asimilación muchas veces funciona para facilitar y simplificar la pronunciación. Las etapas serían entonces «mb» > «mm» > «m» («palumba» > «palumma» > «paloma») 🕮 **10**.

Otro fenómeno es **la palatalización** de algunas consonantes en español. El término *palatalización* tendrá una explicación más profunda en capítulos posteriores, pero por ahora podemos asociar el concepto de palatal con el sonido que da la grafía «y» en español, por ejemplo en la palabra «a<u>y</u>er». Muchos grupos consonánticos del latín se palatalizaron al pasar al español, incluyendo las siguientes secuencias: «nn, gn, mn, ll, pl, cl, fl» (compare «plano» y «llano»). La doble «n» se palatalizó cambiando a «ñ» (cf. «ANNU» > «año»); lo mismo ocurrió con «gn» y «mn», es decir que estas secuencias también se convirtieron en la «ñ» del español. La «ll» no era palatal en latín como lo es en español, así se articulaba como dos sonidos contiguos de «l», pero al pasar al español, estas secuencias de «ll, pl, cl, fl» se palatalizaron dando la «ll» palatal. La «ll» del español es palatal porque tiene la misma articulación que la «y», como en las palabras «l̲leno» y «y̲eso» 🕮 11.

La fusión se refiere al proceso de la unión de dos o más elementos. En este caso, se refiere a las grafías de «b» y «v» en latín. Cada una tenía una articulación diferente pero se niveló esta distinción en el español teórico; entonces la «v» y la «b» se pronuncian igualmente y siguen el sonido que daba la «b» del latín.

La metátesis es un proceso interesante y es un fenómeno lingüístico que consiste en alterar el orden de los sonidos de una palabra, como por ejemplo «PERIGLU», luego «PERIGLO» pasó a «peligro» en español. En ese caso había una inversión de la «l» y la «r» 🕮 12. Veremos en el capítulo 2 que la «l» y la «r» comparten muchos rasgos semejantes, entonces no es sorprendente que la metátesis se realice con estos sonidos. En cuanto a las características dialectales, se verá que estos dos sonidos surgen de nuevo como problemáticos en la zona caribeña y costeña.

El último proceso de esta sección se llama **el debilitamiento** o **lenición** (en inglés se llama *lenition*). Aunque se presenta de forma simplificada en esta sección, el estudio de este proceso se ampliará en capítulos posteriores. Hay cuatro etapas en el proceso del debilitamiento consonántico que siguen una evolución natural: la simplificación, la sonorización, la fricatización y, finalmente, la pérdida. La primera etapa del proceso de debilitamiento se llama **simplificación**, y ésta se refiere a la reducción de dos consonantes contiguas como, por ejemplo, el paso de /kk/ a /k/ en posición intervocálica (entre vocales).[5] Encontrándose en este entorno nuevo, la /k/ sola, entre dos vocales, atrae el proceso de **la sonorización** y /k/ pasa a /g/. Recordemos que la sonorización se refiere a la adquisición de voz (vibración de las cuerdas vocales) y, como toda vocal tiene voz, esta posición intervocálica atrae la sonorización. A consecuencia de estar en posición intervocálica el sonido sonoro (con voz), la forma de /g/ pasa a una forma menos fuerte, /ɣ/, la forma fricativa. Para enseñar **la fricatización** y la resultante diferencia entre /g/ y /ɣ/ se pueden comparar las siguientes palabras en español: «gato» y «hago» 🕮 13. La «g» de «gato» transcribe /g/ y la «g» de «hago» es menos fuerte y transcribe /ɣ/. La última etapa es la que ocurre con la forma fricativa. Por haberse debilitado tanto, de /kk/ a /ɣ/, este sonido sufre otro cambio y es absorto por las vocales a su alrededor y se pierde. Este proceso se llama, acertadamente, **la pérdida**.

Resumiendo, entonces, el debilitamiento pasa por las siguientes etapas: la simplificación (reducción consonántica), la sonorización (adquisición de voz), la fricatización (debilitamiento articulatorio de consonantes), y la pérdida (desaparición de algún sonido).[6]

Conteste individualmente o en grupo las siguientes preguntas.

1. ¿En qué consiste **la diptongación**? Dé algún ejemplo en español.

2. En cuanto a las vocales, ¿cómo se diferencian **intensidad** y **duración**? ¿Cómo se difiere la acentuación prosódica de la ortográfica? Dé algún ejemplo en español.

3. ¿A qué proceso se refiere la **metátesis**? Dé algún ejemplo.

4. En cuanto a las consonantes, ¿a qué se refiere **la asimilación**? ¿Qué función ha desempeñado tradicionalmente?

5. Nombre las cuatro etapas del proceso del **debilitamiento**. La **pérdida** es la última etapa de este proceso, ¿conoce algunas palabras en inglés que han pasado por este proceso? Dé algún ejemplo.

3. El español como idioma

El español, como hemos visto, ha evolucionado mucho a lo largo de los años y continúa desarrollándose por razones de contacto con otros códigos lingüísticos y por pura necesidad—es un proceso dinámico el uso de las lenguas vivas. Las distintas formas habladas (dialectos) del español comparten una ortografía uniforme aunque la pronunciación de la misma no es siempre igual. Sin embargo, pese a cuestiones dialectales, el español, más que el inglés, por ejemplo, tiene más uniformidad en cuanto a la relación entre la ortografía normativa y la realización acústica o pronunciación correspondientes. Para poder describir cómo articular los sonidos de los idiomas, contamos con un sistema de transcripción que comprende un listado de símbolos para todos los sonidos posibles. Los símbolos existen para facilitar la pronunciación porque muchas veces no es fácil saber como se pronuncia alguna forma ortográfica. Puede engañar muchas veces la ortografía porque no tiene nada que ver con la pronunciación. Por ejemplo, piense en todas las palabras del inglés que tienen formas ortográficas complicadas aunque sean monosilábicas: la palabra «through», por ejemplo. Además, la misma secuencia de letras no siempre corresponde a una pronunciación uniforme. Por ejemplo, las palabras del inglés «through» y «tough» tienen una ortografía casi idéntica, pero la pronunciación de cada una es muy diferente. Así es bueno tener un sistema con el que se transcriban las letras en sonidos porque no sería posible saber la equivalencia acústica para todas las letras de todos los idiomas. El sistema más conocido de transcripciones es **el Alfabeto Fonético Internacional**, o **AFI** (en inglés se llama *International Phonetic Alphabet*, o *IPA*). Los símbolos utilizados en este sistema se llaman fonemas. **El fonema** es un símbolo que representa una descripción de la articulación ideal para todo sonido. Es la descripción ideal en el sentido de que describe cómo se pronuncia el sonido en aislamiento, es decir, sin el contexto de otros sonidos vecinos. Cuando hablamos todo sonido queda afectado por los otros sonidos a su alrededor, entonces, la descripción "ideal" no es necesariamente el sonido práctico. Cuando hablamos, los sonidos van encadenándose unos con otros y, a veces, es difícil, si no imposible, mantener la articulación ideal.

El listado de todos los fonemas que pertenecen a algún idioma se llama el inventario fonémico. El inventario comprende todas las descripciones de sonidos posibles para determinado idioma. Estos símbolos, los fonemas, se encuadran dentro de **barras oblicuas**, o diagonales, por ejemplo, /a/.

La cantidad del inventario fonémico es fija, aunque, en la práctica, veremos que habrá más sonidos debido a los ajustes prácticos y dialectales.

El abecedario y el inventario fonémico

El abecedario del español comprende veintinueve elementos: veintiséis letras o **grafías** y tres **dígrafos**. Las grafías son las letras simples «a, b, c, d, etc.», y los dígrafos son las combinaciones de grafías «ch, ll, rr» cuya unión rinde un solo sonido. Sólo las grafías que suenan tendrán fonemas correspondientes.

Vamos a ver que el símbolo para la grafía también puede ser el mismo que se emplea para la transcripción, entonces, para poder distinguir entre los dos códigos, se emplea una notación especial. En este texto, para denotar la ortografía normativa, se encierran las grafías y los dígrafos entre **comillas angulares** («»). En otras representaciones, la ortografía normativa se escribe en letra cursiva. Cada grafía y dígrafo, menos la «h» y las otras grafías que no suenan, tendrá una correspondencia fonémica. (Por ejemplo, la «u» de «g<u>u</u>iso, lleg<u>u</u>é» etc. no suena, entonces no se transcribe.)

Figura 1.5 Grafías y fonemas del español

Ortografía	Fonema correspondiente	Ortografía	Fonema correspondiente
«a»	/a/	«m»	/m/
«b»	/b/	«n»	/n/
«c»	/k/ «<u>c</u>asa» o /s/ «<u>c</u>ien» o /θ/ «<u>c</u>ien»—(fonema peninsular)	«ñ»	/ɲ/
		«o»	/o/
«ch»	/tʃ/	«p»	/p/
«d»	/d/	«qu»	/k/ «<u>qu</u>eso»
«e»	/e/	«r»	/ɾ/ o /r/ en posición inicial de
«f»	/f/		palabra o después de /s, n, l/
«g» o «gu»	/g/ «gato, g<u>u</u>iso» o /x/ «gente»	«rr»	/r/
«h»	ø	«s»	/s/
«hi» + vocal	/j/ «<u>hi</u>erro»	«t»	/t/
«hu» + vocal	/w/ «<u>hu</u>eso»	«u»	/u/
«i»	/i/ «<u>pi</u>la»	«v»	/b/
«j»	/x/	«x»	/x/ «me<u>x</u>icano» o /ks/ «e<u>x</u>tender»
«k»	/k/		o /s/ «<u>x</u>ilófono»
«l»	/l/	«y»	/i/ «re<u>y</u>» o /j/ «<u>y</u>a»
«ll»	/j/ o /ʎ/ (fonema peninsular)	«z»	/s/ o /θ/ (fonema peninsular)

Sería una buena idea comenzar a familiarizarse con la correspondencia entre las grafías y los fonemas para facilitar su comprensión y para poder llevar a cabo las transcripciones. Además cuando llega el momento de estudiar las descripciones para los fonemas, será importante para poder pronunciar bien los sonidos del español.

1-6. Comprensión

Conteste individualmente o en grupo las siguientes preguntas.

1. ¿Qué relación existe entre la ortografía y la pronunciación en español? ¿En inglés?

2. ¿Cómo se llama el símbolo que se encierra entre **barras oblicuas**? ¿En qué consiste?

3. ¿Qué es una **grafía**? ¿Cómo se diferencian **la grafía** y **el dígrafo**?

4. ¿Qué notación lingüística se emplea para **las grafías** y **los dígrafos**? ¿Por qué es importante mantener notaciones diferentes para **las grafías** y **los fonemas**?

5. Vuelva a la figura 1.5, *Grafías y fonemas del español;* ¿qué rasgo comparten la «h» y la «u» de «g<u>u</u>iso» y «q<u>u</u>eso»?

1-7. Verificación

A. Identificación oral

Escuche los diez ejemplos orales de idiomas romances y dialectos de español para averiguar si son dialectos del español o idiomas distintos. Escriba su opinión en el espacio indicado abajo. Escuche cada grabación más de una vez antes de que tome su decisión. Anote también los indicios que le condujeron a su decisión en el espacio provisto bajo *Comentarios*. Trabaje individualmente y luego comparta sus respuestas con la clase.

Idioma o Dialecto   *Comentarios*   ◎ 14

1. _____   _____

2. _____   _____

3. _____   _____

4. _____   _____

5. _____   _____

6. _____   _____

7. _____   _____

8. _____   _____

9. _____   _____

10. _____   _____

B. Identificación escrita

Trabaje con otra persona y lea los pasajes textuales que siguen y averigüe si representan idiomas o dialectos del mismo. Comparta sus repuestas con el resto de la clase y explique el porqué de las mismas.

1. "No. Creí que había largao pa las minas. ¿Ha cometío alguna fechoría?"

2. "Els líders participants en la cimera discutiran També la possibilitat de congelar el deute internacional dels països afectats, que suma actualment uns 270.000 milions d'euros."

3. "Chiuso il vertice di Giacarta: appello per la riduzione del debito sistema di prima allerta per gli tsunami i punti principali."

4. "Che, mamá, ¿vos sentís a veces que hay en el adentro tuyo una voz que te dice cosas?"

5. "Professores lançam petição e propõem medidas."

Síntesis

1-8. Aplicación

Complete las dos actividades que siguen en clase en parejas; comparta sus respuestas con la clase.

A. El ladino

Investigue la siguiente lista de palabras en "ladino" o judeo-español—la lengua de la gente sefardita. Esta forma lingüística se deriva del español medieval y es hablada por los descendientes de los judíos expulsados de España en 1492. Hoy en día, hay hablantes en Israel, la Argentina y los Estados Unidos. Contraste los datos del ladino con el español contemporáneo y documente las diferencias en la tercera columna. ¿Qué pautas regulares se evidencian?

Judeo-español	Español	Pautas
kaza	casa	_____
sus kaza	su casa (de ellos)	_____
sinyoras	señoras	_____
avlimos	hablamos	_____
kantí	canté	_____
mozotros	nosotros	_____
moska («s» como «sh» en inglés)	mosca	_____
famía	familia	_____
sivdad	ciudad	_____
establisir	establecer	_____

B. Comparaciones

Compare y contraste el abecedario de los cuatro idiomas romances que siguen: el rumano, el catalán, el italiano y el dálmata. ¿Qué grafías no comparten? (Investigue las vocales y luego las consonantes.) ¿Cuál parece ser el abecedario más complejo? ¿Cuál es el más parecido al español?

Alfabeto rumano: N=28
«a, ă, â, b, c, d, e, f, g, h, i, î, j, k, l, m, n, o, p, r, s, ș, t, ț, u, v, x, z»

Alfabeto catalán: N=27
«a, b, c, ç, d, e, f, g, h, i, j, k, l, m, n, o, p, q, r, s, t, u, v, w, x, y, z»

Alfabeto italiano: N=21
«a, b, c, d. e, f, g, h, i, l, m, n, o, p, q, r, s, t, u, v, z»

Alfabeto dálmata: N=27
«a, b, c, cz, d, e, f, g, h, i, j, k, l, m, n, o, p, r, s, sz, t, u, v, x, xh, y, z»

1-9. Investigación

Complete individualmente las dos actividades siguientes y presente a la clase lo que ha descubierto al respecto. Las actividades se pueden llevar a cabo en la biblioteca o consultando sitios en la red.

A.

Aparte del español, ¿dónde se habla(aba) cada idioma romance: el francés, el gallego, el catalán, el occitánico, el rumano, el portugués, y el dálmata? ¿Cuántas personas hablan cada uno?

B.

Establezca una lista de vocabulario y compare y contraste la traducción en cada idioma romance. ¿Qué comparte en común cada uno? ¿Hay cognados (falsos)?

(El sitio http://www.omniglot.com ayudará mucho con este trabajo.)

1-10. Un poco más allá

Investigue por su propia cuenta en la biblioteca o en la red el judeo-español actual; por ejemplo, ¿dónde se habla? ¿cuántas personas lo hablan todavía, etc.? ¿Hay obras literarias escritas en judeo-español? Comparta los resultados de su investigación con la clase y haga un informe oral al respecto.

1-11. Reflexiones personales

Ud. va a mantener un diario personal en el cual apuntará todos los comentarios y conclusiones respecto a los temas provistos en cada capítulo de este texto. Las preguntas que siguen en esta sección sirven para enfocar su aprendizaje, pero Ud. podrá utilizar el diario para otros fines personales o según indique su profesor/a.

1. Aparte de los incluidos en este capítulo, ¿qué otros factores pueden influenciar en la diferenciación dialectal?

2. Pensando en su idioma natal, nombre todas las maneras en las cuales se difiere la forma escrita de la oral.

1-12. Componente de Estudio de Campo
(Materiales: grabadora)

La metátesis y la simplificación representan dos procesos interesantes y fáciles de notar en el habla. En inglés, por ejemplo, algunas personas yuxtaponen la «k» y la «s» de la palabra «ask», es decir, se articulan «aks» en lugar de «ask»; éste, entonces, es un ejemplo de la metátesis. Repase el significado de la metátesis y la simplificación y documente ejemplos de cada proceso en sus conversaciones diarias con sus familiares o amigos; o, documente según se evidencia en la televisión o la radio.

Bibliografía y enlaces recomendados

Páginas web

http://www.sephardicstudies.org/komunita.html (Sitio—preservación del idioma)
http://www.sephardifolklit.org/flsj/ (Literatura oral)
http://www.sephardifolklit.org/flsj/sjjs/orallit/Oral_Lit_Sephardic.html (romances)
http://www.omniglot.com (lenguas—general)

Textos

Alonso, Amado, and Rafael Lapesa. *De la pronunciación medieval a la moderna en español*. Madrid: Editorial Gredos, 1988.

Ariza Viguera, Manuel. *Sobre fonética histórica del español*. Madrid: Arco Libros, 1994.

Ducrot, Oswald, and Tzvetan Todorov. *Diccionario enciclopédico de las ciencias del lenguaje,* 11th ed. Trans. Enrique Pezzoni. Madrid: Siglo Veintiuno Editores, 1985.

England, Nora C. *La autonomía de los idiomas mayas: Historia e identidad*. Guatemala: Editorial CHOLSAMAJ, 1994.

Fabre, Alain. *Manual de las lenguas indígenas sudamericanas (I)*. München: Lincom Europa, 2005.

———. *Manual de las lenguas indígenas sudamericanas (II)*. München: Lincom Europa, 2005.

Frago Gracia, Juan Antonio. *Historia del español de América*. Madrid: Editorial Gredos, 1999.

García Mouton, Pilar. *Cómo hablan las mujeres,* 2nd ed. Madrid: Arco Libros, 2000.

———. *Lenguas y dialectos de España*. Madrid: Arco Libros, 2002.

Harris, Martin, and Nigel Vincent, eds. *The Romance Languages*. New York: Oxford University Press, 1988.

Lapesa, Rafael. *Historia de la lengua española,* 9th ed. Madrid: Editorial Gredos, 1986.

Penny, Ralph. *A History of the Spanish Language,* 2nd ed. Cambridge: Cambridge University Press, 2002.

———. *Variation and Change in Spanish*. Cambridge: Cambridge University Press, 2000.

Posner, Rebecca. *The Romance Languages*. Cambridge: Cambridge University Press, 1996.

Quilis, Antonio. *Principios de fonología,* 5th ed. Madrid: Arco Libros, 2003.

Real Academia Española. *Esbozo de una nueva gramática de la lengua española,* 21st ed. Madrid: Espasa Calpe, 2004.

Stewart, Miranda. *The Spanish Language Today*. London: Routledge, 1999.

Vaquero de Ramírez, María. *El español de América I: Pronunciación,* 2nd ed. Madrid: Arco Libros, 1998.

Zamora, Vicente. *Dialectología española*. Madrid: Editorial Gredos, 1967.

Capítulo 2

Rasgos suprasegmentales
La sílaba, la acentuación y los contornos de la entonación

Introducción

Objetivos

Al terminar este capítulo el estudiante podrá:

- Dividir en sílabas tanto palabras como renglones en español utilizando los signos lingüísticos para fonemas
- Entender cómo cuestiones morfológicas como prefijos y sufijos influyen en el silabeo
- Reconocer el ritmo silábico del español
- Aplicar las reglas de la acentuación para escribir y pronunciar con más precisión
- Entender la función de la entonación en el habla

Uno de los distintivos del español hablado es la importancia que se le otorga a la sílaba. La configuración de la sílaba desempeña un papel de suma importancia en la pronunciación y contribuye, en parte, al porqué se dice que el español sigue un ritmo silábico. Un ritmo silábico se refiere a la uniformidad de duración de sílabas—cada sílaba tiene la misma duración, tanto las sílabas acentuadas, «peg<u>ó</u>» /pe.gó/, como las no acentuadas, «<u>pe</u>gó» /pe.gó/. La sílaba predilecta del español sigue una estructura específica en el habla, y los hablantes van reconfigurando las sílabas entre palabras para mantener esta estructura. A diferencia del inglés, en español no hay divisiones claras entre palabras porque se enlazan las sílabas para mantener este ritmo silábico y la estructura silábica preferida. Esto significa que la división silábica que caracteriza a una palabra en aislamiento—por ejemplo, «los» /los/ y «a.ros» /á.ros/—no necesariamente será igual a la que resultará entre palabras contiguas, como en «lo.sa.ros» /lo.sá.ros/.

Como veremos, la sílaba desempeña un papel muy importante y valioso en español. En este capítulo se definirá la sílaba y se analizarán todos los componentes de la sílaba—tanto las consonantes como las vocales. Examinaremos la sílaba y cómo se divide el cuerpo de una palabra en sílabas. También se estudiará la función de la resilabificación (el silabeo entre palabras) y cómo este proceso es facilitado por el ritmo silábico característico del español. Vimos en el capítulo 1 como se desarrolló el español con todas las influencias extranjeras, especialmente la influencia indígena con su rico aporte léxico. En este capítulo, se examinará otro aspecto de la influencia indígena—el impacto del náhuatl, o características aztecas en general, en la división silábica. En algunos dialectos del español la unión de las grafías «tl» es aceptada como un grupo consonántico que puede iniciar una sílaba y/o terminarla. Este capítulo también sirve para repasar las reglas de la acentuación y recalcar cómo éstas, con el silabeo correcto y el contorno de la entonación apropiado, conducen a la pronunciación precisa.

Términos claves

suprasegmental
la sílaba
el silabeo
la cabeza
la coda
la cima (elemento vocálico)
    la cima simple (vocal silábica)
    la cima compuesta (con vocal satélite o marginal)
la rima
la sílaba abierta
la sílaba trabada (cerrada)
el grupo consonántico
el diptongo
    la sucesión creciente
    la sucesión decreciente
    la sucesión acreciente
el hiato
la sinalefa
el enlace
la cerrazón vocálica
el antihiatismo
la frontera morfémica
la morfología
el morfema
    el morfema léxico (el lexema)

el morfema gramatical
el morfema libre
el morfema trabado
el prefijo
    el prefijo latino
    el prefijo griego
el sufijo
la acentuación
la última sílaba
la penúltima sílaba
la antepenúltima sílaba
la anteantepenúltima sílaba
la función distintiva
la tilde (acento ortográfico)
el acento prosódico
la palabra aguda
la palabra grave o llana
la palabra esdrújula
la palabra sobresdrújula
la entonación
el enunciado (grupo fónico)
los rasgos suprasegmentales
la anticadencia
la cadencia
el suspenso

Repaso y preparativos

Repaso de los términos *idioma* y *dialecto*

Se presentó en el primer capítulo la dialectología y cómo los términos de dialecto e idioma, aunque difícil de separarse a veces, se diferencian entre sí. En resumidas cuentas, para nuestros propósitos, la dialectología, o el estudio de los dialectos, se ocupa del estudio de las variaciones del habla. Nuestro estudio se limita a cuestiones de pronunciaciones y entonaciones diferentes, aunque la dialectología comprende otros aspectos lingüísticos del habla como el vocabulario utilizado o el orden de las palabras en una frase. Todo idioma tiene varios dialectos cuyas definitorias características se deben a muchos factores extralingüísticos incluyendo, por ejemplo, la escala social a la que pertenecen sus hablantes y la geografía circundante. Sin embargo, las diferencias dialectales no sólo se limitan a cuestiones segmentales (vocabulario, sonidos) de la pronunciación ya que también existen otros rasgos distintivos a nivel **suprasegmental** (el prefijo «supra» denota "arriba; arriba de los segmentos"), y éstos se estudiarán en este capítulo.

2-1. Estimulación

A. Preguntas de orientación

En grupos de dos o tres personas, lea las siguientes preguntas y prepare unas respuestas para compartir con los demás.

1. Se dice que el español sigue un ritmo silábico. ¿Qué significará esto? ¿Qué es una sílaba? ¿Qué papel desempeña la sílaba en español? ¿Qué relación existe entre la sílaba y la acentuación?

2. ¿Por qué es importante saber dividir en sílabas las palabras (en cualquier idioma)? ¿Cuándo resulta importante saber hacer estas divisiones? (Piensen en algún ejercicio escrito cuando se llega a final de línea . . .).[1]

3. Nombre todas las formas y estrategias que existen en español para hacer preguntas.

4. ¿Qué papel desempeña la entonación en el habla? ¿Qué factores pueden figurar en la entonación de un enunciado?

5. ¿Ha notado algunas entonaciones diferentes entre los distintos dialectos que conoce Ud.? Explique en sus propias palabras lo que opina. ¿Es la entonación un rasgo dialectal? ¿Es cultural? ¿Por qué (no)?

B. Comparaciones

Complete las siguientes actividades en casa y entrégueselas a su profesor/a en una fecha posterior.

Ubique un diccionario inglés y busque las siguientes palabras, anotando el silabeo de cada una. Luego, conteste las preguntas a continuación.

«ob<u>l</u>ique»	«es<u>t</u>ablish»
«sub<u>l</u>ime»	«rep<u>r</u>esent»
«inter<u>r</u>ogate»	«cons<u>t</u>ant»
«at<u>l</u>antic»	«neg<u>l</u>igible»
«acc<u>l</u>imate»	«out<u>r</u>ageous»

1. En cuanto a las grafías (letras) subrayadas, ¿qué tendencias o pautas quedan de manifiesto en cuanto a la separación de los grupos consonánticos en inglés?

2. ¿Se diferencia la división del grupo consonántico «bl» en «ob<u>l</u>ique» y «sub<u>l</u>ime»? ¿Por qué?

3. ¿Qué hipótesis podrá postular en cuanto a estas características anteriormente descubiertas?

C. Un paso más allá

Encuentre una grabación de la canción "Cielito lindo" grabado por Quirino Mendoza y Cortés en 1911 (www.musicalspanish.com/Canciones.htm). Escuche la canción y transcriba la letra y/o obtenga una copia de ella. Compare la letra de la canción con lo que se escucha y anote las diferencias en cuanto al silabeo, la pronunciación y la acentuación. Luego compare sus resultados con sus otros compañero/as de clase.

1. ¿Qué ha descubierto respecto al silabeo? ¿a la pronunciación? ¿a la acentuación?

2. ¿Es posible escuchar divisiones claras entre las palabras? ¿Por qué (no)?

Materia principal

1. La sílaba

a. Definición y componentes

Toda palabra está compuesta por una o más sílabas. **La sílaba** es uno o más sonidos que se pronuncian con una sola emisión de voz. En términos lingüísticos, la sílaba es una unidad rítmica constituida por uno o más segmentos. Estos segmentos aluden a vocales y consonantes—siendo aquéllas, las vocales, los segmentos más importantes. La sílaba es representada por el signo griego de sigma, σ (grafía minúscula), y por necesidad incluye al menos una vocal. La vocal puede ser acompañada por una o más consonantes a su alrededor; pero para ser una sílaba, ha de haber una parte vocálica, sea vocal, diptongo o triptongo. Una consonante sola no compone una sílaba. En realidad, no se puede pronunciar una consonante sin el acompañamiento de una vocal. Este hecho se confirma si uno trata de pronunciar una consonante aisladamente, no es posible articularla sin vocal. Además, los nombres mismos de las grafías consonánticas avalan esto: «be, ce, de, etc.».

La división de palabras en sus respectivas sílabas se llama **el silabeo**; y los términos oficiales para estos segmentos consonánticos y vocálicos de la sílaba son: **cabeza**, **coda** y **cima**, respectivamente. La cima y la coda forman un conjunto llamado la **rima** y de esta manera se agrupan la cima y la coda por cuestiones de rima tanto la asonántica como la consonántica. Cuando se riman dos palabras, participan la cima y la coda en la rima, no la cabeza, y por eso, la cabeza queda aparte en la configuración.

 La sílaba máxima tendría una cabeza, una cima y una coda; pero, no todas las sílabas son tan completas. Si la sílaba sólo tiene un segmento en su composición, tiene que ser vocálico y la denominación oficial es **cima** (o núcleo). Y para ocupar el lugar de cima, hay dos posibilidades: una simple o una compuesta. **La cima simple** es la que comprende una sola vocal «a, e, i, o, u», y ésta se llama **la vocal silábica**. Por otro lado, **la cima compuesta** tiene un diptongo (dos vocales contiguas) o triptongo (tres vocales contiguas) en su composición—por ejemplo, «ue» o «uei». En la cima compuesta, entonces, habrá una vocal silábica (la más fuerte) y una **vocal satélite**, llamada también **marginal**, y ésta es la más débil. La vocal satélite es la debilitada representada gráficamente por «i», «y» o «u». Algunos ejemplos de vocales satélites incluyen estas subrayadas: «a_i_re» /ái.re/, «d_i_ar_i_o» /diá.rio/, «le_y_» /léi/, «a_g_ua» /á.gua/, «a_u_ge» /áu.xe/ y «b_u_e_y_» /buéi/ (triptongo).[2] Las satélites comparten una sílaba con otra vocal (fuerte) para formar un diptongo o un triptongo. La cuestión de diptongos y triptongos será desarrollada a continuación de esta sección.[3]

La **cabeza** es el nombre para el/los segmento(s) consonánticos en la posición inicial de la sílaba, por ejemplo «ca_s_a» /ká.sa/ o «_tr_en» /trén/. Y la(s) consonantes en posición final de sílaba forman **la coda**, como en «sa_l_» /sál/ y «e_s_tá_n_» /es.tán/.

Volviendo a la configuración de σ, si la sílaba que termina en vocal—por ejemplo, «papa» /pá.pa/ o «ala» /á.la/—tenga o no tenga una cabeza, se llama **abierta** porque no tiene una consonante (coda) para cerrarla. Por otro lado, la sílaba que termina en consonante(s) se llama **trabada** (o **cerrada**) porque tiene una coda para cerrarla, como por ejemplo «ra_n_go» /rán.go/ o «cárce_l_» /kár.sel/ o /kár.θel/ en la Península.

La terminología que acabamos de aprender para las vocales (cima simple/cima compuesta) también se aplica a las consonantes porque la cabeza puede ser simple o compuesta también. La compuesta se compone de dos consonantes y la inicial siempre se combina con una consonante líquida—«l» o «r».[4] Hay trece **grupos consonánticos** permisibles en la posición de cabeza—«bl, br, cl, cr, dr, fl, fr, gl, gr, pl, pr, *tl, tr»—como en las siguientes palabras: «_bl_usa, _br_echa, _cl_ase, _cr_uz, _dr_oga, _fl_echa, _fr_anja, _gl_obo, _gr_is, _pl_aza, _pr_isa, _tr_es». En la lingüística, el asterisco indica una forma errónea y está aquí para la «t» más la «l» contiguas porque este grupo consonántico no es aceptado por todos. La combinación de «tl» aparece en muchas palabras de origen indígena, por ejemplo en la palabra «t̲lacoyo» /tla.kó.jo/ ✍ **1**. Por la influencia azteca, muchas personas de habla hispana coarticulan en posición inicial de sílaba estos dos sonidos y no solamente con aztequismos, porque la palabra «atlántico» puede dividirse así: «a.tlán.ti.co» */a.tlán.ti.ko/. Sin embargo, la «tl» no tiene exclusividad en la cabeza, veremos que esta cuestión surge de nuevo con la descripción de la coda—la(s) consonante(s) en posición final de sílaba. Este grupo consonántico «tl» es muy frecuente en partes de México y en Canarias.

La coda es el último componente de la sílaba trabada (cerrada, o sea con una[s] consonante[s] en posición final). La combinación de consonantes permisibles depende de la posición de la coda, o sea, si está en posición final de palabra (por ejemplo, la última «r» del verbo «comportar» /kom.por.tár̲/) o en el cuerpo de ella (como en /kom̲.por̲.tár/). En posición final de palabra, la coda es, por lo general, siempre simple y termina en las consonantes «d, j, l, n, r, s, z», como en las siguientes palabras: «sed̲, reloj̲, papel̲, son̲, comer̲, compás̲, pez̲». Estas son las más comunes aunque hay evidencia de otras—«b, t, c, g, m, f»—especialmente cuando se cuenta con palabras introducidas al español por otros idiomas, por ejemplo, «pub̲» /púb̲/, «carnet̲» /kar.nét̲/, «biftec̲» /bif.ték̲/. La cuestión de la «tl» también surge con la coda y se mantiene en posición final también, por ejemplo con la palabra «náhuatl» /ná.watl̲/ ✍ **2**.

A propósito, las restricciones para las combinaciones de consonantes de la coda en el cuerpo de palabra son menos. Tomando el ejemplo de la palabra «transporte», vemos que el silabeo resultante será «tran̲s.por.te» /tran̲s.pór.te/. La sílaba «trans» tiene una coda compuesta de «ns». No se combinan estas consonantes en posición final de palabra en español a menos que sea la manifestación oral de un proceso dialectal; por ejemplo, la articulación de la palabra «entonces» en algunos dialectos sale sin la articulación de la «e», así se pronuncia la última sílaba como si fuera una trabada «tons[3]» ✍ **3**.

Ahora, como tenemos todas las descripciones de los componentes de la sílaba—la cabeza (Ca), la cima (Ci) y la coda (Co)—se presenta a continuación la representación gráfica de ella:

```
           σ
          / \
         rima
    Ca    / \
        Ci  Co
```

Dentro de esta configuración hay cuatro colocaciones permisibles: dos sílabas abiertas (las que terminan en vocal)—Ci (cima sola) o CaCi (cabeza más cima); y dos sílabas trabadas (las que terminan en consonante[s])—CiCo (cima más coda) o CaCiCo (cabeza, cima y coda). Algunos ejemplos siguen en figura 2.1.

Figura 2.1 Las sílabas

Configuración	Sílaba de muestra
Ci	«u, i, a»
CaCi	«si, fro, tu»
CiCo	«al, en, es»
CaCiCo	«ten, tren, trans»

Recordemos que la rima comprende ambas la cima y la coda. La rima comprende una cima obligatoria (núcleo), que se compone de una vocal, un diptongo o un triptongo; y una coda (el componente consonántico). No obstante, la sílaba abierta, y no la trabada, es la denominación tradicional en español. Entonces, con el silabeo entre palabras, cuando sea posible, se mantiene la sílaba abierta. En español, uno habla siguiendo un ritmo de CV.CV.CV (consonante vocal-consonante vocal-consonante vocal). El silabeo de la palabra «estados» sería «es.ta.dos» /es.tá.dos/, con una sílaba trabada «es», una abierta «ta», y otra trabada «dos». Pero si se dice «estados unidos», el silabeo resultante sería «es.ta.do.su.ni.dos» /es.tá.do.su.ní.dos/, manteniendo la sílaba abierta cuando posible. Es decir que se habla de sílaba en sílaba y no de palabra en palabra. Este fenómeno dificulta el proceso de comprensión para una persona aprendiendo el idioma porque se estará tratando de descifrar el significado de «sunidos», que no es sino la «s» final de «estados» más la palabra siguiente «unidos» y no es una palabra.

```
  σ            σ            σ            σ            σ            σ
 / \          / \          / \          / \          / \          / \
 / \        t / \        d / \        s / \        n / \        d / \
 e  s          a            o            u            i            o  s
```

Practicaremos más con el silabeo en la última sección de este capítulo.

2-2. Comprensión

Conteste las preguntas que siguen individualmente o en grupo.

1. ¿Qué es una **sílaba**? Explique tanto la definición narrativa como la configuración de sigma en su respuesta. ¿Qué relación existe entre **la sílaba** y **el silabeo**?

2. ¿Cuáles son todas las configuraciones posibles de una **sílaba**? ¿En qué componentes sólo se ubican las consonantes?

3. ¿Por qué es problemático **el grupo consonántico** de «tl»? Dé algún ejemplo.

4. ¿Cómo se diferencian **las sílabas abiertas** y **las trabadas (cerradas)**? ¿Cuál configuración es la predilecta del español?

5. ¿En qué consiste una **cima simple**? ¿Una **cima compuesta**? ¿Pueden formar parte de la cima las consonantes? ¿Por qué (no)?

b. Las vocales

Se presentó en la sección anterior el importante papel que desempeña la vocal en la composición de una sílaba, y ahora se destacarán las características identificadoras de la vocal en español.[5] Para comenzar, las vocales son aquellas articulaciones que se verifican sin obstáculo (el obstáculo se impondrá por la lengua, por ejemplo) en la cavidad bucal. Es decir que el aire sale libremente de la caja laríngea y continúa por la boca para articularlas. Otra característica que comparten las cinco vocales en español es que cada una se articula con una vibración de las cuerdas vocales. Por ende, decimos que son *sonoras,* o que tienen voz. (Los sonidos que no tienen la vibración de las cuerdas vocales se llaman *sordos.*)

Aparte de estos rasgos comunes anteriormente presentados, veremos que las vocales sí se diferencian entre sí por otras características. Una de ellas es el grado de abertura que se emplea para pronunciarlas. La abertura se refiere al parámetro bucal, o sea, cuán abierta o cerrada está la boca según la configuración de los labios durante la pronunciación de la vocal en cuestión. En cuanto a la abertura, la «i» y la «u» representan las de menor abertura mientras que la «e», «o» y «a» son de mayor abertura, siendo la «a» la más abierta de todas. Todo ello se puede verificar pronunciando las vocales «a, e, i, o, u». Es más, la característica de abertura coincide con la fuerza de las vocales; hay vocales fuertes y vocales débiles. Las abiertas son las más fuertes y las débiles son las cerradas. La menor amplitud de la abertura bucal les quita la fuerza articulatoria a las vocales «i, u», y por eso se llaman las débiles. Estas vocales «i, u» tienden a debilitarse aún más cuando tienen una vocal abierta («a, o, e») a su lado. Y esta tendencia a debilitarse nos lleva a la cuestión de la cima compuesta y una discusión de los diptongos y triptongos.

Un **diptongo**, la unión de dos vocales, se realiza cuando hay dos vocales contiguas que se articulan en la misma sílaba. Para compartir la misma sílaba una de las vocales tiene que debilitarse; así entra la cuestión de la fuerza. La «i» y la «u», las cerradas, son las únicas del inventario vocálico que se pueden debilitar cuando ocurren al lado de otra vocal fuerte. Entonces, un diptongo se lleva a cabo cuando una de las débiles («i, u») se combina con una de las fuertes («a, e, o») o con otra débil. Con el diptongo, la unión de dos vocales en la misma sílaba, hay muchas combinaciones vocálicas posibles; puede que una fuerte le preceda a una débil, o viceversa, o que haya dos débiles contiguas. Sin embargo, para clasificar los diptongos el orden (la sucesión de vocales) sí importa, y hay tres clases de diptongo: el diptongo de **sucesión creciente** con el paso de menor a mayor abertura bucal; el de **sucesión decreciente** con el paso de mayor a menor abertura bucal; y el de **sucesión acreciente** con abertura uniforme. El diptongo creciente tendría la secuencia de una débil/cerrada («i, u») seguida por una fuerte/abierta («a, e, o»); el decreciente tendría una fuerte/abierta («a, e, o») seguida por una débil/cerrada («i, u»); y el acreciente tendría dos débiles/cerradas en cualquier orden («iu» o «ui»).[6]

Figura 2.2 Clasificaciones de diptongo

Clase de diptongo	Secuencia	Palabra
Sucesión creciente	«ia»	«feria» /fé.ria/
	«ie»	«serie» /sé.ɾie/
	«io»	«rosario» /ro.sá.ɾio/
	«ua»	«actual» /ak.tuál/
	«ue»	«abuelo» /a.bué.lo/
	«uo»	«antiguo» /an.tí.guo/
Sucesión decreciente	«ai»	«baile» /bái.le/
	«ei»	«aceite» /a.séi.te/
	«oi»	«oigo» /ói.go/
	«au»	«autor» /au.tór/
	«eu»	«deuda» /déu.da/
	«ou»	«estadounidense» /es.tá.dou.ni.dén.se/
Sucesión acreciente	«iu»	«ciudad» /siu.dád/
	«ui»	«cuidado» /kui.dá.do/

En español, los triptongos son menos numerosos que los diptongos, e incluyen la secuencia fija de una fuerte con dos débiles a su alrededor: «buey» /buéi/, «Paraguay» /pa.ɾa.guái/, y «estudiáis» /es.tu.diáis/.

Es importante reconocer cuándo dos vocales contiguas sí se unen formando un diptongo para hacer el silabeo correcto. Por ejemplo, con la palabra «familia», el silabeo sería «fa.mi.lia» /fa.mí.lia/. Hay tres sílabas abiertas y la última tiene una cima compuesta con un diptongo creciente (la «i» con menor abertura y la «a» con mayor abertura). Sin embargo, la presencia de dos vocales contiguas no siempre conduce al diptongo. Si hay dos vocales fuertes, cada una tendrá su propia sílaba. La división de dos vocales contiguas se llama **el hiato**. Recordemos que el término creciente alude al paso de una menor a una mayor abertura bucal, decreciente al proceso inverso, y en algunos tratamientos, esta terminología usada para los diptongos también se aplica a los hiatos. El hiato se realiza cuando hay la secuencia de dos vocales fuertes; las supuestas débiles («i, u») adquieren fuerza cuando se tildan, entonces, cuando hablamos de vocales fuertes y contiguas, hay cinco opciones ahora: «a, e, o, í, ú». La palabra «avería», por ejemplo, tiene el silabeo «a.ve.rí.a» /a.be.ɾí.a/ ✺4. Se separan la «i» y la «a». La «i» no es la misma que sale en la última sílaba de la palabra «fa.mi.lia» /fa.mí.lia/. Otros ejemplos del hiato incluyen «grúa» /gɾú.a/, «saeta» /sa.é.ta/ y «cohete» /ko.é.te/ ✺5.

Realmente, la división silábica con un hiato no es tan sencilla como parece. El paso de una vocal a otra no es igual al paso de una consonante a otra o de una vocal a una consonante. Recordemos que las vocales se verifican sin obstáculo en la boca, y, por eso, en español hay poca pausa entre dos vocales contiguas aunque están en distintas sílabas. Esta escasez de pausa se llama **la sinalefa**, palabra de origen griego que significa "mezcla," y es marcada por una media luna, un **enlace**, por debajo de las sílabas enlazándolas. Entonces, el ejemplo anterior de «avería» tendría el silabeo «a.ve.rí.a» /a.be.rí.a /. La sinalefa ocurre porque es más fácil articular vocal tras vocal porque no hay impedimento que pueda demorar la articulación de los sonidos. Por lo general, la sinalefa más común en español está compuesta de dos vocales; hay evidencia de más de dos, pero ocurre más <u>entre palabras</u> que en el interior de ellas, por ejemplo, «que.he.hecho». La aplicación de la sinalefa se sitúa entre dos posiciones: la primera formación con dos vocales separadas y bien articuladas y la segunda con la formación de un diptongo donde no lo había, según indica en la figura 2.3.

◉6

Figura 2.3 La sinalefa

Habla lenta con cuidado	Habla moderada	Habla rápida sin cuidado
«po.e.ma»	«po.e.ma»	«pue.ma»
«ma.es.trí.a»	«ma.es.trí.a»	«mais.trí.a»

La sinalefa es regulada por dos factores principales: la rapidez del habla y el cuidado que uno le pone a su pronunciación. Si uno habla lenta y cuidadosamente, saldrá la primera articulación escrita arriba, «ma.es.trí.a». Si uno habla rápida y sin cuidado, saldrá la tercera articulación, «mais.trí.a». En cuanto a las vocales, para que dos contiguas compartan la misma sílaba, una tiene que debilitarse. En el ejemplo de «poema» la «o» y la «e» son las vocales contiguas, pero la «e» no puede debilitarse porque lleva la acentuación (prosódica) de la palabra. Entonces, la «o» tendrá que debilitarse. Cuando una «o» se convierte en una «u» el fenómeno se llama **la cerrazón vocálica**; se llama cerrazón porque la «o» es de mayor abertura que la «u»; por ende, para convertirse en una «u» la boca tiene que cerrarse un poco. Lo mismo puede ocurrir con la «e» si no está en una posición acentuada, entonces, se cierra para que salga una «i» en lugar de «e». La palabra «maestría» es un buen ejemplo porque seguramente se ha escuchado alguna vez «maistría» (con tres sílabas—«mais.trí.a») en lugar de «maestría» (con cuatro—«ma.es.trí.a»). Esta tendencia a crear diptongo donde había hiato se llama **antihiatismo**. (El prefijo «anti» significa "contra", entonces se refiere al proceso de romper hiatos y dejar diptongos de reposición.) Pero hay que recordar que cuando llevamos a cabo una transcripción proveniente de un escrito, no será posible medir la rapidez ni el cuidado del habla. Por consiguiente, sería apropiado transcribir siguiendo el habla moderada con los datos escritos. Dentro de la investigación lingüística, podemos transcribir lo que escuchamos, pero ya no tendremos que adivinar lo que está escrito.

Conteste las preguntas que siguen individualmente o en grupo.

1. ¿Cómo se define una **vocal**? ¿Qué características tiene?

2. ¿En qué consiste un **diptongo**? ¿Forma **la cima simple** o **la cima compuesta**?

3. Nombre las tres clasificaciones de diptongo. ¿Cómo se diferencian entre sí?

4. ¿Qué significa **la sinalefa**? ¿Qué relación tiene con **el hiato**? Dé algún ejemplo.

5. ¿Qué vocales son las abiertas? ¿Y las cerradas? ¿En qué consiste **la cerrazón vocálica**? ¿Cómo funciona?

c. Las consonantes

Las consonantes son importantes componentes de la sílaba también, formando la cabeza y la coda si las hay. A diferencia de la vocal, la consonante es aquella articulación que se verifica con alguna clase de obstáculo.[7] Y donde las vocales son todas sonoras, hay tanto consonantes sordas (sin vibración de las cuerdas vocales) como sonoras. En el léxico español se evidencian muchas consonantes contiguas. En cuanto al silabeo, los grupos consonánticos permisibles en español son «bl, br, cl, cr, dr, fl, fr, gl, gr, pl, pr, tl, tr», y éstos no se separan; tampoco se dividen los dígrafos «ch, ll, rr». Estos grupos consonánticos siempre se mantienen juntos tanto en forma escrita como en forma hablada, a menos que marquen una **frontera morfémica**. En la palabra «sub.li.me», por ejemplo, el silabeo escrito y correcto sería «sub.li.me» /sub.lí.me/, porque el prefijo «sub» perdería su significado si la «b» estuviese en otra sílaba. Sin embargo, en el habla, se puede escuchar «su.bli.me» /su.blí.me/ por la tendencia a mantener la sílaba abierta en español. Examinaremos esta cuestión de morfemas a continuación.

d. El silabeo o la división silábica

La morfología es el estudio de **morfemas** que son las unidades mínimas de significado; según la Real Academia Española, es "la mínima forma, la más pequeña sucesión de fonemas dotada de significación" (*Esbozo*, p. 164).[8] Recordemos que la sílaba es la unidad rítmica que sale en una sola emisión de voz; podría tener significado, pero no necesariamente. Por ejemplo, «a» es una sílaba y tiene significado; pero «tra», otra sílaba, carece de significado. El morfema, por el contrario, siempre conlleva algún significado porque desempeña una función semántica. Por ejemplo, el prefijo «pre» es un morfema que proporciona el significado "de anterioridad". Algunos morfemas forman palabras completas por su propia cuenta y otros dependen de otras palabras para completarse.

Las dos clases principales de morfemas son **el morfema léxico** y **el morfema gramatical**. El morfema léxico, también llamado **lexema**, tiene significado porque se basa en sustantivos, verbos, adjetivos y adverbios. El morfema gramatical sólo tiene significado gramatical y puede combinarse con otros morfemas o estar solo. Pondremos como ejemplo la palabra «hijo», que es compuesta por dos morfemas: «hij» es un morfema léxico que significa "descendiente" y «o» es un morfema gramatical que le imparte el rasgo de "varón" al morfema léxico. También tenemos la palabra «hija» con el morfema léxico «hij» y el gramatical «a». Dentro de esta denominación de morfemas, hay **morfemas libres** y **trabados**: los morfemas libres forman palabras por sí mismos mientras que los trabados dependen de otros morfemas para formar palabras. Algunos ejemplos de los morfemas trabados incluyen prefijos, sufijos y desinencias. **El prefijo** se ubica en posición inicial del lexema (por ejemplo, «prever») y **el sufijo** en posición final del lexema (por ejemplo, «mesita»). El español tiene un rico inventario de prefijos y sufijos latinos y griegos. Un ejemplo de un **prefijo latino** es «re» que significa "de nuevo", como en la palabra «reconocer». Un **prefijo griego** es «demo» que significa "gente", como en la palabra «democracia». La cuestión del mantenimiento de la integridad de los morfemas es también importante cuando, por motivos de espacio, uno quiere dividir palabras a final de línea en la escritura.[9] Recordemos que el silabeo en español tiende a mantener la sílaba abierta (la que termina en vocal o diptongo) cuando sea posible. Estudie los ejemplos que siguen en la figura 2.4.

Tenemos que recordar que en español, la sílaba abierta es la predilecta, entonces cuando sea posible, es preferible iniciar una sílaba con una consonante (cabeza) en lugar de terminar la anterior con una (coda). Para enseñar el silabeo con una frase completa, y no palabras aisladas, ensayaremos el silabeo de la frase siguiente recordando que el español tiende a mantener la sílaba abierta cuando sea posible: «Varios hijos en el área viajan» → «va.rio.s(h)i.jo.se.ne.lá.re.a.via.jan» /bá.rio.sí.xo.se.ne.lá.re.a .biá.xan/ ✾7.

No obstante, en aislamiento cada palabra del ejemplo anterior tendría el siguiente silabeo: «va.rios» /bá.rios/; «hi.jos» /í.xos/; «en» /en/; «el» /el/; «á.re.a» /á.ɾe.a/; «via.jan»

Figura 2.4 El silabeo

Palabra	Silabeo	Comentarios
1. «cocodrilo»	«co.co.dri.lo»	el grupo consonántico «dr» no se divide
2. «diario»	«dia.rio»	dos diptongos de clase creciente
3. «vaivén»	«vai.vén»	un diptongo de clase decreciente
4. «prohíbe»	«pro.hí.be»	hay hiato porque la «i» se tilda
5. «diecisiete»	«die.ci.sie.te»	dos diptongos de clase creciente
6. «pochoclo»	«po.cho.clo»	el dígrafo «ch» no se separa jamás
7. «estudiáis»	«es.tu.diáis»	hay triptongo en la desinencia verbal
8. «imperfección»	«im.per.fec.ción»	las dos grafías de «c» se separan
9. «el arco»	«e.lar.co»	la «l» estará en posición inicial de sílaba
10. «subarrendar»	«sub.a.rren.dar»	según la RAE, el morfema «sub» se mantiene

/biá.xan/ 🕮8. Después de llevar a cabo el silabeo, podemos contar con la división silábica para identificar a qué clase de palabra pertenece. En cuanto al silabeo resultante, no se refiere a la primera, segunda o tercera sílaba; en la lingüística es apropiado comenzar por la derecha con la última sílaba y luego seguir por la izquierda con la penúltima, etc. Por ejemplo, la palabra «via.jan» /biá.xan/ tiene dos sílabas: la última sílaba es «jan» /xan/ (sílaba trabada), y la penúltima es «via» /biá/ (sílaba abierta). Con la palabra «á.re.a» tenemos la última sílaba, «a», la penúltima, «re», y la antepenúltima, «á». La identificación de estas sílabas será importante para identificar a qué clase de palabra pertenece, y esto se desarrolla a continuación.

2-4. Comprensión

Conteste individualmente o en grupo las preguntas que siguen.

1. En cuanto a su producción (articulación), ¿cómo se diferencian **las consonantes** y **las vocales**?

2. ¿En qué consiste **la morfología**? ¿Qué es un **morfema**? ¿Cómo se difiere un **morfema** de un **fonema**?

3. ¿Qué relación mantiene **la morfología** con el silabeo? Dé algún ejemplo.

4. ¿Cómo se diferencian **los morfemas libres** y **los trabados**? Dé algún ejemplo.

5. ¿Qué papel desempeñan **los prefijos** y **los sufijos** en la división silábica? En cuanto al silabeo, ¿hay diferencias entre la forma escrita y la hablada?

2. La acentuación

Definición y características

La acentuación se refiere a la mayor fuerza (intensidad o volumen) que se da a una sílaba. Toda palabra multisilábica (con más de una sílaba) tiene una sílaba acentuada.

Hay cuatro sílabas que pueden cargar la acentuación: **la última**, **la penúltima**, **la antepenúltima** y **la anteantepenúltima** (la anterior a la antepenúltima). Toda palabra cuenta con alguna clase de acentuación menos unas palabras monosilábicas como, por ejemplo, «mi, su, a, se»; los artículos definidos («el, la, los, las»); las preposiciones («por, para»)—a propósito, la preposición «según» no está incluida porque sí se acentúa en su ortografía normativa—y las conjunciones («y, o, ni, que»).[10] Entonces, es decir que toda palabra (con más de una sílaba) conlleva acentuación (se acentúa) pero no necesariamente se tilda (con acento ortográfico). En este texto el verbo *tildarse* se emplea para hablar de la **tilde**, o **acento ortográfico** (escrito), y la palabra *acento* y el verbo *acentuarse* se refieren al **acento prosódico** (hablado). Así con esta terminología podemos decir que toda palabra polisílaba tiene acentuación, pero no toda palabra tiene tilde.

En cuanto a la acentuación, hay cuatro clases de palabras; cada una depende de dónde se encuentra la mayor fuerza (intensidad), o sea, en qué sílaba. La acentuación de la palabra puede desempeñar muchas funciones diferentes y una de ellas es la distintiva. **La función distintiva** sirve para distinguir dos palabras de significado diferente. Utilizando el ejemplo «práctico, practico, practicó», se puede ver cómo un cambio de la acentuación resulta en un cambio de significado: «práctico» es adjetivo, «practico» es la conjugación de la primera persona singular en el tiempo presente, y «practicó» es la conjugación de la tercera persona singular en el pretérito. Estos ejemplos aluden a las clases de acentuación en español cuyo inventario cuenta con cuatro clasificaciones: palabras agudas, palabras graves o llanas, palabras esdrújulas y palabras sobresdrújulas. **La aguda** se acentúa en la última sílaba; **la grave (llana)** en la penúltima sílaba; **la esdrújula** en la antepenúltima y **la sobresdrújula** en la anteantepenúltima. Algunos ejemplos siguen en figura 2.5.

🕮9

Figura 2.5 La acentuación

Acentuación	Ejemplo
Aguda	«an.dén» /an.dén/; «pa.pel» /pa.pél/
Grave	«lá.piz» /lá.pis/; «es.tre.lla» /es.tré.ja/ o /es. tré.ʎa/
Esdrújula	«miér.co.les» /miér.ko.les/
Sobresdrújula	«trái.ga.me.las» /trái.ga.me.las/

Aunque no será material nuevo para todos, cabe recalcar las reglas para la acentuación. Las palabras agudas con acentuación prosódica terminan en consonante menos la «s» y la «n». Todos los verbos en la forma del infinitivo—«estudiar, leer, recibir», etc.—pertenecen a esta clase. Las agudas que terminan en vocal o en «s» o «n» tienen que tildarse—«hablé, quizás, vaivén» son ejemplos. Las graves (llanas) con acentuación prosódica terminan en vocal o una «n» o «s», como por ejemplo «pila, andan, casas»; las que terminan en otra consonante tienen que tildarse, como «lápiz» y «revólver». Las esdrújulas como «pájaro» y las sobresdrújulas como «regálaselo» siempre se tildan. La mayoría de los escasos ejemplos de las sobresdrújulas proviene de los imperativos compuestos. Es necesario conocer a qué clasificación pertenece cada palabra para pronunciarlas bien y para hacer importantes distinciones semánticas.

La acentuación, uno de los **rasgos suprasegmentales**, desempeña un papel muy importante puesto que un cambio de acento puede cambiar el significado de la palabra en español, especialmente para las palabras agudas y graves (llanas). Si una persona dijera «miercoles» en lugar de «miércoles» probablemente todavía se entendería, pero habría confusión con estos otros pares de palabras: «hable» y «hablé»; «papa» y «papá»; «estudio» y «estudió»; «halla» y «allá» 🕮 10. Se ensayará más práctica con la cuestión de la acentuación a continuación, en la sección de *Verificación*.

Conteste individualmente o en grupo las preguntas que siguen.

1. ¿Cómo se define **la acentuación**? ¿Por qué también se llama *acento de intensidad*?

2. Explique **la función distintiva** de **la acentuación** utilizando los siguientes ejemplos: «partícipe, participé, participe».

3. ¿En qué consiste una **palabra aguda**? ¿Una **grave** (llana)? En el español, ¿predominan las palabras agudas o las graves?

4. ¿Cómo se diferencian **el acento ortográfico (la tilde)** y **el prosódico**?

5. Explique el significado de la siguiente frase: **La acentuación** funciona a nivel semántico.

3. La entonación

a. Definición y categorías

La entonación es un **rasgo suprasegmental** que se usa para marcar los contornos tonales de un **un enunciado** o **grupo fónico**. Hemos examinado hasta este punto, la sílaba y la acentuación y cómo éstas funcionan para crear sentido comunicativo. Ahora, nos toca la cuestión de la entonación y los tonos característicos de los enunciados en español. Hay tres grados principales de la entonación e incluyen: la enunciativa, la interrogativa y la exclamativa. **Los rasgos suprasegmentales** desempeñan papeles importantes para establecer y mantener la comunicación oral. Cuando hablamos, empleamos un tono que puede subir, bajar o mantenerse invariable, y estas variaciones de tono funcionan a nivel semántico. Muchas veces el tono mismo determina si se realiza una afirmación o una pregunta. Por ende, unas posturas acordes con la interpretación de los contornos tonales facilitan la comprensión mutua porque sin esta uniformidad, habría mucha confusión. Contamos con tres clases de entonación: la anticadencia (ascendente), la cadencia (descendente) y el suspenso (plano). **La anticadencia** representa un tono que va subiendo al finalizar un enunciado, por ejemplo, con una pregunta de sí o no: «¿Tenemos que estudiar esto para el examen?» 🔊 **11**. En términos de comunicación oral, para que esta frase sea una pregunta, hay que subir el tono. En la forma escrita, la puntuación cumple con esta finalidad; la afirmación tendría un punto final y la pregunta tendría sus signos respectivos. Como no hay puntuación en el habla, tenemos que depender de la entonación para marcar el sentido que queremos. En este texto, la anticadencia se identificará con una flecha hacia arriba (↑).

La cadencia representa un tono que va bajando a lo largo del enunciado: «Sí, tenemos que estudiar esto para el examen» 🔊 **12**. El tono ayuda con el significado de la frase—es una afirmación, es decir, es una certeza, no hay duda, entonces, cae el tono. La cadencia será representada por una flecha hacia abajo (↓).

El suspenso, un tono que ni sube ni baja, se emplea cuando uno no ha terminado de hablar o hace alguna pausa mientras habla, o sea, el enunciado puede terminar siendo tanto una pregunta como una afirmación o puede que quede indeterminado. El suspenso será indicado con una flecha horizontal (→). La información que sigue en figura 2.6 muestra el contorno de la entonación con sus ejemplos correspondientes.

En realidad, las preguntas de ratificación (también llamadas preguntas confirmativas) conllevan dos contornos: la cadencia seguida por la anticadencia, porque comprenden dos clases de enunciado—una afirmación (↓) y una pregunta de sí o no (↑). Pondremos algún ejemplo: «No vamos al concierto (↓), ¿verdad? (↑)» ✖ **13**.

Para repasar, decimos que un enunciado como «Parte el avión a las tres» contiene los mismos segmentos y la misma sintaxis para hacer o una pregunta confirmativa o una afirmación; entonces, el factor determinante estriba en la entonación. Para hacer una pregunta, uno sube con la entonación al finalizar el enunciado: «¿Parte el avión a las tres? (↑)» ✖ **14**; para hacer una afirmación uno baja la entonación: «Parte el avión a las tres. (↓)» ✖ **15**. Se puede ver que la entonación, con sus distintos contornos, desempeña un papel distintivo para oponer una frase afirmativa a una interrogativa en el habla, y por eso, es tan importante como los otros rasgos del habla.

Las afirmaciones son caracterizadas por un tono bajo, igual que las preguntas interrogativas (también identificadas como preguntas pronominales). La palabra interrogativa misma identifica al enunciado como una petición de algo. En realidad la entonación para las preguntas interrogativas depende del dialecto y del propósito de la pregunta. Por ejemplo, si alguien quiere mostrarse interesado en la información que le pide a otro, la entonación podría subir en consecuencia.

Una frase o un pensamiento incompletos normalmente no tienen ningún cambio de tono porque aún el/la interlocutor/a mismo/a no se percata de cómo terminará el enunciado.

Figura 2.6 La entonación

Contorno de la entonación	Signo	Tipo de enunciado
Anticadencia	↑	**1. Preguntas de confirmación** «¿Parte el avión a las dos?» (↑)
		2. Preguntas de ratificación «Tienes los documentos (↓), ¿no?» (↑)
Cadencia	↓	**1. Frases afirmativas** «Se va mañana». (↓)
		2. Preguntas interrogativas «¿A qué hora almuerzas?» (↓)
Suspenso	→	**1. Frases incompletas** «Este niño es . . . » (→)
		2. Pensamientos incompletos «Es . . . » (→)

b. Secuencias, series y enunciados declarativos

La cuestión de la entonación no es tan sencilla como parece. Se ha desarrollado el asunto de la entonación que se emplea para complementar y contribuir a la función de los enunciados, pero dentro de un enunciado, no obstante, habrá distintos contornos de entonación. Cuando enumeramos una lista, por ejemplo, cada uno de los componentes tiene un tono identificador. Por lo general, cada componente conlleva un tono descendente menos el penúltimo, que tiene un tono ascendente. Pondremos un ejemplo: «Mi hermano es alto, simpático, inteligente y generoso». Los tonos correspondientes serían: «Mi hermano es alto (↓), simpático (↓), inteligente (↑) y generoso (↓)» ✺16. Si no fuera por la conjunción todas las enumeraciones tendrían un tono descendente: «Mi hermano es alto (↓), simpático (↓), inteligente (↓), generoso (↓)» ✺17. La subida de tono en el penúltimo componente indica que se está para terminar el enunciado. Por consiguiente, en el segundo ejemplo, la escasez de conjunción y el tono invariable (descendente) que resulta, indican que probablemente hay otras enumeraciones que quedan por presentar.

En un enunciado declarativo, como por ejemplo «El Sr. Lagos ganó las elecciones», habrá dos contornos tonales—el sujeto (sintagma nominal) tendrá un contorno ascendente y el predicado tendrá uno descendente: «El Sr. Lagos (↑) ganó las elecciones (↓)» ✺18. Otros ejemplos de frases incluyen «Mis amigos, que son de Guatemala, nos visitan hoy». Con esta frase, la cláusula dependiente «que son de Guatemala» tendrá un tono ascendente y los dos otros componentes tendrán un tono descendente: «Mis amigos (↓), que son de Guatemala (↑), me visitan hoy (↓)» ✺19. La información que proporciona la cláusula «que son de Guatemala» es ya conocida, entonces subirá el tono. Por otro lado, si se hubiese dicho «Mis amigos que son de Guatemala me visitan hoy», sin esa cláusula dependiente, los contornos serían «Mis amigos que son de Guatemala (↑) me visitan hoy (↓)» ✺20. Y, últimamente, en un enunciado de admiración, la entonación baja al finalizar el comentario: «¡Qué bueno! (↓)» ✺21.

En México, hay un dicho que enseña cómo funciona la entonación (apoyada por la puntuación) para oponer distintas interpretaciones del mismo renglón:

(Como recién casados)	«¿Cómo amaneciste, viejita?» (↑—por cortesía)
(Después de unos años)	«¿Cómo amaneciste viejita?» (↓—entonación típica)
(Después de muchos años)	«¿Cómo?» (↑—por sorpresa) «¿Amaneciste, viejita?» (↑—entonación interrogativa) ✺22.[11]

Figura 2.7 Contornos de la entonación

Contorno de la entonación	Usos
Anticadencia (↑)	1. En series, el penúltimo componente 2. El sujeto (sintagma nominal) de un enunciado declarativo 3. Cláusulas dependientes con información ya conocida
Cadencia (↓)	1. En series, todos los componentes menos el penúltimo 2. El predicado de un enunciado declarativo 3. Cláusulas dependientes con información no conocida

Veremos que la entonación tanto como la pronunciación puede ser características identificadoras para distintos dialectos. No todos los dialectos van a seguir las pautas descritas anteriormente.[12]

2-6. Comprensión

Conteste individualmente o en grupo las preguntas que siguen.

1. ¿Cómo se diferencian **la anticadencia**, **la cadencia** y **el suspenso**?

2. ¿Por qué tiene dos **contornos de entonación** diferentes la pregunta de ratificación?

3. Explique **la entonación** característica del enunciado que sigue: «Mi hermano compró lápices, cuadernos, marcadores, libros y un calendario».

4. Explique cómo funciona la entonación para diferenciar entre afirmaciones e interrogaciones con la misma sintaxis.

5. Explique la función semántica que desempeña la entonación indicada en el par de frases a continuación:
   «Mi hermano (↓), que vive en Cancún (↑), nos llamó anoche (↓).»
   «Mi hermano que vive en Cancún (↑) nos llamó anoche (↓).»

2-7. Verificación

Abajo hay tres párrafos que provienen del cuento "Las medias de los flamencos" de la colección *Cuentos de la selva* (1918) por Horacio Quiroga, un escritor uruguayo. Los cuentos fueron escritos para niños y este cuento, como todos los otros en la antología, es muy entretenido. Trabajando en pareja, lea el fragmento provisto y siga las instrucciones:

1. Copie los párrafos y divida las palabras en sílabas.

2. Respete la puntuación, o sea, no haga enlace entre palabras divididas por una coma o un punto, etc.

3. Marque la sinalefa.

Cierta vez las víboras dieron un gran baile. Invitaron a las ranas y los sapos, a los flamencos, y a los yacarés y los pescados. Los pescados, como no caminan, no pudieron bailar; pero siendo el baile a la orilla del río, los pescados estaban asomados a la arena, y aplaudían con la cola.

Los yacarés, para adornarse bien, se habían puesto en el pescuezo un collar de bananas, y fumaban cigarros paraguayos. Los sapos se habían pegado escamas de pescado en todo el cuerpo, y caminaban meneándose, como si nadaran. Y cada vez que pasaban muy serios por la orilla del río, los pescados les gritaban haciéndoles burla.

Las ranas se habían perfumado todo el cuerpo, y caminaban en dos pies. Además, cada una llevaba colgando como un farolito, una luciérnaga que se balanceaba.

Síntesis

2-8. Aplicación

A. La función contrastiva.

Prepare esta actividad en grupos de no más de tres personas. Explique la diferencia de pronunciación y de significado entre las palabras subrayadas en cada grupo que sigue y comparta sus conclusiones con el resto de la clase.

1. El <u>practica</u> todos los días.
   Se aprende con la <u>práctica</u>.

2. Hemos visto <u>ésta</u> anteriormente.
   <u>Está</u> en un lugar recóndito.

3. Ya te dije que <u>hablé</u> con él ayer.
   No quiero que él <u>hable</u> de esto.

4. <u>Estudio</u> agronomía ahora.
   Me dijeron que <u>estudió</u> en la biblioteca.

5. Pusieron el satélite en <u>órbita</u> ayer.
   El satélite <u>orbita</u> y saca fotos.

6. Fue una <u>pérdida</u> enorme.
   La pobre estará <u>perdida</u>.

7. Esperamos que <u>anden</u> con cuidado.
   Los esperamos en el <u>andén</u>.

8. Este <u>gráfico</u> enseña los vaivenes de la historia.
   <u>Grafico</u> todos los datos para que sean más comprensibles.

9. Nos han dicho que no hay <u>límite</u> de tiempo.
   No creo que nos <u>limite</u> en esto.

10. Es una persona muy <u>seria</u>.
    <u>Sería</u> mejor si no lo dijera.

B. Más desarrollo de la función contrastiva

Siguiendo las pautas del ejercicio anterior, escriba una frase que provea un contexto apropiado para las palabras que siguen. Prepárese para un debate con el resto de la clase.

1. página; pagina	6. sabía; sabia
2. estudiará; estudiara	7. tránsito; transitó
3. clavo; clavó	8. hacía; hacia
4. rótula; rotula	9. título; tituló
5. pública; publica	10. vínculo; vinculó

C. Contornos de la entonación

Un fragmento de *Papá y mamá* (1920), una obra teatral escrita por Eduardo Barrios, se presenta a continuación. Es importante leerla, por lo menos, una vez antes de principiar este ejercicio para familiarizarse con la trama. Luego, marque con una flecha (↑) para anticadencia, (↓) para cadencia, y (→) para suspenso, al final de los renglones, según indica el contenido. Recuerde que las instrucciones teatrales se encierran entre paréntesis en itálica, así no entran en la tarea.

Papá y mamá

Dos niños juegan en la acera; Ramón y Juanita. Un tercero, nene que aún no anda, sentado en el umbral de la puerta de calle, escucha sin comprender y mira con ojos maravillados. Ramoncito ha mudado ya los dientes; es vivo, habla mucho, y sus piernecillas nerviosas están en constante movimiento. Juanita es menor. Sentada como el nene sobre la piedra del umbral, acomoda en un rincón de la puerta paquetitos de tierra, y botones y cajas de fósforos, y palitos . . .

Juegan a la gente grande, porque ellos, como todos los niños, sienten, sobre todo en las noches, una inconsciente necesidad de imaginar y preparar la edad mayor.

Ramoncito: *(deteniéndose frente a su hermana, con las manos en los bolsillos y las piernas abiertas.)* ¿A qué jugamos, por fin?

Juanita: Ya, ya está el almacén listo. *(Y cambia la posición de los botones y las cajitas.)*

Ramoncito: Pero ¿vamos a jugar otra vez a las compras?

Juanita: Es claro, sigamos. Yo soy siempre la madama, y tú me sigues comprando. ¿No ves que mucha gente de todas estas casas no me ha comprado nada todavía?

Ramoncito: Mira, mejor juguemos a otra cosa. Siempre al almacén, aburre.

Juanita: *(palmoteando)* Al abuelito ¿quieres? A contar cuentos.

Ramoncito: Oye ¿para qué le servirán los anteojos al abuelito?

Juanita: ¡Tonto! Para ver.

Ramoncito: Así decía yo; pero ¿no te has fijado que para hablar con uno mira por encima de ellos y para leer se los pone sobre la frente?

Juanita: Cierto. ¿Para qué le servirán los anteojos al abuelito?

Ramoncito: Bueno, bueno. Juguemos . . . a . . .

Juanita: ¿A la casa?

Ramoncito: Sí.

Juanita: *(con creciente entusiasmo)* ¿Al papá y a la mamá? Yo soy la mamá o la cocinera . . . Lo mismo da, como tú quieras. Las dos, puedo ser las dos.

Ramoncito: *(improvisando un bastón con una ramita seca que recoge del suelo.)* Yo, el papá. Llego del trabajo, a comer, pidiendo apurado la comida, que tengo que ir al teatro. ¿Te parece?

Juanita: Espléndido.

Y renace la animación. La chica da nuevo acomodo a las cajas de fósforos y agrupa los botones. Entre tanto, Ramoncito, a largos pasos que resuenan en la acera, vuelve otra vez a la esquina.

Ramoncito: ¿Está lista esa comida, Juana? . . . Pronto, ligerito, que tengo que salir.

Juanita: Voy a ver, Ramón, voy a ver . . . Esta cocinera trabaja tan despacio. *(Se vuelve hacia su fingida cocinera y pregunta:)* ¿Mucha le falta, Sabina? ¿Sí . . .? ¡Ave María!

El chico levanta los brazos, asombrado. Luego frunce el ceño, se ha enfadado de repente.

Ramoncito: ¡Qué! ¿No está lista todavía esa comida?

Juanita: Ten paciencia, hijo, por Dios . . . A ver, mujer, déjeme a mí. Páseme el huevo, la harina . . . Eche más carbón . . . ¡Viva, anímese! . . .

Ramoncito: *(que ha empezado una serie de furiosos paseos bastón en mano, exasperado.)* ¡Habráse visto, hombre! ¡Qué barbaridad! Se mata uno el día entero trabajando, para llegar después a casa y no encontrar ni siquiera la comida lista. ¡Caramba!

Juanita: *(riendo)* Así, así, muy bien.

Ramoncito: *(en un paréntesis)* No hables de otra cosa. Ahora eres la mamá y nada más. *(De nuevo en son de marido furioso)* ¿En qué pasan el día entero dos mujeres, digo yo?

Juanita: Cosiendo, hijo, y lavando y . . .

Ramoncito: Nada. Mentira. Flojeando . . . ¡Brrr!

Juanita: ¡Dame tu santa paciencia, Dios mío! . . . ¡Chsss! *(Muy ocupada, finge freír, en un botón, un huevo . . . de paja).*

Ramoncito: Paciencia . . . Me das risa. Tengo hambre y estoy apurado . . . apurado ¿oyes? Trabajo como un bruto y llego muerto de hambre. ¡Ah! Ya esto no se puede aguantar.

Juanita: *(que fríe con loco entusiasmo)* ¡Chsss! Y . . . este aceite, Dios mío, no sé qué tiene . . . ¡Chsss!

Ramoncito: ¡Buena cosa! . . . Está muy bien, muy bien . . . ¡Ah, y cásese usted!

Sus paseos se hacen cada vez más furiosos.

Juanita: No te quejes así. Y a los niños, a estos demonios ¿quién los lava, quién los viste, quién les cose, quién?

Ramoncito: ¡Basta! Lo de siempre. Yo no tengo nada que ver con eso.

2-9. Investigación

Investigue en la biblioteca y en la red información que profundice su conocimiento en los siguientes temas.

A. Cuestiones suprasegmentales

Algunos dialectos del español de México, entre otros, se destacan por su "tonillo" o melodía rítmica que resulta de unos contornos de la entonación que se aplican a todo enunciado que se articula. Es decir que su habla es muy marcada y que se desvía de las pautas teóricas. Busque datos que describan este fenómeno y averigüe qué dialectos tienen esa característica. Juan Manuel Sosa y Jorge M. Guitart, entre otros, han publicado mucho en cuanto a este fenómeno del habla. Busque algún artículo de ellos en una revista académica y comparta sus datos con sus compañeros.

B. Cuestiones morfológicas

Haga una lista de otros prefijos que provienen del latín y del griego. ¿Hay duplicaciones del mismo significado? ¿Hay prefijos que se deben a otras influencias lingüísticas?

2-10. Un poco más allá

¡Luz, cámara, acción! Vuelva a la escena de *Papá y mamá* provista en la sección de Aplicación 2-8 C. Con la ayuda de otro/a compañero/a de clase, interprete los papeles de Ramoncito y Juanita y presente una actuación dramática de la escena enseñando los contornos de la entonación correctos.

2-11. Reflexiones personales

Piense en la cuestión que sigue y apunte sus pensamientos en su diario.

En una clase introductoria de español, ¿sería una buena idea enseñarles a los principiantes los contornos de la entonación descritos en este capítulo, o sería más apropiado para los estudiantes avanzados? ¿Por qué (no)?

2-12. Componente de Estudio de Campo
(Materiales: grabadora o cámara de video)

Esta entrega de lingüística aplicada tiene tres partes: una actuación, la transcripción de ella, y un análisis. Seleccione uno de los temas de *Strategic Interaction* del Apéndice B (p. 198) y prepare los papeles con otro compañero de clase.[13] Después de su preparación, grabe su actuación. Transcriba en ortografía común los renglones y, luego, marque todos los contornos de entonación con sus flechas correspondientes. Compare el resultado con las pautas descritas en este capítulo. ¿Hay concordancia entre ellos? ¿Por qué (no)?

Bibliografía y enlaces recomendados

Páginas web

http://www.rae.es

Textos

Alba, Orlando. *Manual de fonética hispánica,* 2nd ed. San Juan: Editorial Plaza Mayor, 2005.

Alonso, Amado, and Rafael Lapesa. *De la pronunciación medieval a la moderna en español.* Madrid: Editorial Gredos, 1988.

Beckman, Mary E., Manuel Díaz-Campos, Julia Tevis McGory, and Terrell A. Morgan. "Intonation across Spanish, in the Tones and Break Indices Framework." *Probus* 14 (2002) 9–36.

Guitart, Jorge M. *Sonido y sentido: Teoría y práctica de la pronunciación del español contemporáneo con audio CD.* Washington, D.C.: Georgetown University Press, 2004.

Real Academia Española. *Esbozo de una nueva gramática de la lengua española,* 21st ed. Madrid: Espasa Calpe, 2004.

Sosa, Juan Manuel. *La entonación del español: Su estructura fónica, variabilidad y dialectología.* Madrid: Ediciones Cátedra, 1999.

Vaquero, María, José Luis Vega, and Humberto López Morales. *La entonación: Prosodia.* San Juan: Editorial Plaza Mayor, 2000.

Vaquero de Ramírez, María. *El español de América (I): Pronunciación,* 2nd ed. Madrid: Arco Libros, 1998.

———. *El español de América (II): Morfosintaxis y léxico,* 2nd ed. Madrid: Arco Libros, 1998.

Vaux, Bert, and Justin Cooper. *Introduction to Linguistic Field Methods.* München: Lincom Europa, 2005.

Capítulo 3

El vocalismo

Introducción

Objetivos

Al terminar este capítulo, el estudiante podrá:

- identificar cada fonema vocálico con sus alófonos respectivos
- entender cómo se articula toda vocal según su ajuste paramétrico
- reconocer las distintas clases de diptongos y hiatos y transcribirlas
- hacer el silabeo correcto con vocales contiguas
- aplicar las teorías anteriormente presentadas en forma práctica

Todo idioma escrito tiene su propio código o abecedario de signos o **grafías** (letras) con el que cuenta la ortografía para su realización. Muchas veces la pronunciación de cualquier grafía no es uniforme puesto que varía según su posición dentro de una palabra o un renglón, quedando influenciada por los sonidos a su alrededor.

Cada sonido que pertenece a los idiomas humanos es clasificado por una descripción lingüística según la manera en que la producción de los sonidos se lleva a cabo. Por unos ajustes mínimos a la posición horizontal y vertical de la lengua, por ejemplo, uno podría articular una «e» en lugar de una «i» en español. No sólo la altura de la lengua o la posición vertical sino que el desplazamiento de ella o posición horizontal con la configuración de los labios desempeñan papeles importantes en la articulación de todas las vocales. Es más, tanto las vocales como las consonantes se definen por el articulador (los articuladores) que participa(n) en su realización fónica. Todo sonido articulado es caracterizado por una descripción teórica del mismo según participan estos articuladores. Todo sonido conlleva una descripción articulatoria y forma lo que se llama **el inventario fonémico** del idioma, el cual representa todas las clases de sonidos permisibles en el idioma.

El español, como todo idioma, tiene su propio inventario fonémico respectivo que comprende las descripciones de todos los sonidos posibles del idioma, y este inventario se compone de elementos que se llaman **fonemas**. El fonema es una unidad de sonido contrastivo y representa, en términos teóricos, como se articula el sonido según tres parámetros o ejes distintos. Cada parámetro comprende distintas descripciones para su articulación, y habrá tanto parámetros vocálicos como parámetros consonánticos. Los parámetros se diferencian entre sí porque los sonidos vocálicos que generan los ajustes paramétricos son diferentes a los consonánticos en cuanto a su pronunciación y, por eso, contarán con descripciones distintas. Se verá que, algunas veces, el símbolo que se emplea para representar algún fonema es el mismo que se usa para su respectiva grafía, entonces para identificarse y diferenciarse de las grafías, hay una notación distinta para cada clase de símbolos. Por lo tanto, las grafías se encierran entre **comillas anguladas** (« ») y los fonemas se encierran entre **barras oblicuas** (/ /). A diferencia de la grafía, el fonema, siendo abstracto, se identifica en función de los demás del inventario. La cantidad de fonemas normalmente es fija e invariable para todo idioma. Veremos que esta cuestión de cantidad surge de nuevo en cuanto al inventario español, ya que existe una relación entre las grafías y los fonemas así pues si la grafía tiene sonido, se asociará con algún fonema correspondiente; si es muda, no tendrá una representación fonémica (**valor fonémico**) porque no suena. En español, toda grafía (menos la «h» y la «u» en los contornos «qui, que, gue, gui») corresponde a algún fonema que se identifica por la descripción tripartita anteriormente descrita. Se examinarán estas cuestiones en este capítulo.

Términos claves

valor fonémico	el eje vertical
inventario fonémico	alto
el fonema	medio
la fonología	bajo
la fonética	el desplazamiento
el contorno (marco)	el eje horizontal
las barras oblicuas	anterior
la grafía	central
las comillas anguladas	posterior
el inventario vocálico	el eje labial
la distribución contrastiva	estirado
el parámetro	redondeado (abocinado)
el ajuste paramétrico	neutro

el eje bucal
    abertura
    mayor abertura
    menor abertura
las vocales cerradas
las vocales abiertas
la posición inicial o prenuclear (ataque)
la semiconsonante
la jerarquía de sonoridad
la transcripción amplia

la transcripción estrecha
el alófono
los corchetes
las vocales satélites (marginales, paravocales,
    semivocales, deslizadas)
    la yod
    la wau
la diéresis (crema)
Alfabeto Fonético Internacional (AFI)
(International Phonetic Alphabet [IPA])

Repaso y preparativos

1. Repaso de las vocales

Las diez vocales, cinco laxas y cinco tensas, del inventario del latín se redujeron a cinco tensas en español, formando un triángulo simétrico. Este triángulo será descrito con más detalle más adelante en el capítulo. Las vocales son uniformes en cuanto a duración, así pues no existen vocales reducidas como la "schwa" (la vocal central neutra en sílabas átonas) en inglés; la «a» de la palabra «above» en inglés es un ejemplo de esta vocal reducida. Recordemos que la vocal puede formar una sílaba por su propia cuenta y por ende, la cima (la vocal, el diptongo o el triptongo) es el componente esencial de toda sílaba.

2. Repaso de las sílabas

La sílaba es una unidad rítmica constituida por uno o más segmentos. El segmento obligatorio es la cima (núcleo) y comprende una vocal (cima simple) o un diptongo o triptongo (cima compuesta); los otros segmentos, si los hay, son consonánticos. Las consonantes componen la cabeza y la coda, en posición inicial y final de sílaba, respectivamente. En cuanto a clases o categorizaciones de la sílaba, hay dos (la abierta y la trabada, o cerrada), aunque habrá variación en cuanto a su configuración inicial— algunas trabadas tendrán una cabeza y otras no, igual que las abiertas. Tanto la abierta como la trabada pueden iniciarse con una cabeza, pero sólo la trabada tendrá una coda (la[s] consonante[s] en posición final de sílaba).

En cuanto al silabeo dentro de palabras y entre ellas, el español tiende a mantener la sílaba abierta cuando sea posible. Aunque hay una predilección por la sílaba abierta en español, existen las trabadas también cuando no hay posibilidad de convertir la coda de una sílaba contigua en una cabeza de la siguiente sílaba en un enunciado; por ejemplo, «un» → /ún/ (sílaba trabada), pero «un hijo» → «u.n(h)i.jo» /ú.ní.xo/ (tres sílabas abiertas). La coda «n» de «un» se convierte en la cabeza de la siguiente sílaba para mantener este ritmo silábico con sílabas abiertas de la secuencia CV.CV.CV. (La "C" en mayúscula significa "cualquier consonante" y la "V" significa "cualquier vocal".)

3. Repaso de diptongos y hiatos

Cuando hay dos vocales contiguas, hay dos opciones para su articulación—un diptongo (la unión de vocales) o un hiato (la separación de vocales). Sin embargo, la selección entre ellos no es arbitraria: cuando hay dos vocales fuertes/abiertas cada una estará en su propia sílaba (hiato); cuando hay una vocal fuerte/abierta más una débil/cerrada, o dos débiles/cerradas, en cualquier orden, las dos vocales se articularán en la misma sílaba, o sea, se creará un diptongo. La clasificación del diptongo—sucesión creciente (cerrada más abierta), sucesión decreciente (abierta más cerrada) o sucesión acreciente (dos cerradas)—depende de la secuencia de las vocales. En la cima simple el núcleo es la vocal silábica. En la cima compuesta la vocal silábica es la que posee la mayor perceptibilidad (la vocal fuerte), y la otra se llama la vocal satélite o marginal, o sea, la vocal débil.[1]

4. Repaso de las diferencias entre vocales y consonantes

En cuanto a las vocales y las consonantes en español, podemos contar con las siguientes características: (1) las vocales son menos numerosas, hay sólo cinco; (2) en cuanto a la teoría, todas son orales, no hay nasales que se contrastan entre sí; (3) todas son sonoras, así pues todas se articulan con voz (los tendones musculares de las cuerdas vocales están en posición semicerrada); (4) se articulan sin obstáculo alguno; y (5) son más estables y más perceptibles que las consonantes. Por otro lado, en cuanto a las consonantes: (1) todas se verifican con una clase de obstáculo; (2) hay tanto sordas como sonoras; y (3) hay nasales que se contrastan entre sí.

5. Repaso de la sinalefa

El hiato ocurre cuando dos vocales fuertes y contiguas se separan en distintas sílabas. La verdad es que, en el caso del hiato, aunque se colocan en sílabas vecinas, las características inherentes de las vocales (todas son orales y se forman sin obstáculo) permiten que haya poca pausa entre la articulación de ellas pese a que formen hiato. La sinalefa es el nombre para esta falta de pausa entre vocales, que a su vez depende de algunos factores tales como el cuidado que uno ejerce cuando habla y la rapidez que caracteriza a su habla. Las vocales abiertas «e» y «o» a veces se cierran convirtiéndose en «i» y «u», respectivamente, para acomodar una diptongación. Si uno habla lenta y cuidadosamente, habrá más pausa entre las vocales y la integridad del hiato se mantiene con cada vocal articulada claramente. Por el contrario, si uno habla rápida y/o de manera despreocupada, habrá menos pausa entre las vocales con cada vocal articulada con menos claridad y, como resultado, pueden formar diptongo las vocales fuertes con tal que la vocal «e» u «o» no se encuentre en la sílaba tónica. Pongamos algún ejemplo: la palabra «cohete» pronunciada clara y lentamente saldrá con tres sílabas con el silabeo «co.he.te» /ko.é.te/; pero si uno habla rápidamente y con menos claridad, se realizan dos sílabas con el silabeo /kué.te/. La «e» no puede debilitarse porque es la vocal tónica de esta palabra grave. La sinalefa, o el enlace entre vocales, es facilitada por la falta de obstáculo que caracteriza a las vocales; es más difícil hacer una transición entre dos consonantes por el obstáculo que conlleva la articulación de cada consonante. La transición entre vocales es menos difícil porque no hay obstáculos por reducir.

3-1. Estimulación

En grupos de dos o tres, conteste las preguntas siguientes y compare sus opiniones con la clase.

1. ¿Es la pronunciación de la «a» en la palabra «par» igual a la de «pan»? ¿Por qué (no)?

2. ¿Es la pronunciación de la «i» de «hierro» igual a la de «hipo»? ¿Por qué (no)?

3. ¿Por qué dirán algunas personas «proviniente» en lugar de «proveniente»?

4. ¿Por qué hay conversión de las conjunciones «y» en «e» y «o» en «u» antes de «i, hi» y «o, ho», respectivamente?

5. ¿Se diferencian las articulaciones de la «i» en las siguientes palabras: «si, sierra, seis»? ¿Cómo?

Materia principal

1. La fonética y la fonología, ¿cómo se diferencian?

Para poder analizar los sonidos de cualquier idioma y, también, para saber cuáles sonidos son pertenecientes a distintos dialectos y no al idioma propio, uno tiene que conocer el inventario fonémico del idioma. En **el inventario fonémico** se documentan todos los sonidos que son propios al idioma y que se contrastan entre sí. Todo idioma cuenta con un inventario fonémico que comprende todos los sonidos teóricos, **los fonemas**, en su idioma. Aunque dependerá del idioma, la cantidad de fonemas normalmente oscila entre veinticinco y cincuenta. La fonología y la fonética se ocupan con algún estudio de los sonidos pero con fines diferentes. Es importante entender la diferencia entre los dos estudios.

En términos generales, **la fonología** es el estudio más abstracto mientras que **la fonética** es un estudio más práctico y concreto. En otras palabras, la fonología estudia los sonidos de la lengua y la fonética estudia los sonidos del habla. La fonética es probablemente más conocida porque se relaciona con la articulación de los sonidos y cómo se puede variar la pronunciación de un sonido debido a su posición dentro del enunciado o debido a factores dialectales, por ejemplo. Antonio Quilis define los dos términos de esta manera: "La fonología estudia los elementos fónicos de una lengua desde el punto de vista de su función en el sistema de la comunicación lingüística", y "la fonética estudia los elementos fónicos de una lengua desde el punto de vista de su producción, de su constitución acústica y de su percepción" (Quilis, pp. 8–9).

La fonología estudia los sonidos y su distribución para categorizarlos en distintas clases según las características de su articulación. Así pues la fonología establece el inventario de todos los sonidos permisibles en cualquier idioma, y la fonética estudia las variaciones de estos sonidos debido a cuestiones dialectales o debido a su posición dentro de una palabra o sílaba (o entre ellas). Esta ubicación o posición del sonido en cuestión se llama **el contorno** o **marco**, e indica qué otros sonidos están a su alrededor. Los cambios o ajustes fonéticos se llevan a cabo cuando los sonidos circundantes le influencian al sonido de alguna u otra manera. El contorno o marco de algún sonido comprende el sonido que le precede y el que le sigue. Por ejemplo, la pronunciación de «a» en la palabra «d<u>a</u>r» y la de «d<u>a</u>n» no serán iguales porque se ubican en contornos distintos—«d_r» y «d_n», o sea el sonido que le sigue a cada una es diferente. En términos de los fonemas del español, la «a» de «d<u>a</u>r» y la de «d<u>a</u>n» son iguales y provienen del mismo fonema /a/. Sin embargo, en términos fonéticos, la influencia del contorno hace que la pronunciación de cada una se difiera—la «a» de «d<u>a</u>n» tiene características nasales por el sonido nasal que le sigue (un sonido nasal se verifica cuando en la producción del sonido el aire pasa por la cavidad nasal y no por la boca). En otras palabras, según la teoría, las dos vocales son iguales; pero, en la práctica, su articulación resulta diferente.

Se dice que los hablantes nativos escuchan "en fonemas" y raras veces se percatan de los ajustes fonéticos que se llevan a cabo debido a los contornos distintos.

2. Fonemas y grafías del abecedario

El fonema es una unidad de sonido abstracta que consiste en un compendio de sonidos que conllevan semejanzas fonéticas. Para identificarse y diferenciarse de otros símbolos, el fonema se encierra entre **barras oblicuas** o diagonales (/ /), mientras que **la grafía** siempre se encierra entre **comillas angulares** (« »). Piense en la «i» de «v<u>i</u>, v<u>i</u>ene, ve<u>i</u>nte»—todos estos sonidos provienen del fonema /i/, pero la pronunciación de cada «i» no es igual. Vamos a ver cómo se transcriben estas diferencias en la alofonía (variación articulatoria) vocálica en este capítulo.

La correspondencia entre fonema y grafía para las vocales en español no es complicada puesto que el símbolo que se emplea para cada clasificación es idéntico: {a, e, i, o, u}. Por ende, el fonema y la grafía tienen una definitoria notación que desempeña un papel muy importante para diferenciarse entre sí: /a, e, i, o, u/ para fonemas y «a, e, i, o, u» para grafías. El sistema vocálico es muy sencillo en español y, con pocas excepciones (las dos grafías «y, i», por ejemplo, pueden pertenecer al mismo fonema /i/), la grafía corresponderá al mismo símbolo fonémico: «a» → /a/; «e» → /e/; «i» → /i/; «o» → /o/; «u» → /u/. Entonces, se puede decir que, por lo general, hay una correspondencia única entre la vocal (grafía) y su fonema correspondiente, o sea, para cada fonema vocálico sólo habrá <u>una</u> realización ortográfica, menos la «y» anteriormente mencionado (la cuestión de «hi» y «hu» más vocal se desarrollará más adelante en este capítulo). Resulta interesante notar que en la prosa se ha documentado que la frecuencia de las vocales es desigual en español, con la grafía «a» apareciendo más que las otras. La aparición de las vocales sigue así en orden decreciente: «a, e, o, i, u». Además, la «i» y la «u» no figuran en posición final de palabra con mucha frecuencia en español.

3-2. Comprensión

Conteste individualmente o en grupo las preguntas que siguen.

1. ¿Cómo se diferencian **la fonología** y **la fonética**? ¿Tienen algo en común?

2. ¿Qué significa el término **contorno**? ¿Qué aplicación tiene para la fonética?

3. En cuanto a las vocales, ¿qué relación existe entre **los fonemas** y **las grafías**?

4. ¿Qué **signos** encierran **las grafías**? ¿Y **los fonemas**?

5. Aunque dependerá del idioma en cuestión, ¿cuántos fonemas normalmente componen el inventario fonémico? O sea, la cantidad oscila entre ___ y ___.

3. El inventario vocálico /a, e, i, o, u/

Sabemos que hay cinco fonemas vocálicos en español, ni más ni menos, porque los encontramos en **distribución contrastiva**, o sea, en el mismo contorno (marco), donde el reemplazo articulatorio de uno por otro cambiaría el significado de la palabra o dejaría que resultara irreconocible. Considere los siguientes ejemplos en español en los que las cinco vocales se encuentran en el mismo contorno («p_lo»): «p<u>a</u>lo, p<u>e</u>lo, p<u>u</u>lo, p<u>i</u>lo, p<u>o</u>lo»; estas palabras, cuya única diferencia articulatoria estriba en la vocal subrayada, no podrían permitir la sustitución de alguna vocal por otra y mantener el mismo valor semántico (significado). Estos ejemplos anteriormente provistos documentan suficiente evidencia para verificar que hay cinco fonemas distintos en el inventario español. Sin embargo, podría haber algunos contornos en los cuales el reemplazo de un fonema por otro no cambiaría el significado. Por ejemplo, entre las palabras «prov<u>e</u>niente» y «prov<u>i</u>niente», aunque uno sustituya «i» por «e» todavía se entiende porque el reemplazo no cambia el significado de la palabra.

Figura 3.1 Las vocales y las consonantes

	Fonemas vocálicos	Fonemas consonánticos
Cantidad	5	18 ó 20 (peninsulares)
Nasales	0	3
Sonoras	5	11 ó 12 (peninsulares)

En cuanto a fonemas en español, toda vocal es oral. No hay vocales nasales (el aire pasa por la cavidad bucal y no por la nasal) que se contrastan entre sí, y entonces, la lengua y los labios son los articuladores más importantes para la pronunciación de las vocales. Veremos que podemos hablar de vocales nasales por la influencia de sonidos nasales a su alrededor, pero en cuanto a fonemas, no hay vocales nasales. Es más, las posiciones distintas de la lengua y los labios determinan la calidad de la vocal. Así pues la producción única de cada vocal depende de tres **parámetros** diferentes: la altura de la lengua (el eje vertical), el desplazamiento para atrás y para adelante de la lengua (el eje horizontal) y la configuración de los labios (el eje labial).[2] Por ahora, basta enseñar la función de la lengua y los labios y cómo la posición de cada uno de estos articuladores se ajusta para pronunciar las distintas vocales. **Los ajustes paramétricos** se refieren a las distintas posiciones o colocaciones que permite el parámetro en cuestión.

a. El eje vertical

Uno de los parámetros vocálicos es el que describe la colocación vertical de la lengua, que se llama **el eje vertical** y comprende las categorías de nivel **alto**, **medio**, y **bajo**. Cuando se alza la lengua, está en posición alta para articular los sonidos correspondientes a los fonemas /i/ y /u/, los dos altos. Cuando la lengua está en posición media podrán realizarse los fonemas /e/ y /o/, los dos medios. Y, finalmente, cuando está en posición baja, se podrá producir el fonema /a/, el bajo.

b. El eje horizontal

Como se podrá ver, un parámetro no es suficiente para distinguir entre todas las vocales porque hay dos altas y dos medias, y entonces, se precisa otro parámetro descriptivo. Al ensayar las articulaciones que acompañan las vocales, se notará que hay tanto movimiento vertical como horizontal de la lengua, o sea, un **desplazamiento** para atrás y para adelante de la lengua. **El eje horizontal** comprende tres posiciones para categorizar esta cuestión: **anterior**, **central** y **posterior**. El ajuste anterior describe la colocación de la lengua cuando se adelanta hacia los labios para los fonemas /i/ y /e/, los dos anteriores. Hay otra posición horizontal que comprende la región central de la boca, así se describe /a/, el fonema central. Finalmente hay otra ubicación de la lengua y es cuando se retrae hacia la parte de atrás de la boca, así se llaman los dos fonemas posteriores /u/ y /o/. Sin embargo, puesto que hay dos anteriores y dos posteriores, se precisa otro parámetro para que cada vocal tenga su propia identificación fonémica. Tanto la lengua como los labios desempeñan un papel importante para la articulación de las vocales, entonces, veremos ahora cómo la configuración de los labios concluirá esta descripción tripartita.

c. El eje labial

Ahora que tenemos establecidos e identificados los dos ejes de la lengua, será importante determinar cómo participan los labios para articular las vocales. Los labios tienen tres configuraciones importantes para diferenciar entre las cinco vocales del español: posición **redondeada** o **abocinada** para /u/ y /o/, los dos posteriores, porque se abocinan los labios; posición **estirada** para /i/ y /e/, los dos anteriores, porque se estiran los labios; y posición **neutra** (porque ni se estiran ni se redondean los labios) para /a/, el central. Así funciona **el eje labial** para ayudar a producir los sonidos característicos del español. Se puede ver ahora que cada vocal tiene su propia identificación en función de las demás vocales. A propósito, el orden de las descripciones no es arbitrario, entonces la secuencia apropiada de su identificación sigue así: el valor del eje vertical, después el horizontal, seguido por el labial. El inventario fonémico vocálico del español no es numeroso y es éste:

/a/	el bajo central neutro
/e/	el medio anterior estirado
/o/	el medio posterior redondeado
/i/	el alto anterior estirado
/u/	el alto posterior redondeado

Figura 3.2 Los fonemas vocálicos del español

Eje horizontal	Anterior	Central	Posterior
Eje vertical			
Alto	/i/ (estirado)		/u/ (redondeado)
Medio	/e/ (estirado)		/o/ (redondeado)
Bajo		/a/ (neutro)	

Entonces, cuando se ve el fonema /e/ lo nombramos por el valor respectivo de cada parámetro: es el medio anterior estirado. El inventario vocálico del español comprende dos altos /i, u/; dos medios /e, o/; y un bajo /a/. También comprende dos anteriores /i, e/; dos posteriores /u, o/; y un central /a/. Además tiene dos estirados /i, e/; dos redondeados /u, o/; y un neutro /a/.

d. El eje bucal

Existe otra clasificación para las vocales según el grado de **abertura** de la boca, con ajustes paramétricos del **eje bucal**. Se describen las vocales según la abertura, o falta de ella, de la boca. En ese caso, entonces, los ajustes paramétricos tendrían otros nombres para identificar su articulación. Los dos fonemas altos /i, u/ serían **cerrados** y los restantes /e, o, a/ serían **abiertos**. Naturalmente el grado de abertura varía entre los medios /e, o/ y el bajo /a/, así pues la boca está en posición de **mayor** (máxima) **abertura** para el fonema /a/. Recordemos que la abertura bucal es de suma importancia para la cuestión de diptongos; los fonemas que se debilitan, /i, u/, son los de **menor abertura**.

A continuación hay una serie de diagramas mostrando cada ajuste paramétrico para los fonemas vocálicos.

Pese a las diferencias anteriormente desarrolladas en cuanto a sus articulaciones distintas, en resumidas cuentas, las vocales del español tienen muchas características comunes:

- Todas son orales (el aire pasa por la cavidad bucal)
- Todas se articulan libremente sin obstáculo bucal alguno
- Todas son sonoras (tienen vibración de las cuerdas vocales)
- Todas son bastante estables—no tienen mucha variación en su realización pese a su ubicación dentro de la palabra; tampoco varían mucho de dialecto en dialecto (menos la cuestión de la «e» del morfema «es» que vimos en el capítulo 2)
- Todas son más perceptibles que las consonantes

3-3. Comprensión

Conteste individualmente o en grupo las preguntas que siguen.

1. Nombre los tres **parámetros vocálicos** en el orden correcto y explique en qué consiste cada uno.

2. ¿Qué papel desempeña la lengua en la articulación de las vocales? ¿Los labios?

3. ¿Qué información imparte **el eje bucal**? ¿Por qué es importante este dato?

4. ¿Por qué es necesario tener tres parámetros para describir las vocales?

5. ¿Qué rasgos comparten los fonemas vocálicos /e/ y /o/? ¿/e/ y /i/?

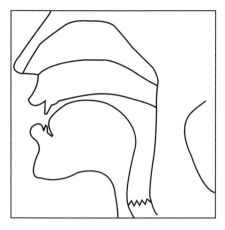

Figura 3.3 El alto anterior estirado /i/

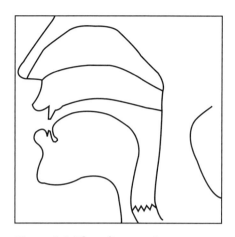

Figura 3.4 El medio anterior estirado /e/

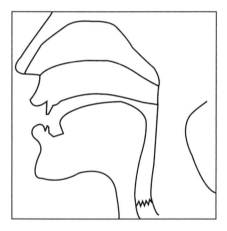

Figura 3.5 El alto posterior redondeado /u/

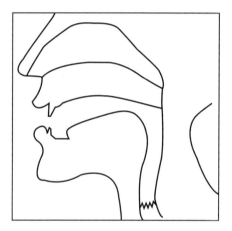

Figura 3.6 El medio posterior redondeado /o/

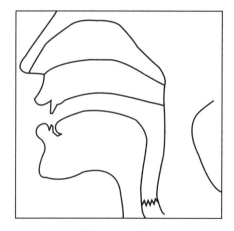

Figura 3.7 El bajo central neutro /a/

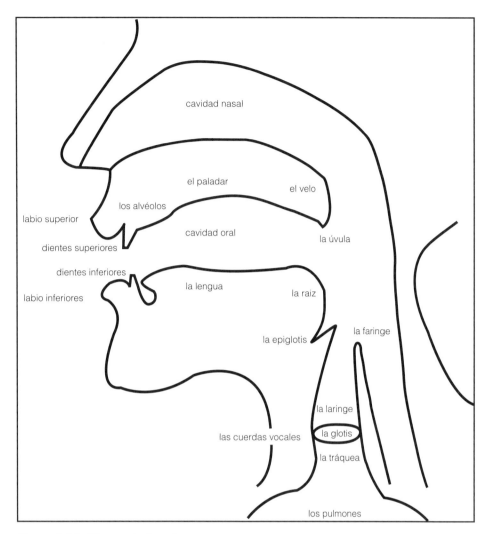

Figura 3.8.1 El aparato fonador

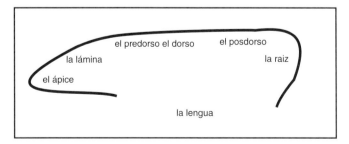

Figura 3.8.2 La lengua

4. Correspondencias entre fonemas y grafías

La transcripción de grafías a fonemas vocálicos ilustra lo sencillo del inventario vocálico en español: hay cinco grafías vocálicas y cinco fonemas correspondientes. El bajo central neutro, /a/, transcribe la grafía «a»; el medio anterior estirado, /e/, transcribe «e»; el medio posterior redondeado, /o/, transcribe «o»; el alto anterior estirado, /i/, transcribe «i» (y también la «y» cuando tiene la misma pronunciación que la «i»); y el alto posterior redondeado, /u/, transcribe «u».

La situación se complica un poco para las dos vocales altas, la «i» y la «u», en la secuencia de «hi» más vocal y «hu» más vocal. En este contorno semejan más consonantes en cuanto a su articulación porque están en **posición inicial** o **prenuclear** de sílaba (se llama también **ataque**). Por ejemplo, con las palabras «suegra» y «sierra», la «e» de «suegra» es la vocal tónica (núcleo), entonces la «u» está en posición prenuclear. Con el ejemplo de «sierra», la «i» está en posición prenuclear también porque la «e» es el núcleo. Veremos que, en términos de correspondencia entre grafía y fonema en estos casos, la «i» de la palabra «hierro», por ejemplo, pertenece al fonema /j/ (la aproximante palatal sonora), y la «u» de la palabra «huaso», por ejemplo, pertenece al /w/ (la aproximante labiovelar sonora). La «i» y la «u», respectivamente, en su pronunciación tienen más rasgos consonánticos que vocálicos en la posición inicial (o ataque), así se llaman **semiconsonantes**. La identificación de los fonemas consonánticos se desarrolla en el capítulo 4.

La sílaba y la jerarquía de sonoridad

Cabe repasar la estructura de la sílaba otra vez para profundizar en la terminología seleccionada y su aplicación en este texto. Esta explicación tendrá importancia también para el desarrollo del consonantismo del español en el próximo capítulo.

Recordemos que toda vocal es sonora, es decir que se articula con las cuerdas vocales en una posición semicerrada. Las aproximantes /j, w/ también son sonoras, y las consonantes pueden ser tanto sordas como sonoras. La estructura silábica σ se compone de una cabeza y una rima. La rima se compone de una cima y una coda. La estructura silábica se adhiere a un principio que se llama **la jerarquía de sonoridad**. Cada componente de la sílaba se caracteriza por su sonoridad: el núcleo representa el cenit de la sonoridad y es el elemento más sonoro, y por eso se llama cima. A su alrededor hay la cabeza cuyo grado de sonoridad se aumenta, segmento por segmento, hacia la cima; y al otro lado se encuentra la coda, cuyo grado de sonoridad se disminuye de segmento en segmento hacia el final de la sílaba.

Se examinará con más detalle esta cuestión de la sonoridad y la estructura silábica en el capítulo 4.

Figura 3.9 Correspondencia entre fonemas y grafías vocálicos

Grafía	Ejemplo	Fonema
«a»	«c<u>a</u>sa»	/a/ (el bajo central neutro)
«e»	«t<u>e</u>»	/e/ (el medio anterior estirado)
«o»	«s<u>o</u>l»	/o/ (el medio posterior redondeado)
«i»	«m<u>i</u>»	/i/ (el alto anterior estirado)
«i»	«d<u>i</u>ar<u>i</u>o; a<u>i</u>re»	/i/ (el alto anterior estirado)
«y»	«re<u>y</u>»	/i/ (el alto anterior estirado)
«i»	«h<u>i</u>erba»	/j/ (la aproximante palatal sonora)
«u»	«s<u>u</u>»	/u/ (el alto posterior redondeado)
«u»	«s<u>u</u>erte; e<u>u</u>ropea»	/u/ (el alto posterior redondeado)
«u»	«h<u>u</u>érfano»	/w/ (la aproximante labiovelar sonora)

5. La transcripción fonémica o amplia

Aunque no tenemos el inventario en su totalidad, podemos comenzar a transcribir palabras sencillas para ensayar la transcripción lingüística. Cada vez que se ve una vocal, se la encerrará entre barras oblicuas. Por ejemplo, con la palabra «pero» hay dos vocales, «e» y «o». El medio anterior estirado, /e/, transcribe la grafía «e», y el medio posterior redondeado, /o/, transcribe «o»; entonces, /pe.ɾo/.[3] No tendremos una transcripción completamente acabada porque todavía no hemos estudiado los fonemas consonánticos con su alofonía. A propósito, muchos de los fonemas consonánticos no comparten el mismo símbolo con sus grafías correspondientes, entonces, no tendremos una transcripción auténtica y propia hasta el capítulo 4. Hace falta practicar con la transcripción incorporando todos los fonemas y se encerrarán todos los componentes entre barras oblicuas. Una transcripción fonémica también se llama una **transcripción amplia** porque representa todos los sonidos teóricos del inventario. La transcripción amplia contrasta con otro tipo de transcripción llamada *la estrecha* (o fonética), que enseña las desviaciones de la teoría; la que enseña las variaciones vocálicas será desarrollada a continuación.

3-4. Comprensión

Conteste individualmente o en grupo las preguntas que siguen.

1. ¿Qué significa **posición prenuclear** (posición de ataque)? Dé algún ejemplo.

2. ¿Para qué sirven **las barras oblicuas**? ¿**Las comillas anguladas**?

3. ¿Cómo se diferencian la «y» de «vo<u>y</u>» y la de «co<u>y</u>ote»?

4. ¿En qué consiste una **transcripción amplia**?

5. ¿Por qué es bastante sencillo el inventario vocálico en español?

6. Los alófonos vocálicos

En cuanto a las vocales abiertas—el bajo central neutro, el medio anterior estirado y el medio posterior redondeado, /a, e, o/—veremos que no habrá mucha diferencia entre su articulación sea lo que sea su contorno (marco) porque son fuertes. Es decir que cuando se encuentren con otra vocal contigua, no se debilitan y mantienen su integridad articulatoria. Así pues, cada fonema sólo tendrá una articulación representativa. Consecuentemente, podemos decir que hay, por lo menos, una realización fonética para cada uno. La realización fonética para el fonema se llama **el alófono**. Todo fonema tendrá, por lo menos, un alófono y algunos más de uno. Asimismo, la rica diversidad de pronunciación se nutre con los alófonos consonánticos y no con los vocálicos.

Los alófonos se encierran entre **corchetes** ([ ]) para no confundirse con los fonemas porque veremos que algunos de los símbolos son iguales. No obstante, con esta cuestión de alófonos irá también la necesidad de símbolos diferentes para representar las distintas pronunciaciones. Con las vocales abiertas /a, e, o/ no habrá mucha dificultad porque cada fonema tiene sólo un alófono. El bajo central neutro /a/ tiene un alófono, [a]; el medio anterior estirado /e/ tiene uno, [e]; y el medio posterior redondeado /o/ tiene uno, [o]. Existe la opción de pronunciar el sonido encerrado entre los corchetes o seguir llamándolo por su ajuste paramétrico respectivo. O sea, podemos decir *el alófono [a]* o *el bajo central neutro*. Con las vocales altas, sin embargo, se complica el asunto. Las altas son problemáticas porque cuando se encuentren con otra vocal contigua, se debilitan (las que no son tildadas) y ya no conllevarán las mismas características que antes tenían. Vamos a considerar estas cuestiones a continuación.

En una actividad anterior, insinuamos que la misma vocal en distintos contornos no tendría la misma realización articulatoria. Por ejemplo, tome en cuenta la pronunciación de la «u» en las palabras «s<u>u</u>til, s<u>u</u>egra, Ce<u>u</u>ta» ✸ **2**. La «u» de «sutil» ocupa la posición de núcleo de una cima simple; la «u» de «suegra» representa **la vocal satélite** de una cima compuesta—diptongo de sucesión creciente; y la «u» de «Ceuta» ocupa la posición de la vocal satélite de la cima compuesta—diptongo de sucesión decreciente. Se nota ahora que las articulaciones de la «u» no son iguales en todo contorno. Veremos que los dos fonemas altos /i, u/ tendrán más de un alófono para poder representar todas sus distintas pronunciaciones. Estas variaciones en pronunciación se deben al debilitamiento por el que pasan estas vocales cuando forman la vocal satélite del diptongo. Abundan los nombres para la vocal debilitada e incluyen *semivocal, deslizada* y *paravocal*. En este texto se emplea el nombre **paravocal** para referirse a estas vocales debilitadas.

Hay dos paravocales y son alófonos de las dos vocales altas: una paravocal para el alto anterior estirado /i/, llamada **la yod** [j], y la otra para el alto posterior redondeado /u/, llamada **la wau** [w].

Algunos lingüistas distinguen la paravocal en posición prenuclear, o sea, cuando le precede al núcleo—por ejemplo, «s<u>i</u>erra»—de la paravocal en posición postnuclear—por ejemplo, «ace<u>i</u>te». Es decir que en posición prenuclear se llamará *semiconsonante* porque comparte muchos rasgos con las consonantes por estar en la posición de ataque (inicial). Por otro lado, en posición postnuclear se llamará *semivocal*. Además, serán representadas por símbolos distintos—[j] (la semiconsonante) y [i̯] (la semivocal). En otros textos también hay la tendencia a usar la palabra *deslizada* (en inglés *glide*) para referirse a la semivocal. En este texto, se va a emplear el mismo símbolo para las dos y se llamarán paravocales pese a su posición en el diptongo.

🎧 3

Figura 3.10 Correspondencia entre grafías, fonemas y alófonos vocálicos

Grafía	Ejemplo	Fonema	Alófono
«a»	«c<u>a</u>sa»	/a/ (el bajo central neutro)	[a]
«e»	«t<u>e</u>»	/e/ (el medio anterior estirado)	[e]
«o»	«s<u>o</u>l»	/o/ (el medio posterior redondeado)	[o]
«i»	«m<u>i</u>»	/i/ (el alto anterior estirado)	[i]
«i»	«d<u>i</u>ario»	/i/ (el alto anterior estirado)	[j]
«y»	«re<u>y</u>»	/i/ (el alto anterior estirado)	[j]
«i»	«h<u>i</u>erba»	/j/ (la aproximante palatal sonora)	[j]
«i»	«desh<u>i</u>elar»	/j/ (la aproximante palatal sonora)	[j]
«u»	«s<u>u</u>»	/u/ (el alto posterior redondeado)	[u]
«u»	«s<u>u</u>erte»	/u/ (el alto posterior redondeado)	[w]
«u»	«a<u>u</u>to»	/u/ (el alto posterior redondeado)	[w]
«u»	«h<u>u</u>érfano»	/w/ (la aproximante labiovelar sonora)	[w]

3-5. Comprensión

Conteste individualmente o en grupo las preguntas que siguen.

1. ¿Qué es un **alófono**? ¿Qué signos conlleva?

2. ¿Qué es una **paravocal**? ¿Hay otros términos para este mismo concepto?

3. ¿Qué significan los términos **yod** y **wau**?

4. ¿Por qué tienen más de un alófono las dos vocales altas? ¿Qué función desempeñan?

5. ¿Cómo se diferencian los siguientes símbolos: /a/, [a], «a»?

7. Los diptongos y triptongos

Volviendo de nuevo al asunto del diptongo, hemos establecido que hay tres categorías en total. La sucesión decreciente es caracterizada por la secuencia de vocal silábica más paravocal (fuerte más débil); la sucesión creciente comprende una paravocal seguida por la vocal silábica (débil más fuerte); y la sucesión acreciente tiene dos paravocales (débiles) en cualquier orden. Entonces, como se enseña la figura 3.11, hay catorce posibilidades en español, puesto que hay tres vocales fuertes, «a, o, e», y dos débiles, «i» (también «y») y «u.

⊛ 4

Figura 3.11 Ejemplos diptongos

Secuencia	Transcripción	Ejemplo
«ai» o «ay»	[aj]	«b<u>ai</u>le» o «h<u>ay</u>»
«ia»	[ja]	«d<u>ia</u>dema»
«au»	[aw]	«<u>au</u>to»
«ua»	[wa]	«s<u>ua</u>ve»
«oi» o «oy»	[oj]	«<u>oi</u>go» o «s<u>oy</u>»
«io»	[jo]	«qu<u>io</u>sco» («k<u>io</u>sco»)
«ou»	[ow]	«estad<u>ou</u>nidense»; «C<u>ou</u>siño»
«uo»	[wo]	«c<u>uo</u>ta»
«ei» o «ey»	[ej]	«ac<u>ei</u>te» o «r<u>ey</u>»
«ie»	[je]	«c<u>ie</u>rre»
«eu»	[ew]	«<u>eu</u>ropea»
«ue»	[we]	«f<u>ue</u>go»
«iu»	[ju]	«v<u>iu</u>da»
«ui»	[wi]	«c<u>ui</u>da»

En cuanto a la transcripción de vocales contiguas, hay que tener cuidado con los diptongos falsos, o sea, las palabras que tienen la secuencia «qui», «que», «gue» y «gui». Hay que recordar que la transcripción sólo representa lo que tiene sonido. La grafía «h» no figura en las transcripciones porque no suena; tampoco figurará la «u» de estos ejemplos provistos («q<u>ui</u>, q<u>ue</u>, g<u>ue</u>, g<u>ui</u>») por ser mudas. Palabras como «quita» /kí.ta/, «que» /ke/, «guerra» /gé.ra/, y «guiso» /gí.so/, parecen ser diptongos porque se escriben con dos vocales ortográficas, pero no hay dos articulaciones, entonces no aparecerán en la transcripción. La «u» en estos ejemplos sólo saldrá en la transcripción cuando hay una **diéresis** (también llamada **crema**) por encima dándole valor articulatorio y sólo entonces será paravocal: «vergüenza» → /ber.g[wé]n.sa/.

En general, escasean los triptongos en español, pero las encontramos en abundancia en las desinencias verbales de la segunda persona plural (vosotros). Los triptongos son caracterizados por una vocal silábica con dos paravocales a su alrededor; algunos ejemplos incluyen /iai/ «estudiáis», /uei/ «buey», /uai/ «Paraguay», y /iei/ «lidiéis». Tanto una transcripción amplia como una estrecha para cada uno se presentan a continuación.

⊛ 5

Palabra	Transcripción amplia	Transcripción estrecha
«estudiáis»	/e/ s.t /u/.d /iái/ s	[e] s.t [u].d [jáj]s
«buey»	b /uéi/	b [wéj]
«Paraguay»	p /a/.r /a/.g /uái/	p [a].r [a].g [wáj]
«lidiéis»	l /i/.d /iéi/ s	l [i].d [jéj]s

8. La sinalefa—transcripción

Tomando en cuenta que las transcripciones que se llevan a cabo en estos capítulos iniciales se basan en textos escritos y no orales, sólo podemos reconocer los ajustes previsibles por el entorno y la puntuación provistos. Por ejemplo, con un texto escrito no se puede saber con cuánta rapidez se articulan las palabras, entonces sólo se puede indicar la sinalefa con una media luna por debajo de las vocales contiguas para enlazarlas. Si uno hablara rápidamente, quizá se podría documentar alguna clase de diptongo, pero no podemos depender del texto escrito como tal. Más adelante en el texto habrá la oportunidad de transcribir de textos orales (grabaciones) y ya no se tendrá que teorizar ni especular sobre estas cuestiones porque se transcribirán los renglones sonido por sonido. Así pues si el/la hablante une dos vocales fuertes en diptongo, se podrá indicar en la transcripción aunque no represente una forma estándar. A continuación se muestra una transcripción con sinalefa:

«teatro» → t /e/./a/.tr /o/ → t [e].[a].tr [o]

9. La transcripción fonética o estrecha

La transcripción fonética o estrecha es la que enseña todas las variaciones del habla. Con la transcripción estrecha se emplean los corchetes para encerrar los símbolos. Tendremos que recordar también que, en este momento, sólo tenemos los fonemas y los alófonos vocálicos, entonces lo que ensayamos no va a representar una transcripción completamente acabada. Lo que sí se puede enseñar ahora es la transcripción estrecha con todos los ajustes vocálicos que se realizan debido a vocales contiguas (diptongos y hiatos).

3-6. Comprensión

Conteste individualmente o en grupo las preguntas que siguen.

1. ¿Qué significa un diptongo falso? Dé algún ejemplo.

2. ¿Qué relación tiene **la diéresis (crema)** con las paravocales?

3. ¿Qué limitaciones hay con la transcripción de un texto escrito?

4. ¿Qué es un **triptongo**? Dé algún ejemplo. ¿En qué se diferencian el diptongo y el triptongo?

5. A diferencia de **la amplia**, ¿Qué puede enseñar una **transcripción estrecha**?

A. El silabeo y la poesía

El fragmento del poema que sigue, "El niño solo", pertenece a la categoría poética llamada soneto. Un soneto es un poema de catorce versos teniendo cada verso la misma cantidad de sílabas. Este soneto es de versos alejandrinos (catorce sílabas en cada verso) y tiene dos cuartetos y dos tercetos. Se verá que, en algunos casos, se diptongan las vocales para poder llegar a la cantidad deseada de sílabas. Después de leer los dos versos provistos, complete las actividades que siguen.

> Un niño de ojos dulces me miró desde el lecho
> ¡y una ternura inmensa me embriagó como un vino!
> —Gabriela Mistral, "El niño solo",
> en *Desolación,* 1922

1. Haga el silabeo marcando la división silábica con un guión.

2. Después de hacer el silabeo, cuente las sílabas en cada verso. ¿Qué ajustes se realizan para llegar a la cantidad de catorce sílabas?

3. Se verá que hay una diferencia entre lo que se llama una *sílaba métrica* y una *sílaba gramatical.* La sinalefa desempeña un papel importante para llegar al verso descrito anteriormente. ¿En qué lugares se evidencia?

4. Ahora, busque este u otro poema completo y haga el mismo análisis de los versos.

B. Los diptongos y la prosa

Lea el fragmento del cuento que sigue y después complete el ejercicio provisto.

El hombre tenía un <u>aire</u> cordialmente siniestro. Hacía por lo menos un cuarto de hora que trataba de explicarse, sin conseguirlo. Estaba sentado sobre un gran tronco de árbol, a la entrada de la casa. No se había quitado el sucio sombrero, un fieltro barato de color carmelita, y mantenía los ojos bajos, al hablar. Juan lo conocía bien. Era el hijo de Simón Arévalo y de la señora Laura. Un chico muy inquieto desde el comienzo. Pero no tanto como para suponer lo que se decía que estaba haciendo en la región, con viejos y buenos amigos de sus padres.

> —Hernando Téllez, "Cenizas para el viento",
> en *Cenizas para el viento y otras historias,* 1950.

Ahora, ubique los trece diptongos restantes y clasifíquelos en su categoría correcta; siga el modelo provisto. Luego, conteste la pregunta que sigue.

	Acreciente	*Creciente*	*Decreciente*
1.	_____	_____	«aire» _____
2.	_____	_____	_____
3.	_____	_____	_____
4.	_____	_____	_____
5.	_____	_____	_____
6.	_____	_____	_____
7.	_____	_____	_____
8.	_____	_____	_____
9.	_____	_____	_____
10.	_____	_____	_____
11.	_____	_____	_____
12.	_____	_____	_____
13.	_____	_____	_____
14.	_____	_____	_____

¿Hay alguna sucesión de diptongo frecuente? ¿Cuál?

Síntesis

3-8. Aplicación

A. La frecuencia de vocales

Aprendimos en este capítulo que la frecuencia de las vocales en español sigue el orden decreciente «a, e, o, i, u», y que las vocales «i, u» no aparecen en posición final de palabra con mucha regularidad. Obtenga una copia de un artículo de algún periódico o de una revista y trate de encontrar algunas palabras que terminan en «i» o «u». ¿Hay pautas regulares que se evidencian, o a qué clase de palabra pertenece la mayoría? Por ejemplo, ¿son desinencias verbales? ¿Trueques de otros idiomas? Etc.

B. La sinalefa

Recordemos que el cuidado y la rapidez del habla son dos factores impactantes en la realización de la sinalefa. Si uno habla rápidamente y de manera despreocupada, puede que haya diptongo donde no lo había. Para los siguientes pares de palabras, explique el porqué no se permite la diptongación en la forma con el asterisco. Siga el modelo:

Modelo: «tu aspiradora»   /tuas.pi.ɾa.dó.ɾa/

                     «tú haces»   */túá.ses/ (forma errónea)

No se permite la diptongación porque la «ú» es la vocal tónica

de la palabra «tú»; sólo las átonas pueden debilitarse.

1. «te adecuas»   /tia.dé.kuas/

     «sé adulto tú» */sia.dúl.to.tú/

2. «la echaste»   /lai.tʃás.te/

     «la echas»   */lai.tʃas/

3. «poema»   /pué.ma/

     «poema»   */poi.ma/

4. «maestría»   /mais.trí.a/

     «maestro»   */mais.tro/

5. «toalla»   /tuá.ja/

     «llegó ayer» */je.gua.jéɾ/

3-9. Investigación

Aprendimos anteriormente que había una influencia azteca en el habla debido a su sistema vocálico reducido. Busque una copia del inventario vocálico del náhuatl y compárelo con el del español (siga el enlace siguiente): http://www.omniglot.com/writing/nahuatl.htm. ¿Hay símbolos fonéticos u ortográficos diferentes? ¿Cuáles?

3-10. Un poco más allá

Obtenga una copia del Alfabeto Fonético Internacional (disponible en la página web de la International Phonetic Association—http://www.arts.gla.ac.uk/IPA/) y saque una copia de la tabla de fonemas vocálicos; habrá veintiocho en total. Analice los veintitrés fonemas vocálicos que no coinciden con los del inventario español. (Pulse el enlace que da la realización fónica de cada símbolo.) ¿Hay algunos que provienen del inventario inglés? ¿Cuáles pertenecen al inventario inglés? Presente los resultados de su investigación dando ejemplos concretos.

3-11. Reflexiones personales

"El Método Silencioso", creado por Caleb Gattegno, es una metodología para la enseñanza de una lengua extranjera. Según los principios de este método, los que aprenden el español, por ejemplo, comienzan su aprendizaje por medio de sonidos y sílabas permisibles en la lengua. Las grafías se organizan en un póster y los estudiantes siguen la secuencia de consonantes y vocales que establece el profesor con su puntero. Por ejemplo, las vocales se organizan de esta manera: «ha, a»; «hu, u»; «hi, i, y»; «he, e»; «ho, o».

Una vez familiarizados con los sonidos de la segunda lengua, los estudiantes pasan a la etapa de combinar las sílabas formando palabras distintas. Es más, las grafías que comparten el mismo sonido articulatorio tienen el mismo color en el póster para reforzar esta relación entre grafía y sonido. ¿Qué opina Ud. de esta manera de aprender otro idioma? ¿Qué (des)ventajas tendrá? ¿Por qué?

3-12. Componente de Estudio de Campo
(Materiales: grabadora)

Seleccione a una persona en su clase y pídale que lea el fragmento provisto de Téllez por lo menos dos veces. Haga una grabación de la lectura. Transcriba sus datos y subraye las vocales que no pertenezcan al inventario del español. ¿Hay algunas pautas regulares? Explíquelas.

Bibliografía y enlaces recomendados

Textos

Alba, Orlando. *Manual de fonética hispánica*, 2nd ed. San Juan: Editorial Plaza Mayor, 2005.

Alonso, Amado, and Rafael Lapesa. *De la pronunciación medieval a la moderna en español*. Madrid: Editorial Gredos, 1988.

Alvar, Manuel. "El español de los Estados Unidos: Diacronía y sincronía." *Revista de Filología Española* LXXII (1992) 469–90.

———. *Manual de dialectología hispánica: El español de América*. Barcelona: Editorial Ariel, 2000.

———. *Manual de dialectología hispánica: El español de España*. Barcelona: Editorial Ariel, 2000.

Ariza Viguera, Manuel. *Sobre fonética histórica del español*. Madrid: Arco Libros, 1994.

Colina, Sonia. "The Status of Word-Final [e] in Spanish." *Southwest Journal of Linguistics* 22 (1) (2003) 87–107.

Penny, Ralph. *A History of the Spanish Language*, 2nd ed. Cambridge: Cambridge University Press, 2002.

———. *Variation and Change in Spanish*. Cambridge: Cambridge University Press, 2000.

Capítulo 4

El consonantismo

Introducción

Objetivos

Al terminar este capítulo, el estudiante podrá:

- entender la relación entre grafías consonánticas y sus fonemas correspondientes
- profundizar el concepto del inventario fonémico y los fonemas
- explicar las diferencias entre las vocales y las consonantes y sus fonemas respectivos
- entender cómo se articulan los sonidos consonánticos del español
- identificar todos los fonemas del inventario español
- transcribir fonémicamente datos escritos

Se verá que, en español, el inventario fonético para las consonantes es más numeroso e interesante que el vocálico porque hay más variedad en su realización acústica. Además, dejando las cuestiones dialectales a un lado por el momento, en la práctica habrá menos uniformidad en la pronunciación en cuanto a los sonidos consonánticos porque variará según la posición, o el marco, de la consonante en una palabra. Muchas veces la posición del sonido consonántico hace que se ajuste según alguna característica de otro sonido vecino; por ejemplo, la pronunciación de algún sonido puede ser diferente si está en posición inicial, como en la palabra «dar», o posición interior, como en la palabra «dado», o en posición final de una palabra, como en «red». Además, si el sonido en cuestión le precede a una consonante con diferentes características, su articulación puede modificarse en consecuencia; esta modificación no resultaría anterior a una vocal. Cada grafía que no es muda se asocia con, por lo menos, una articulación fonética; sin embargo, puede tener más de una pronunciación alguna grafía, según sea el caso—por ejemplo, la «g» de «gancho» /gán.ʧo/ y la «g» de «gesto» /xés.to/.

Tanto los fonemas vocálicos como los consonánticos se definen por el articulador o los articuladores que participan en su realización acústica. Todo sonido articulado es caracterizado por una descripción teórica del mismo para diferenciarse de los otros. Anteriormente, se presentaron los parámetros para los fonemas vocálicos—el eje vertical, el eje horizontal y el eje labial—y vimos que la formación de cada fonema vocálico depende de su ajuste paramétrico respectivo. También se destacaron la lengua y los labios como los articuladores más importantes para la realización acústica de cada vocal. En este capítulo, se verá que hay articuladores además de la lengua y los labios para producir los distintos sonidos consonánticos; de otra manera, los parámetros tienen que ser diferentes. La diferencia más marcada entre las vocales y las consonantes descansa con la introducción de algún obstáculo para formar los sonidos consonánticos.

Términos claves

el aparato fonador	las laterales
los articuladores	las vibrantes
los articuladores activos	las aproximantes
los articuladores pasivos	el punto de articulación
el inventario fonémico	bilabial
la distribución contrastiva	labiodental
el par mínimo	dental
la distribución complementaria	interdental
el inventario consonántico	alveolar
el modo de articulación (grado de constricción)	alveopalatal
las obstruyentes	palatal
las oclusivas	velar
las fricativas	la sonoridad
las africadas	sordo
las sonantes	sonoro
las nasales	la distribución coincidente

Repaso y preparativos

1. Repaso de las vocales

Una vocal es aquella articulación que se verifica sin obstáculo en la cavidad bucal. El español tiene cinco vocales: «a, e, i, o, u». La articulación de cada una es, por lo general, estable porque no varía mucho. Las vocales en español siempre se mantienen tensas y no son reducidas con la excepción del componente débil del diptongo, o sea, la paravocal. Cada fonema vocálico se identifica en relación con los tres ejes—el eje vertical, el eje horizontal y el eje labial. El inventario vocálico del español comprende cinco fonemas: el alto anterior estirado, /i/; el alto posterior redondeado, /u/; el medio anterior estirado, /e/; el medio posterior redondeado, /o/; y el bajo central neutro, /a/.

Veremos que los dialectos del español no se diferencian mucho entre sí ni se desvían tanto de la teoría en cuanto a su pronunciación de las vocales, aunque hay algunas escasas excepciones. Al contrario, las diferencias entre los dialectos del español descansan con las articulaciones consonánticas—hay algunas consonantes muy inestables en español y serán éstas que, muchas veces, dejan que se identifiquen los distintos dialectos y que se diferencien entre sí.

2. Repaso de las consonantes

Una consonante es aquella articulación que se genera con alguna clase de obstáculo en la cavidad bucal. El español tiene veinticuatro consonantes ortográficas—veintiuna grafías y tres dígrafos: «b, c, d, f, g, h, j, k, l, m, n, ñ, p, q, r, s, t, v, x, y, z, ch, ll, rr». Hay mucha variación entre las articulaciones de la misma consonante porque su realización depende del entorno que le rodea; además habrá mucha diversidad también según las tendencias dialectales. Desde luego la articulación de la «c» y la «g» depende de lo que le sigue para determinar si será una articulación como una «s» (como la «c» de «cien» /sién/) o como una «k» (como la «c» de «casa» /ká.sa/). Lo mismo ocurre con la «g», si será como una «j» (como la «g» de «gente» /xén.te/) o como la «g» de «gota» /gó.ta/. La «r», si está en posición inicial de palabra, como en la palabra «rojo» /ró.xo/, es como la «rr» en posición interior de palabra, como en la palabra «cerro» /sé.ro/; mientras que cuando está en otro entorno, como por ejemplo en posición interior, es la «r» simple, como en la palabra «caro» /ká.ro/.

3. Repaso de las sílabas

La sílaba es el sonido mínimo que se pronuncia en una sola emisión de voz, cuyo componente esencial es la vocal, el diptongo o el triptongo. La sílaba máxima consta de una cabeza (una o más consonantes) y una rima; la rima comprende la cima (la vocal o diptongo) y la coda (una o más consonantes) en posición final de la sílaba. Si la sílaba termina en vocal, se llama una sílaba abierta (la predilecta del español); si termina en consonante, se llama una trabada o cerrada (la predilecta del inglés). Es importante saber silabear en español para poder determinar la acentuación correcta.

4. Repaso de los signos lingüísticos

A continuación en figura 4.1 se encuentra una lista de todos los signos lingüísticos necesarios para nuestros estudios.

Figura 4.1 Lista de signos lingüísticos

Símbolo	Significado
/ /	fonema
[ ]	alófono
« »	grafía o dígrafo
.	división silábica
*	forma errónea
( )	opcional
C	cualquier consonante
V	cualquier vocal
D	diptongo
/ o //	pausa
σ	sílaba

4-1. Estimulación

Trabaje en grupos de no más de tres personas y conteste las siguientes preguntas. Prepárese para debatir con los demás grupos.

1. Si tuviera que explicar la diferencia entre una «p» y una «b» de «peso» y «beso» en sus propias palabras, ¿qué diría? ¿Entre «m» y «b» de «mesa» y «besa»? ¿Cómo se diferencian entre sí?

2. La «l» y la «r» comparten muchos aspectos de su pronunciación; compare las articulaciones de las palabras «harto» y «alto». ¿Podrá especular acerca de las semejanzas entre las dos?

3. ¿Por qué será importante saber transcribir palabras/renglones fonémica o fonéticamente? ¿Qué papel podrá desempeñar la transcripción fonémica en el mundo actual? Aparte de los diccionarios, ¿dónde se encontrarán las transcripciones fonéticas?

4. Preparativos (esta actividad tiene dos partes: *a* y *b*)

a. Utilizando la información de todas las grafías que sigue, identifique en la columna derecha todas las grafías que comparten la misma pronunciación. La grafía «b» ya se ha hecho como modelo.

Grafía	Otra(s) grafía(s) con la misma pronunciación	Grafía	Otra(s) grafía(s) con la misma pronunciación
«a»	_____	«ch»	_____
«b»	«v»	«d»	_____
«c» «cola»	_____	«e»	_____
«c» «cirio»	_____	«f»	_____

Grafía	Otra(s) grafía(s) con la misma pronunciación	Grafía	Otra(s) grafía(s) con la misma pronunciación
«g» «gancho»	_____	«qu»	_____
«g» «girar»	_____	«r»	_____
«i»	_____	«rr»	_____
«j»	_____	«s»	_____
«k»	_____	«t»	_____
«l»	_____	«u»	_____
«ll»	_____	«v»	_____
«m»	_____	«x» «X̱avier»	_____
«n»	_____	«x» «ex̱tender»	_____
«ñ»	_____	«y»	_____
«o»	_____	«z»	_____
«p»	_____		\

b. Ahora, organice los resultados sistemáticamente.

Grafías	«b»	«c»	«g»	«i»	«j»	«r»	«s»	«y»
1.	«v»	____	____	____	____	____	____	____
2.	____	____	____	____	____	____	____	____
3.	____	____	____	____	____	____	____	____
4.	____	____	____	____	____	____	____	____

5. Pronuncie lenta y cuidadosamente las siguientes palabras poniéndole mucha atención a la grafía subrayada. ¿Cómo se formarán estos sonidos? ¿Qué tipo de movimientos harán los labios y/o la lengua para que se articule cada uno? «ḇebe; f̱e; p̱apa; s̱u; ḏedo; ḻo; ṯodo; raṟo» *(¡hay dos sonidos distintos de «r» aquí!)*

Materia principal

1. Las consonantes: fonemas y grafías

La ortografía del español depende del abecedario y sus componentes para realizarse. El abecedario español comprende veintiséis grafías: cinco vocales y veintiuna consonantes más los tres dígrafos «ch, ll, rr». Para identificarse, tanto las grafías como los dígrafos consonánticos se encierran entre comillas, tal y como se hace con las vocales, como, por ejemplo, la grafía «b». En el habla, cada grafía consonántica (menos «h̲») tiene por lo menos u̲n̲a̲ articulación correspondiente y sonido resultante. Para producir el sonido que se asocia con la grafía, uno tiene que acomodar la producción del sonido físicamente. Esta verificación se lleva a cabo mediante la participación cooperativa de ciertos articuladores. Los articuladores forman un conjunto llamado **el aparato fonador**. Así pues los sonidos son producidos mediante algunos ajustes con el aparato fonador, cuyos componentes, **los articuladores**, comprenden entre otros: la cavidad bucal, la cavidad nasal, los labios, los dientes, la lengua, los alvéolos, el paladar, la mandíbula, el velo del paladar, la úvula (también llamada la campanilla), y las cuerdas vocales (véase la figura 4.2).

El aparato fonador representa colectivamente todos los articuladores que desempeñan algún papel en la producción de sonidos. Normalmente los articuladores de la parte inferior de la boca se aproximan a los de la parte superior para formar las configuraciones necesarias para cada sonido emitido. **Los articuladores activos** son los que se mueven para facilitar la producción de sonidos distintos e incluyen: los labios, la lengua, la mandíbula y la úvula (campanilla). Éstos se acercan a los articuladores superiores, también llamados **los articuladores pasivos**, que no se mueven, e incluyen: los dientes superiores, los alvéolos, el paladar y el velo del paladar (véase el diagrama en figura 3.8.1).

El fonema representa cada una de las unidades fonológicas mínimas que en el sistema de una lengua pueden oponerse a otras en contraste significativo. Para identificar qué sonidos forman el inventario fonético hay que estudiar la distribución de los sonidos en el idioma. Hay que analizar el habla para determinar qué sonidos son fonemas y cuáles de ellos son variaciones articulatorias de ellos. Los fonemas se encontrarán en **distribución contrastiva**, o sea, en los mismos entornos, así pues el reemplazo de uno por otro cambiará el significado de la palabra. Sabemos que /i/ y /e/ son fonemas distintos porque existen en el mismo entorno. Un ejemplo que enseña esta distribución contrastiva incluye el entorno de «m_sa». El reemplazo de «i» por «e» cambia el significado: «m̲isa» y «m̲esa». Se puede notar otros contrastes significativos en los siguientes ejemplos: las vocales iniciales de «a̲ro» y «o̲ro», las vocales interiores de «pi̲co» y «po̲co», y las vocales finales de «hable̲» y «hablo̲»; además, las consonantes iniciales de «m̲arque» y «p̲arque», las interiores de «pe̲ro» y «pe̲lo», y las finales de «ve<u>r</u>» y «ve<u>s</u>». Estos ejemplos representan pares mínimos; un **par mínimo** es un grupo de dos palabras que sólo se diferen por un sonido. Después de un análisis de la distribución de las vocales y las consonantes, se sabe que hay cinco fonemas vocálicos y dieciocho consonánticos en español (veinte peninsulares).[1] Los sonidos que no se oponen, es decir, que no se encuentran en el mismo entorno, pueden ser variaciones articulatorias o dialectales del mismo fonema. Cuando no se realizan en el mismo entorno, se dice que se encuentran en **distribución complementaria** con tal de que el reemplazo de una de esas variaciones no cambie el significado de la palabra en cuestión.[2]

En cuanto a las consonantes, toda grafía, menos «h», porque no suena, es asociada con algún fonema. Entonces, toda grafía tiene una correspondencia con algún fonema cuya identificación estriba en una descripción tripartita que indica cómo se articula el sonido asociado con el fonema. Esta descripción es una abstracción porque representa la articulación ideal del sonido; en la práctica no serán necesariamente ideales. Anteriormente se presentó el ejemplo de la palabra «bebe»; ahora, si se le pone atención a la «b» inicial de la palabra al pronunciarla, se notará que para articular la «b» los dos labios se unen y, así, impiden la emisión del aire que sale de la caja laríngea; además vibran las cuerdas vocales a la vez. Esta distinta coordinación de los articuladores hace que se articule una «b» y no otro sonido. La «b» pertenece a la categoría de fonemas llamada "oclusiva", que representa sonidos en cuya articulación los órganos bucales ocluyen (interrumpen) momentáneamente la salida del aire espirado. También puesto que los dos labios se unen para producir la oclusión, se clasifica como "bilabial." Y finalmente, porque se cierran un poco los tendones de las cuerdas vocales hay una vibración de ellas produciendo un sonido sonoro (con voz), y recibe el nombre de "sonoro." Como los fonemas se encierran entre barras oblicuas, la grafía «b» corresponde al fonema identificado como la "oclusiva bilabial sonora", o /b/. A continuación se examinarán las clasificaciones fonémicas más detalladamente.

Todo idioma tiene una cantidad fija de fonemas que forma su inventario fonémico. La dificultad que uno tendrá al aprender a hablar otro idioma tiene mucho que ver con la coincidencia, o escasez de ella, de los mismos fonemas en los inventarios. La convergencia de inventarios facilitará una exitosa adquisición fonética del otro idioma mientras que la divergencia dificultará el proceso. Si uno no tiene ningún sonido que pertenezca a la índole uvular, será muy difícil aprender a articularlo y, a consecuencia de esta falta, se buscará el sonido más parecido de su propio inventario de reposición. Piense en todas las palabras en inglés que han provenido de otros idiomas y compare la pronunciación original con la del inglés actual, como por ejemplo la palabra «rendezvous». Apenas se podría reconocer esta palabra si una persona de habla francesa la dijese porque la «r» inicial de la palabra no pertenece a la misma índole lingüística que la del inventario inglés; aunque se escriben con la misma grafía «r» la pronunciación es muy diferente en cada idioma.

2. Los articuladores del aparato fonador

Se pueden clasificar los fonemas según el nombre de uno de los articuladores principales en su producción o formación. Así, se pueden categorizar los fonemas según algunas características que comparten. Un fonema nasal, por ejemplo, se llama así porque depende de la cavidad nasal para su realización. A continuación se encuentran los articuladores más importantes para los fonemas consonánticos en español y su adjetivo descriptivo correspondiente. Serán útiles estas clasificaciones para organizar y categorizar los fonemas consonánticos.[3]

Figura 4.2 **El aparato fonador: vocabulario**

Sustantivo	Adjetivo correspondiente
El labio inferior	labial
El labio superior	labial
El labio superior y el inferior	bilabial
Los dientes	dental
Los alvéolos	alveolar
El paladar	palatal
El velo del paladar	velar
La úvula (campanilla)	uvular
Las cuerdas vocales	(sonoro) sordo
La cavidad bucal	oral
La cavidad nasal	nasal
La nariz	nasal
La laringe	laríngeo
La glotis	glótico

4-2. Comprensión

Conteste individualmente o en grupo las preguntas que siguen.

1. ¿En qué consiste **el aparato fonador**? ¿Qué articuladores son importantes para la producción de sonidos en español?

2. ¿Cómo se diferencian **los articuladores activos** y **los pasivos**?

3. ¿Qué significa **la distribución complementaria**? Dé algún ejemplo.

4. ¿Qué significa **la distribución contrastiva**? Dé algún ejemplo.

5. Explique el impacto que tendrá el inventario fonémico en la adquisición de una segunda lengua.

3. El inventario consonántico

El inventario consonántico del español comprende dieciocho o veinte (con los peninsulares) fonemas en total. Cada fonema tiene su propia identificación descriptiva y símbolo correspondiente: /p, t, k, b, d, g, f, s, j, x, w, tʃ, m, n, ɲ, l, ɾ, r / más los peninsulares /θ/ y /ʎ /.

Las consonantes del español, a diferencia de las vocales, varían mucho en términos de su pronunciación; sin embargo, comparten las siguientes características entre sí. Se verá que estos rasgos consonánticos se oponen a los de las vocales:

- Hay tanto consonantes nasales como orales
- Los sonidos consonánticos se articulan con algún obstáculo
- Hay tanto consonantes sonoras como sordas
- Las consonantes son bastante inestables porque tienen muchas variaciones. Se verá que las más inestables serán /b, d, g, s, n, r, l, j/

Tanto el inventario consonántico como el vocálico cuenta con tres parámetros para identificarse y diferenciarse entre sí. No obstante, debido a las características contrarias de la articulación de las consonantes, los parámetros no serán iguales a los vocálicos. La consonante representa aquella articulación que se realiza con alguna clase de obstáculo; de esta forma, las descripciones lingüísticas tendrán que identificar a qué índole de articulación pertenece cada una. Los tres parámetros son **el modo de articulación (grado de constricción)**, **el punto de articulación** y **la sonoridad**.

a. El modo de articulación o grado de constricción

Los sonidos emitidos cuentan con la salida de aire proveniente del tracto vocal. **El modo de articulación** se refiere a la manipulación del aire por los articuladores, o sea, cómo se limita la emisión del aire o su **grado de constricción**. Hay dos categorías generales de este parámetro: **las obstruyentes** y **las sonantes**. En español, cada categoría comprende tres subcategorías: los articuladores pueden tapar la emisión del aire sólo momentáneamente o por un rato prolongado; además, la pueden estrechar o solamente modificar la configuración del tracto. Los sonidos que se articulan con alguna clase de obstáculo, sea completo o parcial, se llaman **las obstruyentes**. La categoría de obstruyentes comprende diez u once (incluyendo el fonema peninsular) de los fonemas consonánticos, así resulta ser la categoría más amplia del inventario.

1. Las obstruyentes

Las obstruyentes comprenden la mayor cantidad de fonemas en español y se dividen en tres subcategorías: las oclusivas, las fricativas y las africadas. Su característica identificadora es la presencia de una oclusión, sea completa o parcial, al articularse o una combinación de las dos. Habrá tanto fonemas sordos como sonoros en estas subcategorías. Los sonidos sordos se articulan sin la vibración de las cuerdas vocales, y se verá que los sordos son más numerosos que los sonoros en esta categoría solamente.

Las oclusivas /p, b, t, d, k, g/ se realizan con un cierre completo, es decir que se tapa la salida de aire por un rato prolongado y, luego, se emite. Las oclusivas también se llaman *explosivas*. En español hay seis en total con tres pares de fonemas relacionados. Según el fonema en cuestión, el cierre característico se impone por diferentes articuladores. Para el primer par de fonemas, /p, b/, los labios se unen para ocluir la emisión del aire y éstos transcriben «p» y «b, v» respectivamente; por ejemplo, «ve» /bé/, «bebe» /bé.be/ y «pelo» /pé.lo/ ❧1. Para formar el segundo grupo, /t, d/, un obstáculo se impone cuando el ápice de la lengua toca la parte de atrás de los dientes superiores y éstos transcriben «t» y «d» respectivamente; por ejemplo, «te» /te/ y «de» /de/ ❧2. El tercer par de fonemas, /k, g/, se verifican cuando el velo y la raíz de la lengua se coordinan y éstos transcriben «c, k, qu» y «g, gu + i, e» respectivamente; por ejemplo, «calco» /kál.ko/, «kilo» /kí.lo/, «que» /ke/, «gato» /gá.to/, «guiso» /gí.so/ y «guerra» /gé.ra/ ❧3. En relación con las otras clases de sonidos, la oclusiva es un sonido más fuerte y marcado por el cierre completo que ocluye la emisión de aire en su producción.

Las fricativas /f, s, x/ más /θ/ se llevan a cabo con un cierre parcial, o sea, sólo se tapa momentáneamente antes de que se emita el aire al producirlas. En términos articulatorios, las fricativas son menos fuertes que las oclusivas porque el aire se puede escapar durante la producción del sonido. Las fricativas también se llaman *continuas*. Lo interesante de esta categoría es que, según las reglas lingüísticas, la existencia de fricativas en algún inventario implica la de las oclusivas; o sea, si hay fricativas, habrá oclusivas también. En español, las fricativas se forman en distintas maneras y no hay pares uniformes como los hay en la categoría de oclusivas (/p, b/, /t, d/ y /k, g/). La fricativa /f/ se forma cuando los dientes superiores se coordinan con el labio inferior y transcribe la grafía «f»; por ejemplo, «fe» /fé/ ❧4. Para la fricativa peninsular /θ/, el ápice de la lengua se coloca entre los dientes superiores y los inferiores y ésta transcribe «c, z»; por ejemplo, «cesa» /θé.sa/ y «zumo» /θú.mo/ ❧5. La fricativa /s/ se verifica cuando el ápice de la lengua se aproxima a los alvéolos y transcribe las grafías «c, s, z» (y también la «x» para palabras de origen indígena); por ejemplo, «cesa» /sé.sa/, «si» /si/ y «zumo» /sú.mo/ ❧6. La fricativa /x/ se forma cuando la raíz de la lengua se acerca al velo y ésta transcribe «g, j, x»; por ejemplo, «gente» /xé.nte/, «jota» /xó.ta/ y «México» /mé.xi.ko/ ❧7.

En algunas referencias, las aproximantes /j, w/ también se clasifican como fricativas. Su punto de articulación es palatal y labiovelar, respectivamente, pero es el modo de articulación que es diferente. Las aproximantes se desarrollan en la sección de las sonantes.

La africada /tʃ/ (hay sólo una en el inventario fonémico del español) es una forma compuesta de una oclusiva y una fricativa; comprende la oclusiva /t/ y la fricativa /ʃ/ (cuyo símbolo indica el sonido subrayado en la palabra «she» en inglés). Consecuentemente, el símbolo /tʃ/ transcribe el dígrafo «ch»; por ejemplo, «leche» /lé.tʃe/ ❧8. La africada, entonces, se caracteriza por un cierre completo seguido por uno parcial; por su componente oclusivo, algunas veces las africadas también están clasificadas con las oclusivas, y a veces se llaman *semioclusivas*.

Es más, para los hablantes que coarticulan el grupo /tl/, se puede decir que esta articulación es una africada también. Se llama la *africada lateral* y se compone de una oclusiva, /t/, y una líquida lateral, /l/.

Conteste individualmente o en grupo las preguntas que siguen.

1. Nombre dos diferencias entre las vocales y las consonantes.

2. ¿Cuáles son los tres parámetros para **los fonemas consonánticos**? Explique en qué consiste cada uno.

3. ¿Qué significa el término **obstruyente**? ¿Qué clasificaciones de sonidos comprende esta categoría de **modo de articulación**?

4. ¿Qué significa **oclusiva**? ¿Qué característica comparten **las oclusivas** y **las africadas**?

5. ¿Qué significa el término **fricativa**?

2. Las sonantes

La segunda categoría de modo de articulación es representada por **las sonantes**. La característica identificatoria de éstas es la fuerte energía articulatoria que acompaña su producción. La configuración que se lleva a cabo para articular las sonantes hace que haya una sonorización espontánea; así pues toda sonante tiene voz. Las sonantes comprenden los demás fonemas consonánticos del inventario e incluyen: las nasales, las laterales, las vibrantes y las aproximantes. Como toda sonante es sonora, esta cantidad, ocho o nueve (con la lateral palatal peninsular /ʎ/), más las tres obstruyentes sonoras (/b, d, g/) y los cinco fonemas vocálicos (/a, e, i, o, u/) se suman a dieciséis o diecisiete fonemas sonoros. Por consiguiente, predominan los sonidos sonoros en español ya que forman el 70% del inventario.

Las nasales /m, n, ɲ/ transcriben «m, n, ñ», respectivamente, y se producen cuando el velo del paladar se coordina con la raíz de la lengua para tapar la abertura a la cavidad bucal, así pues el aire tiene que pasar por la cavidad nasal en lugar de la oral.

No obstante, para la realización de cada nasal se precisa la participación de unos articuladores específicos para diferenciarse de las otras. Así pues para la nasal /m/ se unen los labios, tal y como se hace para las oclusivas orales /p, b/, y ésta transcribe «m»; por ejemplo, «misa» /mí.sa/ ✻9. Y para la nasal /n/ el ápice de la lengua toca contra los alvéolos, y ésta transcribe «n»; por ejemplo, «cana» /ká.na/ ✻10. Para la nasal /ɲ/ que transcribe «ñ», la lámina de la lengua se aproxima al paladar; por ejemplo, «caña» /ká.ɲa/ ✻11. Sólo existen estas tres nasales consonánticas a nivel fonémico en español, pero se verá que existen otros sonidos nasales que se realizan por la influencia de otros sonidos vecinos en entornos específicos y predecibles en el habla.

Hay dos fonemas **laterales** en español: el que transcribe «l», /l/, como por ejemplo, «lado» /lá.do/ ✻12, y el que transcribe «ll», /ʎ/ en la Península, como por ejemplo, «llama» /ʎá.ma/ ✻13. Se recuerda que el dígrafo «ll» también transcribe la aproximante /j/ en otras regiones de habla hispana—compárese «llama» /já.ma/ ✻14. Para producir ambos fonemas laterales, el aire pasa por los lados de la lengua. Se verá que, en términos de pronunciación, son muy parecidas la lateral alveolar /l/ y la vibrante simple /ɾ/; ésta última transcribe la grafía «r» de la palabra «pe<u>r</u>o»—compárese «pero» /pe.ɾo/ y «pelo» /pé.lo/ ❧15. Pues, aunque comparten muchas características en común la lateral /l/ y la vibrante /ɾ/, la producción de la lateral cuesta menos energía que la vibrante, y este dato será de mucho interés cuando se vuelvan a examinar los procesos dialectales en términos fonémicos y fonéticos.

Las vibrantes /ɾ, r/ son articulaciones muy distintas e interesantes. Se producen cuando el ápice de la lengua se retrae y toca contra los alvéolos. En español hay dos opciones: si el ápice sólo toca una vez contra los alvéolos, se genera la vibrante simple, /ɾ/, que transcribe la grafía «r» (menos en posición inicial de palabra y después de «l, n, s»), como por ejemplo, «aro» /á.ɾo/ ❧16; pero si toca repetidas veces se produce la vibrante múltiple, /r/, que transcribe el dígrafo «rr» y la grafía «r» en posición inicial de palabra y la que le sigue a «l, n, s», como por ejemplo, «cerro» /sé.ro/, «alrededor» /al.re.de.dór/, «enroscar» /en.ros.kár/ y «Israel» /is.ra.él/ ❧17.

Las aproximantes /j, w/ así se llaman porque no hay contacto entre los articuladores, sólo se aproximan. La lámina de la lengua se acerca al paladar para la aproximante /j/ que transcribe «ll, y, hi» (más vocal); por ejemplo, «llama» /já.ma/, «yeso» /jé.so/ y «hiedra» /jé.dra/ ❧18.

Y, finalmente, para la aproximante /w/ la raíz de la lengua se acerca al velo con los labios redondeados, y ésta transcribe «hu» (más vocal); por ejemplo, «huaso» /wá.so/ ❧19.

4-4. Comprensión

Conteste individualmente o en grupo las preguntas que siguen.

1. ¿Cómo se diferencian **las sonantes** y **las obstruyentes**? ¿Comparten alguna característica? Explique.

2. ¿Cómo se forman las tres **nasales** en español?

3. ¿Qué tienen en común /j/ y /ʎ/?

4. ¿En qué entornos se realiza /r/ de la «r» ortográfica?

5. ¿Qué rasgo identificador tienen **las sonantes**? Nombre todas las sonantes.

b. El punto de articulación

El segundo parámetro consonántico se llama el punto de articulación. **El punto de articulación**, que complementa al modo de articulación, identifica dónde se impone el obstáculo que obstruye la salida de aire que ayuda a producir los sonidos consonánticos. Se verá que la lengua es uno de los articuladores claves en la producción de muchos sonidos consonánticos. Los nombres asociados con el punto de articulación revelan mucho en cuanto a las características de las consonantes a las que describen. En español, hay sólo siete puntos de articulación (ocho con el fonema peninsular) e incluyen: bilabial, labiodental, dental, interdental, alveolar, alveopalatal, palatal y velar.[4]

1. Bilabial

Tal y como indica el nombre, «bi» significa "dos" y «labial» se refiere a los labios, así pues se unen los dos labios para los fonemas /p, b, m/ que transcriben «p», «pesa» /pé.sa/; «b, v», «besa» /bé.sa/; y «m», «mesa» /mé.sa/ ✎ 20. Hay dos obstruyentes y una sonante bilabiales que comprenden las dos oclusivas /p, b/ y la nasal /m/.

2. Labiodental

Como «labio» se refiere a los labios y «dental» se refiere a los dientes, los dientes superiores se colocan con el labio inferior para la fricativa /f/ que transcribe «f», «festivo» /fes.tí.bo/ ✎ 21. Hay sólo un fonema labiodental en español.

3. Dental

«Dental» se refiere a los dientes, entonces para este ajuste paramétrico el ápice de la lengua se coloca contra la parte de atrás de los dientes superiores para las oclusivas /t, d/ que transcriben «t, d», como en las palabras «tos» /tós/ y «dos» /dós/ ✎ 22. Hay dos oclusivas de índole dental.

4. Interdental

«Inter» significa "entre" y «dental» se refiere a los dientes, de esta forma, el ápice de la lengua se coloca entre los dientes superiores y los inferiores para la fricativa /θ/ que transcribe «c, z», como en las palabras «cirio» /θí.rio/ y «zapato» /θa.pá.to/ ✎ 23. Sólo existe un fonema interdental en el inventario.

5. Alveolar

«Alveolar» se refiere a los alvéolos, entonces para estos fonemas /s, n, l, ɾ, r/ que transcriben «c, s, x, z, n, l, r, rr», el ápice de la lengua se aproxima o toca contra la protuberancia alveolar. Hay cinco fonemas alveolares en español: una obstruyente—la fricativa /s/ como en la palabra «sopa» /só.pa/—y cuatro sonantes, que incluyen la nasal /n/, «nata» /ná.ta/; la lateral /l/, «líquido» /lí.ki.do/; y las dos vibrantes /ɾ, r/, «arco» /áɾ.ko/ y «rodar» /ro.dáɾ/ ✎ 24. Se puede ver, éste es el punto de articulación con la mayor cantidad de fonemas en español.

6. Alveopalatal

Este término se refiere a una combinación de los dos articuladores—los alvéolos y el paladar. Entonces para su articulación la lámina de la lengua se acerca a la región bucal que queda entre la protuberancia alveolar y el paladar para la africada /tʃ/, como en la palabra «chico» /t͡ʃí.ko/ ✍ **25**. Este fonema transcribe el dígrafo «ch». Hay sólo un fonema alveopalatal en español y es para esta africada.

7. Palatal

Como indica el término, «palatal» se refiere al paladar, entonces se realizan los fonemas /ʎ, j, ɲ/ que transcriben «ll», «ll, y», y «ñ», respectivamente, como en las palabras «ella» /é.ʎa/, «ella» /é.ja/, «yerno» /jéɾ.no/ y «año» /á.ɲo/ ✍ **26**. La lámina de la lengua se acerca al paladar para producir estos sonidos. Hay tres fonemas palatales: la lateral /ʎ/, la aproximante /j/ y la nasal /ɲ/.

8. Velar

Como indica el nombre, «velar» se refiere al velo del paladar y se realiza cuando el dorso de la lengua se aproxima al velo del paladar. Para los fonemas /k, g, x, w/ que transcriben «c, k, qu, g, gu, j, hu» esta coordinación es necesaria, como en las palabras «codo» /kó.do/, «kaleidoscopio» /ka.lei.dos.kó.pio/, «quiosco» /kiós.ko/, «galón» /ga.lón/, «guineo» /gi.né.o/, «jamás» /xa.más/ y «huipil» /wi.píl/ ✍ **27**. Hay cuatro fonemas velares en español: dos oclusivas /k, g/, una fricativa /x/ y una aproximante /w/.

c. La sonoridad

El tercer parámetro es necesario para distinguir entre muchos fonemas consonánticos cuya única diferencia estriba en la vibración, o falta de ésta, de las cuerdas vocales; por ejemplo, es un rasgo de suma importancia para los tres pares de oclusivas: /p, b/, /t, d/ y /k, g/. Este parámetro, **la sonoridad**, indica si tiene voz o no el fonema. A diferencia de las vocales, existen tanto fonemas sordos como sonoros para las consonantes, entonces, aunque sería redundante para una descripción de las vocales, no lo sería para la de las consonantes. Vimos anteriormente que la única diferencia entre la oclusiva bilabial sonora /b/ y la oclusiva bilabial sorda /p/ descansa con la cuestión de la sonoridad. Según las reglas lingüísticas, la presencia de consonantes sonoras en algún inventario implica que habrá consonantes sordas también.

Los fonemas **sordos** se articulan sin vibración de las cuerdas vocales. Las siguientes obstruyentes son producidas sin voz: /p, t, k, s, f, x, t͡ʃ / más la fricativa interdental peninsular /θ/, como en las palabras «pisco» /pís.ko/, «tope» /tó.pe/, «carpeta» /kaɾ.pé.ta/, «sólo» /só.lo/, «falda» /fál.da/, «mexicana» /me.xi.ká.na/ y «ancho» /án.t͡ʃo/ ✍ **28**. Es decir que para producir los sonidos que corresponden a estos fonemas, los tendones musculares de las cuerdas vocales están en posición abierta, entonces no se produce ninguna vibración.

Los fonemas **sonoros** se articulan con vibración de las cuerdas vocales. Los siguientes fonemas son producidos con voz: /b, d, g, w, m, n, ɲ, j, l, ɾ, r / más /ʎ/, e incluyen tanto obstruyentes como sonantes, como en las palabras «bota» /bó.ta/, «dicho» /dí.ʧo/, «gordo» /gór.do/, «huésped» /wés.ped/, «milpa» /míl.pa/, «nardo» /nar.do/, «ordeñar» /or.de.n̠ár/, «conlleva» /kon.ʝé.ba/, «libro» /lí.bɾo/, «artes» /áɾ.tes/, «ropa» /ró.pa/ y «llevo» /ʎé.bo/ 🕮 **29**. Predominan los sonidos sonoros con dieciséis (o diecisiete) fonemas sonoros y siete (u ocho) sordos. Los tendones se cierran parcialmente para crear las vibraciones características de los sonidos sonoros.

La jerarquía de sonoridad

El grado de sonoridad que posee cada elemento de la sílaba es importante en cuanto a su posición, si forma parte de la cabeza, la cima o la coda. Recordemos que el elemento más sonoro estará en la cima. La cabeza contiene segmentos cuya sonoridad se aumenta hacia la cima, y la coda contiene segmentos cuya sonoridad se disminuye. La *jerarquía* establecida se presenta a continuación en figura 4.3.

La sonoridad es un término relativo e indica ciertas características que incluyen: el volumen del sonido, la prolongación de su articulación, y el grado de abertura bucal. Entonces, los sonidos más sonoros serán los que tienen más volumen, más prolongación, y más abertura. Por eso, la vocal «a» que la transcribe el bajo central neutro /a/ en español representa el sonido más sonoro del inventario, y la oclusiva bilabial sorda /p/ transcribe el sonido menos sonoro.

Según indica la jerarquía, los sonidos que van a formar la cima de la sílaba serán las aproximantes y las vocales. El inglés tendrá menos restricciones en su estructura silábica en cuanto a los elementos que pueden formar la cima, y esto se desarrolla en el capítulo 7.

Figura 4.3 La jerarquía de sonoridad

Menos sonora	Oclusivas sordas
↑	Oclusivas sonoras
	Fricativas sordas
	Fricativas sonoras
	Nasales
	Líquidas
↓	Aproximantes (deslizadas)
	Vocales altas
Más sonora	Vocales bajas

d. Diagramas de la articulación

Una serie de diagramas que muestran la articulación de todos los fonemas consonánticos sigue en las figuras 4.4.1–20, con dos diagramas adicionales, 4.5.1 y 4.5.2, mostrando los modos de articulación orales y nasales.

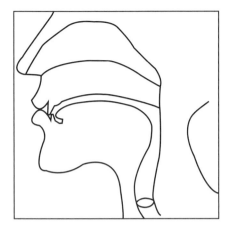

Figura 4.4.1 La oclusiva bilabial sorda /p/

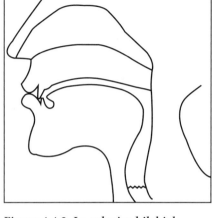

Figura 4.4.2 La oclusiva bilabial sonora /b/

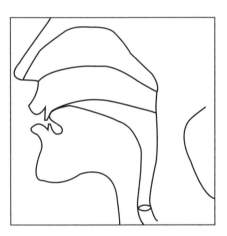

Figura 4.4.3 La oclusiva dental sorda /t/

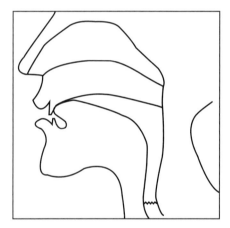

Figura 4.4.4 La oclusiva dental sonora /d/

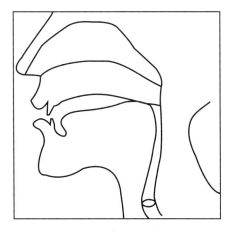

Figura 4.4.5 La oclusiva velar sorda /k/

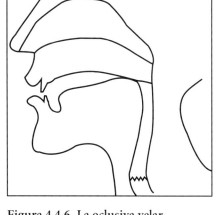

Figura 4.4.6 La oclusiva velar sonora /g/

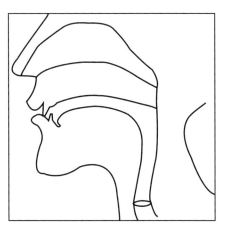

Figura 4.4.7 La fricativa labiodental sorda /f/

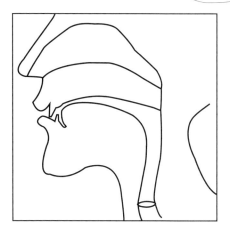

Figura 4.4.8 La fricativa alveolar sorda /s/

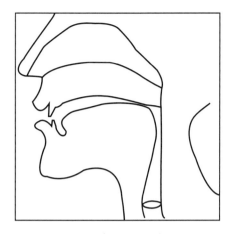

Figura 4.4.9 La fricativa velar
sorda /x/

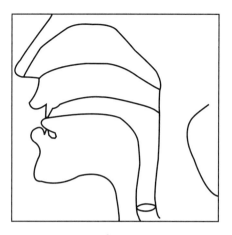

Figura 4.4.10 La fricativa interdental
sorda /θ/

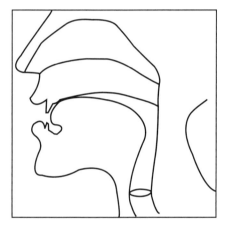

Figura 4.4.11 La africada alveopalatal
sorda /t͡ʃ/

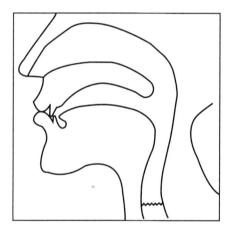

Figura 4.4.12 La nasal bilabial
sonora /m/

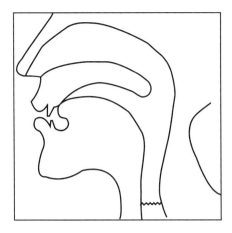

Figura 4.4.13 La nasal alveolar
sonora /n/

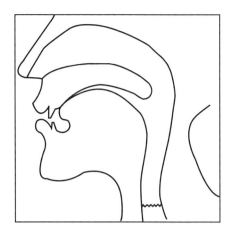

Figura 4.4.14 La nasal palatal
sonora /ɲ/

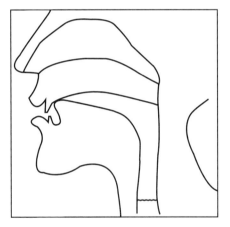

Figura 4.4.15 La lateral alveolar
sonora /l/

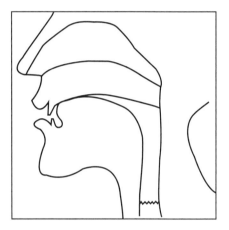

Figura 4.4.16 La lateral palatal
sonora /ʎ/

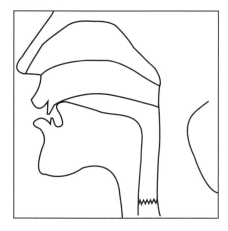

Figura 4.4.17 La vibrante simple
alveolar sonora /ɾ/

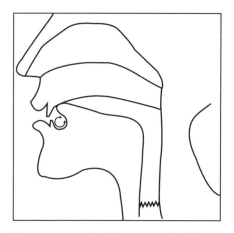

Figura 4.4.18 La vibrante múltiple
alveolar sonora /r/

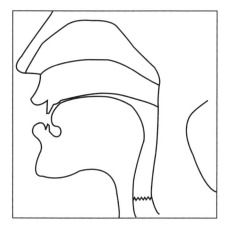

Figura 4.4.19 La aproximante palatal
sonora /j/

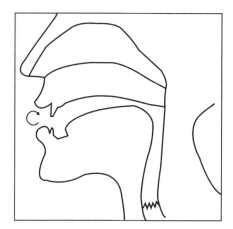

Figura 4.4.20 La aproximante
labiovelar sonora /w/

Figura 4.5 Modo de articulación

Modo de articulación	Fonemas
Oclusivas (6)	/p, b, t, d, k, g/
Fricativas (3 ó 4)	/f, s, x, θ/
Africadas (1)	/tʃ/
Nasales (3)	/m, n, ɲ/
Laterales (1 ó 2)	/l, ʎ/
Vibrantes (2)	/ ɾ, r/
Aproximantes (2)	/j, w/

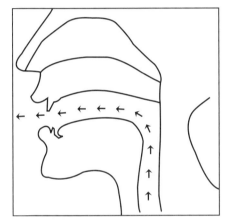

Figura 4.5.1 La articulación oral

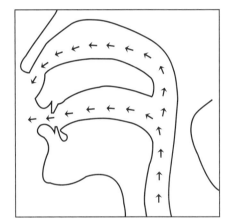

Figura 4.5.2 La articulación nasal

Figura 4.6 Punto de articulación

Punto de articulación	Fonemas
Bilabiales (3)	/p, b, m/
Labiodentales (1)	/f/
Dentales (2)	/t, d/
Interdentales (1)	/θ/
Alveolares (5)	/s, n, l, ɾ, r/
Alveopalatales (1)	/tʃ/
Palatales (3)	/j, ɲ, ʎ/
Velares (4)	/k, g, x, w/

Figura 4.7 Correspondencias entre los fonemas y las grafías

Grafía	Fonema	Ejemplo	Transcripción amplia
«a»	/a/	«a̱rco»	/ár.ko/
«b»	/b/	«ḇota»	/bó.ta/
«c»	/k/	«c̱asa»	/ká.sa/
«c»	/s/ o /θ/	«c̱ien»	/sién/ o /θién/
«ch»	/tʃ/	«anc̱ẖo»	/án.tʃo/
«d»	/d/	«ḏiario»	/diá.rio/
«e»	/e/	«e̱lefanṯe̱»	/e.le.fán.te/
«f»	/f/	«f̱e»	/fé/
«g; gu + i, e»	/g/	«g̱ota; g̱uiso»	/gó.ta/ /gí.so/
«g»	/x/	«g̱ente»	/xén.te/
«h»	ø	«ẖarto»	/ár.to/
«i»	/i/	«i̱sla»	/ís.la/
«j»	/x/	«j̱usto»	/xús.to/
«k»	/k/	«ḵilómetro»	/ki.ló.me.tro/
«l»	/l/	«ḻado»	/lá.do/
«ll»	/j/ o /ʎ/	«ḻḻanto»	/ján.to/ o /ʎán.to/
«m»	/m/	«m̱ucho»	/mú.tʃo/
«n»	/n/	«ṉada»	/ná.da/
«ñ»	/ɲ/	«aṉ̃o»	/á.ɲo/
«o»	/o/	«o̱ro̱»	/ó.ro/
«p»	/p/	«p̱aso»	/pá.so/
«qu»	/k/	«q̱u̱eso»	/ké.so/
«r»	/ɾ/	«pa̱ṟo»	/pá.ɾo/
«r»	/r/	«ṟojo»	/ró.xo/
«rr»	/r/	«fe̱ṟṟocarril»	/fe.ro.ka.ríl/
«s»	/s/	«s̱itio»	/sí.tio/
«t»	/t/	«ṯipo»	/ti.po/
«u»	/u/	«u̱va»	/ú.ba/
«v»	/b/	«v̱aca»	/bá.ka/
«x»	/x/	«Méx̱ico»	/mé.xi.ko/
«x»	/ks/	«éx̱ito»	/ék.si.to/
«x»	/s/	«X̱ochitl»	/so.tʃítl/
«y»	/j/	«y̱eso»	/jé.so/
«y»	/i/	«rey̱»	/réi/
«z»	/s/ o /θ/	«ẕumo»	/sú.mo/ o /θú.mo/

Figura 4.8 Correspondencias entre los fonemas y las grafías: Casos especiales

Fonema	Grafía
/b/	«b»
	«v»
/s/	«c» («c̲ien»)
	«s»
	«z»
	«x» *trueque indígena*
/θ/	«c + i; c + e»
	«z + a; z + o; z + u»
/k/	«c» («c̲asa»)
	«k»
	«qu» («queso; quien»)
/x/	«g» («gente»)
	«j»
	«x» («mex̲icano»)
/r/	«rr»
	«r» («r̲ojo; enr̲edo; alr̲ededor»)
/j/	«ll»
	«y» («y̲eso»)
	«hi» + vocal («h̲ierro; h̲iato»)
/ʎ/	«ll»
/i/	«i»
	«y» («le̲y; y̲»)

4-5. Comprensión

Conteste individualmente o en grupo las preguntas que siguen.

1. ¿En qué consiste **el punto de articulación**? ¿Cuántos ajustes del punto de articulación existen en español?

2. ¿Cómo se forma un sonido **labiodental**? ¿Cuántos labiodentales tiene el inventario fonémico del español?

3. ¿Cuántos fonemas **bilabiales** tiene el inventario del español? ¿Cuáles son?

4. ¿Cómo se diferencian los fonemas **sonoros** y los **sordos**?

5. ¿Qué **punto de articulación** comprende la mayor cantidad de fonemas en español?

4. Verificación de la transcripción fonémica

Ahora ha llegado el momento en el que se puede practicar la transcripción de grafías consonánticas. Ya hemos practicado el silabeo, entonces se puede comenzar a transcribir (a partir de esta tarea) agregando los fonemas consonánticos. Tomemos como ejemplo la palabra «transfiguración»; con el silabeo correcto será «trans.fi.gu.ra.ción». Ahora, se tiene que sustituir un fonema por su grafía correspondiente (y recuerden que el fonema y la transcripción del mismo se encierran entre barras oblicuas): «t»→/t/; «r»→/ɾ/; «a»→/a/; «n»→/n/; «s»→/s/; «f»→/f/; «i»→/i/; «g»→/g/; «u»→/u/; «r»→/ɾ/; «a»→/a/; «c»→/s/; «i»→/i/; «ó»→/ó/; «n»→/n/; así, en su totalidad será: /tɾans.fi.gu.ɾa.sión/. Otro ejemplo con la palabra «hueso» sería: primero, con el silabeo correcto, «hue.so»; luego, la transcripción fonémica de grafía a fonema: «hu»→/w/; «e»→/e/; «s»→/s/; «o»→/o/; y tenemos una transcripción acabada con /wé.so/.[5]

Sin embargo, con las transcripciones, hay que tener cuidado con algunas de las grafías que tienen más de un fonema correspondiente dependiendo de su entorno, por ejemplo con las grafías «c, g, r, v, x, y». La transcripción de la «c» depende de la vocal que le sigue; si una «a, o, u» le siguen, la oclusiva velar sorda /k/ la transcribe. Entonces, la palabra «cavilación» tendría la transcripción /ka.bi.la.sión/. También tendrá esta transcripción /k/ si le precede a una consonante, como por ejemplo «cruz» /krús/. Sin embargo, si una «i, e» le siguen a la «c», entonces la fricativa alveolar sorda /s/ la transcribe; por ejemplo, la palabra «civilización» tendría la transcripción /si.bi.li.sa.sión/ (o /θi.bi.li.θa.θión/ con la fricativa interdental sorda peninsular).

La grafía «g» también tiene dos posibilidades: /g/ y /x/. La «g» que les precede a las vocales «a, o, u» la transcribe la oclusiva velar sonora /g/, como en la palabra «galán» /ga.lán/, también si le sigue alguna consonante, por ejemplo, «glótico» /gló.ti.ko/. Pero, si le siguen las vocales «i, e» la fricativa velar sorda /x/ la transcribe, como en las palabras «girar» /xi.ɾáɾ/ y «gesto» /xés.to/.

La «h» es muda, entonces, jamás se transcribe: «hada» /á.da/ o «rehúso» /re.ú.so/.

La «r» de la ortografía corresponde a la vibrante múltiple alveolar sonora /r/ en posición inicial de palabra y cuando les sigue a «l» o «n» —por ejemplo, en «roto» /ró.to/, «alrededor» /al.re.de.dóɾ/ y «enrejado» /en.re.xá.do/. Sin embargo, si la «r» se ubica en posición interior o final de palabra, la vibrante simple alveolar sonora /ɾ/ la transcribe, como en «mero» /mé.ro/, «guardo» /guáɾ.do/ y «dar» /dáɾ/.

La oclusiva bilabial sonora /b/ siempre transcribe «v», entonces, tendríamos «vaca» /bá.ka/; esta transcripción también sería la de la palabra «baca» /bá.ka/.

La grafía «x» depende de su entorno también para la transcripción correcta. La «x» de «experiencia» la transcriben la oclusiva velar sorda /k/ más la fricativa alveolar sorda /s/, dando /ks/; entonces, tenemos /eks.pe.ɾién.sia/. Pero la «x» de «xumil» la transcribe la fricativa velar sorda /x/, y tenemos /xu.míl/.

La cuestión de la transcripción de la «y» también depende de su entorno. Si está en posición inicial de sílaba, la transcribe la aproximante palatal sonora /j/, como por ejemplo, «yeso» /jé.so/ y «leyes» /lé.jes/. Pero si está en posición final de sílaba o se refiere a la conjunción «y», el alto anterior estirado /i/ la transcribe, como por ejemplo, «ley» /léi/, «hay» /ái/ y «dos y tres» /dó.si.trés/.

Se verá que la transcripción amplia, o fonémica, es sólo un punto de partida para la descripción de las formas de hablar. Los fonemas representan las articulaciones ideales del idioma, y, entonces, en la práctica puede que haya poca observancia de las pautas teóricas porque los sonidos vecinos modifican la articulación de ellos. Es decir que el entorno o la posición del sonido en una palabra pueden influenciar la realización articulatoria del sonido. El tema de los ajustes fonéticos será el enfoque del próximo capítulo.

4-6. Comprensión

Conteste individualmente o en grupo las preguntas que siguen.

1. ¿Qué fonema transcribe la «g» de la palabra «tergiversar»?

2. ¿En qué entornos se articula /r/ en lugar de /ɾ/ para la «r» ortográfica?

3. ¿A qué fonemas pertenecen las dos grafías de «c» de la palabra «lección»?

4. ¿Cómo se transcribe la «h» en todo entorno en español (menos el componente de «ch» y la combinación de «hu, hi» más vocal)?

5. ¿Por qué no comparten la misma transcripción la «y» de «ley» y la de «leyes»?

4-7. Verificación

Conteste las siguientes preguntas en grupos de dos o tres.

1. En cuanto a las barras oblicuas y las comillas, ¿en qué contextos y/o situaciones puede ser confusa la ausencia de los signos apropiados?

2. ¿Cuántas grafías distintas comparten el mismo fonema? Dé ejemplos.

3. ¿En qué situaciones puede ser confusa la transcripción? (Piense en homófonos…)

4. ¿Será útil el conocimiento del punto de articulación y/o el modo de articulación para la enseñanza de un segundo idioma? ¿Cómo?

5. Vuelva a transcribir en fonemas los renglones de la obra teatral de Eduardo Barrios anteriormente transcritos con la entonación marcada (capítulo 2, ejercicio 2-8 C, p. 40).

Síntesis

4-8. Aplicación

Complete las siguientes actividades y comparta sus conclusiones con sus compañeros de clase.

1. Busque/investigue evidencia de la utilidad de las transcripciones fonémicas y/o fonéticas en el mundo que nos rodea. ¿Quiénes dependen de ellas? ¿Para qué?

2. Escoja algunos fonemas consonánticos y haga una lista de palabras que comprenden ellos en distintas posiciones—una inicial, una interior y otra final. Compare el punto de articulación en cada caso. Por ejemplo, si se selecciona la lateral alveolar sonora /l/, un entorno inicial sería «l̪ado»; interior, «al̪to»; y final, «tal̪». ¿Con estos ejemplos, es la articulación siempre alveolar? Explíquelo.

3. Empiece a investigar con una búsqueda en la red sobre el habla de las veinte naciones hispanoparlantes. (La página web de *Ethnologue* http://www.ethnologue.com/web.asp sería un buen punto de partida). Escoja algún país que le interese e investigue cómo se diferencian las regiones dialectales.

4-9. Investigación

Complete individualmente o en grupo la siguiente actividad.

Busque el inventario fonémico del Alfabeto Fonético Internacional (AFI) en su totalidad, que comprende todas las unidades de sonido de los idiomas humanos. Imprima una copia e identifique los fonemas consonánticos del inventario español. ¿Hay muchos o pocos que no pertenecen al inventario español? ¿Cuáles? ¿Habrá escuchado algunos de los otros? ¿A qué idioma(s) pertenecen?

4-10. Un poco más allá

Vuelva al ejercicio B de la *Aplicación* de capítulo 1 (1-8 B, p. 18) a comparar/contrastar los inventarios fonémicos de dos idiomas romances distintos cuyos abecedarios se habían estudiado anteriormente.[6] ¿Cuántos **modos de articulación** tienen? ¿Cuántos **puntos de articulación** tienen? ¿Hay **modos** o **puntos de articulación** que no tiene el inventario del español? ¿Cuáles?

4-11. Reflexiones personales

Apunte sus ideas sobre el siguiente tema en su diario.

Habrá mucha diversidad en la realización fonética de las consonantes en español, especialmente al nivel dialectal. Apunte todos los fonemas consonánticos en una lista vertical y marque los que, según sus experiencias, tienen más de una pronunciación correspondiente. ¿Qué fonemas se destacan como los más inestables?

4-12. Componente de Estudio de Campo
(Materiales: todo material provisto)

Problemas fonológicos

Con este componente vamos a ensayar un análisis de datos provenientes del español. Se va a examinar la cuestión de dos sonidos relacionados y su distribución para determinar si son dos fonemas distintos o variaciones del mismo (alófonos).

A continuación hay una lista de los pasos que se aplican para analizar los datos, y, dependiendo del resultado de cada paso, ciertas predicciones se pueden formular para llegar a la conclusión definitiva en cuanto a los sonidos. Además, a continuación de los pasos, hay un modelo con unos datos ya analizados para que se pueda verificar cada procedimiento del ensayo. Luego, tendrá la oportunidad de ensayar su propio análisis con otros datos.

A. Método

Los pasos para determinar la distribución de sonidos son:

Paso 1: Haga un análisis de la distribución de los sonidos en cuestión. Anote todos los entornos de estos sonidos utilizando la transcripción estrecha.

Paso 2: Si los sonidos no ocurren en los mismos entornos, se encuentran en **distribución complementaria**; es decir son alófonos del mismo fonema.

Paso 3: Si los sonidos sí ocurren en los mismos entornos, se encuentran en **distribución coincidente**.

Paso 4: Si las palabras que representan el mismo entorno fonológico conllevan el mismo significado, se dice que están en variación libre; si no conllevan el mismo significado entonces forman pares mínimos y se encuentran en **distribución contrastiva**; son fonemas distintos y no alófonos del mismo.

B. Modelo

A continuación se encuentran, primero, los datos necesarios para determinar la distribución de la fricativa alveolar sorda [s] y la fricativa alveolar sonora [z], y luego la aplicación de los pasos ya descritos para hacer esta determinación.

Palabra	Transcripción amplia	Transcripción estrecha
«sopa»	/só.pa/	[só.pa]
«astilla»	/as.ti.ja/	[as.ti.ja]
«desleal»	/des.le.ál/	[dez.le.ál]
«escapar»	/es.ka.pár/	[es.ka.pár]
«mismo»	/mís.mo/	[míz.mo]
«asno»	/ás.no/	[áz.no]
«hijos»	/í.xos/	[í.xos]
«transporto»	/trans.pór.to/	[trans.pór.to]
«transbordo»	/trans.bór.do/	[tranz.βór.ðo]
«casa»	/ká.sa/	[ká.sa]

Paso 1: Haga un análisis de la distribución de los sonidos en cuestión. Anote todos los entornos de estos sonidos utilizando la transcripción estrecha. (Clave de símbolos: [+son] significa "sonido sonoro"; [-son] significa "sonido sordo"; # ____ significa "posición inicial de palabra"; ____ # significa "posición final de palabra".)

Palabra	Amplia	Estrecha	Sonido	Entorno
«sopa»	/só.pa/	[só.pa]	[s]	# __ V posición inicial de sílaba/ palabra
«astilla»	/as.ti.ja/	[as.ti.ja]	[s]	V __C(−son) antes de una consonante sorda
«desleal»	/des.le.ál/	[dez.le.ál]	[z]	V __ C(+son) antes de una consonante sonora
«escapar»	/es.ka.pár/	[es.ka.pár]	[s]	V __ C(−son) antes de una consonante sorda
«mismo»	/mís.mo/	[míz.mo]	[z]	C __ C(+son) antes de una consonante sonora
«asno»	/ás.no/	[áz.no]	[z]	V __ C(+son) antes de una consonante sonora
«hijos»	/í.xos/	[í.xos]	[s]	V __ # posición final de sílaba/ palabra
«transporto»	/trans.pór.to/	[trans.pór.to]	[s]	C __ C(−son) posición final de sílaba antes de consonante sorda
«transbordo»	/trans.bór.do/	[tranz.βór.ðo]	[z]	C __ C(+son) posición final de sílaba antes de consonante sonora
«casa»	/ká.sa/	[ká.sa]	[s]	V __ V posición inicial de sílaba

Paso 2: Si los sonidos no ocurren en los mismos entornos, se encuentran en **distribución complementaria**; es decir son alófonos del mismo fonema. Entonces, no se aplican el paso 3 y el 4.

Evaluación: La [s] se encuentra en los siguientes entornos: posición inicial de sílaba/ palabra; antes de una consonante sorda; posición final de sílaba/palabra. La [z] sólo se encuentra en el siguiente: antes de una consonante sonora. Los dos sonidos no ocurren en el mismo entorno, además, las palabras «transporto» y «transbordo» representan pares casi mínimos, y juzgando por los otros ejemplos, las formas de [s] y [z] se encuentran en **distribución complementaria**, es decir que no se colocan en los mismos entornos; así pues no representan fonemas distintos sino variedades del mismo, o sea, alófonos. Además, el reemplazo del uno por el otro no cambiaría el significado de la palabra. Entonces, podemos decir que la fricativa alveolar sorda /s/ tiene dos alófonos: una fricativa alveolar sorda [s] y una fricativa alveolar sonora [z].

C. Ejercicio

Con los datos que siguen, ensaye su propio análisis siguiendo las pautas anteriormente descritas para determinar si [n] y [ŋ] son fonemas distintos o alófonos del mismo.

Palabra	Transcripción amplia	Transcripción estrecha
«enjuto»	/en.xú.to/	[eŋ.xú.to]
«enano»	/e.ná.no/	[e.ná.no]
«nacional»	/na.sio.nál/	[na.sjo.nál]
«conclusión»	/kon.klu.sión/	[koŋ.klu.sjón]
«angosto»	/an.gós.to/	[aŋ.gós.to]
«injusto»	/in.xús.to/	[iŋ.xús.to]
«ponen»	/pó.nen/	[pó.nen]
«con»	/kon/	[kon]
«anzuelo»	/an.sué.lo/	[an.swé.lo]
«manga»	/mán.ga/	[máŋ.ga]

Paso 1: Análisis de datos.

Paso 2: ¿Distribución complementaria, coincidente o contrastiva?

Paso 3: ¿Fonemas distintos o alófonos del mismo?

Bibliografía y enlaces recomendados

Páginas web

http://www.lenguayliteratura.org
   Un sitio en el que hay una disponibilidad de enlaces para cualquier faceta del idioma. Se puede buscar "fonética y fonología" en el índice temático y este enlace arroja muchos datos para ampliar su conocimiento del tema.
http://www.sil.org/mexico/nahuatl/00i-Nahuatl.htm
   Presentación y desarrollo del náhuatl con enlaces para la estructura lingüística del mismo incluyendo descripciones del inventario vocálico, el inventario consonántico, silabificación y acentuación, la ortografía y las variedades dialectales. Será un recurso

bueno para la comparación y el contraste con eso del español. (Texto bilingüe.) Sitio mantenido por SIL (Summer Institute of Linguistics) en el que hay un índice de todos los países con su mapa correspondiente (regiones dialectales) e información sobre todos los países y sus idiomas respectivos. (En inglés)

http://sisbib.unmsm.edu.pe/BibVirtualData/Libros/Linguistica/

(Pulsar el enlace "Leng_Niño" y luego el enlace "pdf". Investigar todos los enlaces.) Este sitio es uno de los mejores e interesantes del idioma nuestro. Hay artículos sobre la adquisición del español por niños en países hispanoparlantes y otros enlaces sobre la lengua. (De Perú)

Textos

Alonso, Amado, and Rafael Lapesa. *De la pronunciación medieval a la moderna en español.* Madrid: Editorial Gredos, 1988.

Alvar, Manuel. "El español de los Estados Unidos: Diacronía y sincronía." *Revista de Filología Española* LXXII (1992) 469–90.

———. *Manual de dialectología hispánica: El español de América.* Barcelona: Editorial Ariel, 2000.

———. *Manual de dialectología hispánica: El español de España.* Barcelona: Editorial Ariel, 2000.

Álvarez Nazario, Manuel. *El habla campesina del país: Orígenes y desarrollo del español en Puerto Rico.* Río Piedras: Editorial de la Universidad de Puerto Rico, 1992.

Ariza Viguera, Manuel. *Sobre fonética histórica del español.* Madrid: Arco Libros, 1994.

Hualde, José Ignacio, Antxon Olarrea, and Anna María Escobar. *Introducción a la Lingüística Hispánica.* Cambridge: Cambridge University Press, 2001.

Núñez Cedeño, Rafael A., and Alfonso Morales-Front. *Fonología generativa contemporánea de la lengua española.* Washington, D. C.: Georgetown University Press, 1999.

Whitley, M. Stanley. *Spanish/English Contrasts: A Course in Spanish Linguistics.* Washington, D.C.: Georgetown University Press, 2002.

Capítulo 5

La alofonía consonántica

Introducción

Objetivos

Al terminar este capítulo, el estudiante podrá:

- entender cómo el entorno del fonema influye en su realización acústica
- transcribir fonémica y fonéticamente tanto datos escritos como orales
- analizar datos recogidos del español hablado
- entender más a fondo la diferencia entre una transcripción amplia y una estrecha
- entender cómo otros factores extra-lingüísticos afectan el habla
- profundizar en el conocimiento de la diferencia entre la fonética y la fonología
- identificar los elementos tónicos en un enunciado y marcarlos en consecuencia

En este capítulo vamos a aprender a transcribir los ajustes consonánticos que se realizan en el habla del español. A los signos lingüísticos que se presentaron anteriormente para la alofonía vocálica, se les agregarán otros símbolos para representar las variaciones consonánticas. Además, identificaremos ciertos contornos específicos que conducen a los ajustes de pronunciación típicos y predecibles en el habla. Hay algunos sonidos que, por su naturaleza, son inestables y disponen de una mayor cantidad de realizaciones fónicas y éstos serán estudiados más a fondo. Veremos que se destacarán algunos fenómenos para conservar la estructura silábica predilecta (la sílaba abierta) del español que se tiende a mantener en el habla. También se presentarán algunos fenómenos dialectales que tendrán mayor desarrollo en el capítulo 6.

Tanto en este capítulo como en el siguiente se verá cómo la diversidad de pronunciación entre los dialectos distintos refleja las desviaciones del español teórico que, aunque no cambian el significado de la palabra, marcan distintas influencias al idioma. Sin embargo, en algunos casos debido a la tendencia dialectal, la articulación de una palabra puede contrastarse con otra y, si uno la escuchara fuera del contexto del enunciado, podría cambiar el significado o dejarlo confuso. Uno tendrá que depender del contexto para ampliar la comprensión del habla muchas veces por tal ambigüedad creada por las pronunciaciones diferentes. En español, los sonidos consonánticos más que los vocálicos sufren ajustes articulatorios y aquéllos (los ajustes consonánticos) conducen a la ambigüedad algunas veces.

Aparte de la cuestión de dialectos, que raras veces siguen las pautas teóricas, el habla estándar tampoco se adhiere a la teoría en muchas ocasiones. Analizaremos los ajustes articulados que se deben a su marco o posición en algún enunciado. Además, los hablantes tienden a simplificar las pronunciaciones difíciles, y estas articulaciones se evidencian cuando hay más de una consonante contigua. Estos ajustes fónicos están representados por la alofonía, o sea, los componentes del inventario fonético. Recordemos que el alófono, que se encuadra entre corchetes, es una realización articulada del fonema, concepto que ya se presentó en el capítulo 3 respecto a las vocales. La alofonía consonántica será más rica e interesante, y además, cada dialecto tendrá su propio inventario de alófonos aparte de lo que indica la teoría.

Términos claves

el marco lingüístico
la distribución complementaria
la distribución contrastiva
la prueba de conmutación
el valor fonémico
la alofonía
la asimilación
    la asimilación progresiva
    la asimilación regresiva
    la asimilación recíproca
la representación subyacente
la desfonologización
el habla
    el habla rápida
    el habla despreocupada
    el habla lenta
    el habla cuidadosa
    el habla mesurada

la alternancia oclusiva/fricativa
la transcripción amplia
la transcripción estrecha
el debilitamiento
la pausa
la asimilación nasal
la dentalización
la palatalización
la sonorización
la simplificación
el rehilamiento
la uvularización
la prótesis
la palabra tónica
la palabra átona
la palabra monosilábica

Repaso y preparativos

1. Repaso de los fonemas vocálicos y su alofonía

Recordemos que el inventario vocálico en español es bastante sencillo porque sólo comprende cinco fonemas, /i, u, e, o, a/, y siete alófonos en la alofonía teórica. Cada uno de los dos fonemas altos /i, u/ tiene dos alófonos, [i, j] y [u, w] respectivamente. Las paravocales [j, w] se realizan en la producción de diptongos y triptongos, por ejemplo, en estas palabras (con diptongo de sucesión decreciente): «baila» /bái.la/ [báj.la] y «pauta» /páu.ta/ [páw.ta], y para éstas (con el de sucesión creciente): «tierra» /tié.ra/ [tjé.ra] y «suerte» /suér.te/ [swér.te]. También aprendimos que hay vocales nasalizadas en el contexto de consonantes nasales, pero que las vocales nasalizadas y las orales (no nasales) no se contrastan entre sí a nivel semántico y por eso no representan fonemas distintos, sino alófonos de los mismos. La alofonía vocálica del español comprende los siete elementos [a, e, o, i, j, u, w], y los alófonos [j, w] siempre se realizan en cimas compuestas. Las vocales en español son bastante estables y tienden a mantener su integridad a menos que las altas («i, u») compartan la sílaba con otra(s) vocal(es) formando diptongos o triptongos.

En español la riqueza de la diversidad acústica se evidencia en el consonantismo y en éste se aflora la mayoría de las diferencias dialectales en español. Las vocales se diferencian entre sí por el movimiento tanto vertical como horizontal de la lengua. Además figura la participación de los labios y la configuración estirada, redondeada o neutra de ellos. Los ajustes distintos de tres ejes descriptivos—el vertical, el horizontal y el labial—indican la pronunciación ideal de todo fonema vocálico. Además, no hay ningún articulador que impida la emisión de aire en su producción.

2. Repaso de los fonemas consonánticos

No obstante, el consonantismo depende de otros articuladores además de la lengua y los labios para su realización articulatoria. La oclusión característica de toda consonante, sea parcial, completa o una combinación de las dos, rige la coordinación de algunos de los demás articuladores del aparato fonador, y también conlleva una descripción tripartita (de tres partes) diferente que la de las vocales. Todo fonema consonántico cuenta con un modo de articulación, un punto de articulación y la vibración de las cuerdas vocales o la ausencia de ella. Recordemos que la cuestión de sonoridad (la vibración de las cuerdas vocales) no conlleva tanta importancia para las vocales puesto que toda vocal es sonora en español, así pues, no hace falta indicar si tiene voz o no. Las consonantes pueden carecer de voz, y por eso, es necesario tener un parámetro para la sonoridad. El modo de articulación (o grado de constricción) se refiere a las diferentes clases de obstáculo que se imponen en la fonación consonántica. El punto de articulación identifica dónde se coordinan dos articuladores para impedir la emisión de aire, y el parámetro de la sonoridad indica si el sonido se produce con la vibración de las cuerdas vocales o sin ella.

El inventario consonántico en español comprende dieciocho fonemas más dos peninsulares adicionales, /θ, ʎ/, y la mayoría de ellos son sonoros: /b, d, g, j, w, m, n, ɲ, l, ʎ, ɾ, r/.

3. Repaso del silabeo

En español, la sílaba desempeña un papel de suma importancia y en ella estriba el ritmo del habla. En cuanto a la pronunciación, en español se habla en sílabas con una predilección hacia la sílaba abierta (la que termina en un elemento vocálico). Cuando sea posible, las sílabas se encadenan de la siguiente secuencia: CV.CV.CV. Sin embargo, el mantenimiento de esta estructura no es siempre una opción, especialmente cuando una sílaba termina en consonante y la siguiente principia con una también—por ejemplo, «los patrones» «los.pa.tro.nes» /los.pa.tró.nes/. La «s» de «los» tiene que quedarse en la posición de coda porque la «p» de «patrones» ocupa la posición de cabeza de la siguiente sílaba, y, además, no se permite el grupo consonántico «sp» en posición inicial en español como enseña la figura 5.1.

Figura 5.1 El silabeo—repaso

```
    σ                σ                σ                σ
   / \              / \              / \              / \
  l  / \           p  / \          tr  / \           n  / \
   o    s            a                o               e    s
```

4. Repaso de la correspondencia entre grafía y fonema

Volviendo al abecedario del español, recordemos que cada grafía y dígrafo consonánticos tienen un fonema correspondiente menos la «h» que es muda. Por lo general, en español hay escasa desviación entre el símbolo gráfico (entre comillas anguladas) y el fonémico (entre barras oblicuas). Las únicas excepciones se encuentran en figura 5. 2.

Las grafías restantes comparten el mismo símbolo ortográfico con su fonema correspondiente. Recordemos que la transcripción de la «c» y la de la «g» dependen de la ortografía en cuanto a la realización de la oclusiva /k/ o /g/, como en «cola» y «gato», o de la fricativa /s/ o /x/, como en «cielo» y «gente». La alofonía de las consonantes cuenta con algunos símbolos desconocidos que representan unas realizaciones acústicas diferentes puesto que la pronunciación práctica difiere a la del inventario teórico. Veremos que la alofonía que estudiaremos en este capítulo también depende de la ortografía y el contexto circundante del sonido en cuestión. Examinaremos a continuación estas articulaciones diferentes e innovadoras del consonantismo en el habla.

Figura 5.2 Fonemas consonánticos con símbolos diferentes

Grafía/Dígrafo	Fonema
«c»	/k/ «complicar»; /s/ o /θ/ (peninsular) «cebolla»
«ch»	/t͡ʃ/ «chullo»
«g»	/g/ «gradar» o /x/ «genial»
«j»	/x/ «jinete»
«ll»	/j/ o /ʎ/ (peninsular) «llanta»
«ñ»	/ɲ/ «año»
«q»	/k/ «Enrique»
«r»	/ɾ/ «arma»; /r/ «reja»
«rr»	/r/ «ferrocarril»
«v»	/b/ «excavar»
«x»	/x/ «mexicano»; /ks/ «extender»
«z»	/s/ o /θ/ (peninsular) «zona»

5-1. Estimulación

Escuche cuidadosamente los pares de palabras que siguen con atención especial en los sonidos subrayados y luego conteste las preguntas 🐚 **1**.

1. /g/   «gota» /gó.ta/
            «hago» /á.go/

2. /d/   «despacho» /des.pá.t͡ʃo/
            «hada» /á.da/

3. /b/   «barco» /bár.ko/
            «habas» /á.bas/

4. /s/   «escuchar» /es.ku.t͡ʃár/
            «esgrimir» /es.gɾi.mír/

5. /n/   «tener» /te.néɾ/
            «tengo» /tén.go/

6. /n/   «enfermo» /en.féɾ.mo/
            «enjambre» /en.xám.bre/

7. /d/   «alderredor» /al.de.re.dór/
            «endémico» /en.dé.mi.ko/

8. /s/   «resbalón» /res.ba.lón/
            «respaldar» /res.pal.dár/

¿Son iguales todas las articulaciones de los fonemas indicados /b, d, g, n, s/? ¿Por qué? ¿Hay pautas regulares que se destacan?

Materia principal

1. Definición de alófono

En el ejercicio 4.12 del capítulo 4 (p. 93), examinamos un cuerpo de datos en español y analizamos la posición o **el marco lingüístico** de dos sonidos nasales para determinar si la nasal alveolar sonora [n] y la nasal velar sonora [ŋ] eran fonemas distintos o alófonos del mismo. Según la distribución de los sonidos en los datos provistos, llegamos a la conclusión que son alófonos del mismo fonema porque no hay coincidencia de las dos en el mismo marco lingüístico. Puesto que la nasal velar [ŋ] sólo se evidencia anterior a otros sonidos velares ([k, g, x]), decimos que la alveolar [n] y la velar [ŋ] están en **distribución complementaria** y por eso no forman fonemas distintos sino alófonos del mismo. Recordemos que para confirmar si dos sonidos son fonemas distintos, se requiere la existencia de **la distribución contrastiva**. Es decir que dos fonemas distintos se encuentran en el mismo contexto y el reemplazo del uno por el otro cambiará el significado.

En el habla las consonantes del español sufren más ajustes por los sonidos vecinos que las vocales. Es porque cuando hablamos no articulamos cada sonido aisladamente; cada enunciado es un encadenamiento de sonidos, y durante la producción de algún sonido hacemos simultáneamente los preparativos para el siguiente sonido. Así pues, todo sonido queda afectado, de alguna manera u otra, por los sonidos a su alrededor. En algunos casos, estos ajustes se revelan en la ortografía normativa, o sea, en la morfología. Por ejemplo, el animal miriópodo «ciempiés», cuyo nombre apto se refiere a la gran cantidad de apéndices que conlleva, es una combinación del número «cien» y el sustantivo «pies». La «n» de «cien» se convierte en una nasal bilabial «m» por el punto de articulación bilabial de la «p» siguiente. Es natural que este tipo de ajuste ocurra especialmente en el habla moderada o rápida porque hay continuidad de las dos sílabas y sin alguna pausa entre ellas es casi imposible mantener la articulación alveolar de la «n». Sin embargo, si uno pronunciara [sjén.pjés] ✎2 en lugar de [sjém.pjés] ✎3, todavía se entendería. Pero la sustitución de la [n] por la [m] en otro entorno, como se enseña a continuación, cambiaría el significado.

La prueba de conmutación es el nombre para este proceso de intercambiar sonidos para ver si esto cambia el significado de la palabra. Tomemos el ejemplo del par mínimo «nudo» y «mudo» ✎4. En este caso, el significado de la palabra cambia por la coincidencia de la «n» y la «m» en el mismo marco lingüístico. Entonces, sabemos que la nasal alveolar /n/ y la nasal bilabial /m/ son fonemas distintos porque cada elemento tiene **valor fonémico**, o sea, el reemplazo de la [m] por la [n] en el marco «__ u.do» (en posición inicial de palabra) cambia el significado de la palabra. Sin embargo, se verá que la nasal bilabial [m] desempeña el papel de variante de la nasal alveolar /n/ también en ciertos marcos lingüísticos, especialmente en éstos donde el sonido vecino (consonántico) tiene características diferentes.

La alofonía, por definición, es el listado de todas las variantes que se presentan en la pronunciación de un mismo fonema. Y normalmente comprende sonidos relacionados, de alguna manera u otra, con su fonema correspondiente y cuya distribución no coincide con otros sonidos contrastivos. Los alófonos consonánticos dependen de su marco lingüístico porque es éste el que determina la producción acústica del sonido. Es decir que la realización de los alófonos consonánticos tiende a depender o del elemento que precede o de el que sigue inmediatamente al sonido en cuestión. Cuando alguna consonante sufre cambios o ajustes y adquiere alguna(s) característica(s) de los sonidos circundantes, decimos que la consonante se asimila, y este proceso se llama **asimilación**. El proceso de la asimilación consonántica ocurre cuando un sonido cambia uno (o más de uno) de los ajustes de los tres parámetros descriptivos: modo de articulación, punto de articulación y la sonoridad. Es decir, que algún sonido puede asimilarse al modo de articulación de otro sonido o al punto de articulación del otro, o una combinación de los dos. Algún sonido puede sonorizarse también si es sordo y el siguiente sonido es sonoro.

Tanto el sonido que precede como el que sigue pueden afectar la pronunciación de la consonante; entonces, hay dos direcciones de asimilación. Si algún sonido queda afectado por el sonido que precede, entonces este proceso se llama **asimilación progresiva** (de izquierda a derecha) porque el sonido anterior afecta la realización del próximo sonido. Por otro lado, si es el siguiente sonido el que afecta al sonido anterior, entonces, se llama **asimilación regresiva** (de derecha a izquierda) porque el sonido impactante es el que viene después. Esta dirección de derecha a izquierda predomina en español, entonces hay más evidencia de la asimilación regresiva que la progresiva (véase la figura 5.3, a continuación). El ejemplo que se enseñó anteriormente de la palabra «ciempiés» muestra la asimilación regresiva porque es algún rasgo de la «p» que afecta la realización del sonido nasal anterior: /n/ alveolar + /p/ bilabial = [mp] dos bilabiales.

No obstante, el proceso de la asimilación no es siempre de sentido único (o progresiva o regresiva); puede ser bidireccional también. Es decir que cuando se evidencia tanto la asimilación progresiva como la regresiva simultáneamente, decimos que hay **asimilación recíproca**, y cada sonido imparte una característica al otro. En este caso, dos elementos se asimilan según algún rasgo del otro.

La figura 5.3 ilustra estos procesos anteriormente descritos.

◎ 5
Figura 5.3 La asimilación consonántica

Asimilación regresiva	Asimilación progresiva	Asimilación recíproca
A ← B	A → B	A ↔ B
derecha a izquierda	*izquierda a derecha*	*ambas direcciones*
[úm.par]	[en.rós.ka]	[áŋ.gu.lo]
«un par»	«enrosca»	«ángulo»

En la figura 5.3, el ejemplo de la asimilación regresiva enseña el impacto que el punto de articulación de la oclusiva bilabial /p/ tiene en la realización de la nasal alveolar /n/. La bilabialidad de la oclusiva /p/ influye en la articulación de la nasal, entonces ésta se convierte en una nasal bilabial [m] por la influencia del sonido que sigue. En el segundo ejemplo, la asimilación progresiva, la nasal alveolar /n/ influye el sonido siguiente y hace que se realice la vibrante múltiple [r] y no la simple [ɾ] que normalmente transcribiría la «r» simple en el interior de palabra. Y, finalmente, la asimilación recíproca se evidencia con el ejemplo de «ángulo». La nasal alveolar /n/ se realiza como una nasal velar [ŋ] por la oclusiva velar /g/ que sigue. La oclusiva velar /g/ se mantiene oclusiva [g] en consecuencia por la nasal que precede.

Antes de seguir con la alofonía consonántica, cabe repasar los signos lingüísticos y describir otros como se ven en la figura 5.4 porque éstos serán necesarios para la transcripción estrecha que vamos a practicar en este capítulo.

Figura 5.4 Signos lingüísticos más otros adicionales

Signo	Significado
*	forma errónea
« »	forma ortográfica
/ /	fonema
[ ]	alófono
.	división silábica
C	cualquier consonante
V	cualquier vocal
D	diptongo
/ o //	pausa
( )	opcional
$	frontera silábica o final de sílaba
#	final de palabra
σ	sílaba
Ca	cabeza
Ci	cima
Co	coda

5-2. Comprensión

Conteste individualmente o en grupo las preguntas que siguen.

1. ¿A qué se refiere **el marco lingüístico**? ¿Qué relación mantiene con la alofonía? Dé algún ejemplo.

2. ¿Cómo se diferencian **la distribución complementaria** y la **distribución contrastiva**? ¿Cree Ud. que, en un caso especial, podría estar en **distribución contrastiva** algún alófono y no fonema? Dé su opinión.

3. ¿Cómo se emplearía **la prueba de conmutación**? Dé algún ejemplo.

4. ¿En qué consiste **la asimilación**? ¿Cómo se diferencian **la asimilación progresiva** y **la regresiva**? ¿Cuál de las dos predomina en español?

5. ¿A qué fenómeno se refiere **la asimilación recíproca**? ¿Por qué se llama también bidireccional?

2. Las consonantes y sus alófonos

El fonema es una abstracción y es la representación subyacente del sonido, mientras que el alófono es la realización articulatoria del mismo en el habla. Veremos que muchas veces **la representación subyacente** refleja la forma prevaleciente de una época histórica en la evolución del idioma, y no la actual. Es decir que los ajustes fónicos a lo largo de la evolución y el desarrollo del idioma se manifiestan en la alofonía y no en la fonología. Alguna excepción se evidencia con **la desfonologización** que sufrió el inventario fonémico de las Américas con la fricativa interdental sorda /θ/ y la lateral palatal sonora /ʎ/. Estos dos fonemas forman parte del inventario peninsular pero no forman parte del inventario americano porque ya no hay distinción entre la «c, s, z» y la «ll, y». Estos cambios sí se reflejan en la fonología puesto que existen dos inventarios—el peninsular y el americano. De todas maneras, hay variaciones que son características de distintos dialectos del español, y examinaremos a continuación los ajustes predecibles que se llevan a cabo por su marco lingüístico. Se verá que los sonidos consonánticos pueden cambiarse según cada parámetro descriptivo; así pues, hay alófonos que difieren de su fonema correspondiente por un modo de articulación diferente, un punto de articulación diferente y/o una sonoridad diferente.

Recordemos que en **el habla** (a diferencia de la forma escrita) figuran algunos factores que facilitan y promueven los ajustes articulatorios.[1] Estos factores incluyen el ritmo del habla y el cuidado que se pone en el mismo. El ritmo y el cuidado van de la mano en términos del efecto que dejan en el habla. Es decir que habrá más ajustes realizados con **el habla rápida** y **despreocupada** y menos de ellos con **el habla lenta** y **cuidadosa** y/o **mesurada**. El habla rápida tiende a favorecer una adherencia a la estructura silábica abierta, y por consiguiente, habrá más ajustes que demuestren la secuencia CV.CV.CV. Recordemos que el ritmo y el cuidado figuran en el proceso de la sinalefa y la unión de vocales que forman hiato. Además, se verá que estos mismos factores van a conducir a otro tipo de modificaciones en cuanto a las consonantes. La mayoría de los procesos consonánticos van de acuerdo con las tendencias del ritmo silábico, pero habrá otros que van en contra de él. Examinaremos a continuación la alofonía consonántica y los ajustes que ocurren en cada parámetro descriptivo.

a. Ajustes según el modo de articulación

En este grupo, clasificamos la alofonía consonántica que difiere de su fonema correspondiente por su modo de articulación o grado de constricción. Es decir, que el modo de articulación (oclusivo, fricativo, africado, nasal, lateral, vibrante) de la representación subyacente no es el mismo que es característico de su alofonía. Los otros ajustes se mantienen; es sólo el ajuste del modo de articulación que se modifica.

La alternancia oclusiva/fricativa de las oclusivas sonoras /b, d, g/

Recordemos que todo fonema tiene que tener por lo menos una articulación, y en este caso, cada una de las oclusivas sonoras—la bilabial /b/, la dental /d/ y la velar /g/—dispone de dos alófonos. En el inventario alofónico para las oclusivas sonoras, habrá un alófono oclusivo y otro fricativo para cada una, así pues, se llama este fenómeno **la alternancia oclusiva/fricativa**. Ya se conoce el alófono oclusivo [b, d, g], pero los fricativos tendrán un símbolo diferente. La oclusiva bilabial tiene dos alófonos [b, β], la dental tiene dos [d, ð], y la velar tiene dos también [g, ɣ]. La realización del alófono oclusivo [b, d, g] es predecible porque queda determinada por su distribución o marco lingüístico. Se verá que hay más restricciones para la realización de los alófonos oclusivos, entonces se describirán estos marcos lingüísticos específicos, y los alófonos fricativos se evidenciarán en los demás contextos. La bilabial [b] y la velar [g] se realizan en tres contextos predecibles, y la dental [d] se realiza en cuatro. Las pautas siguen y también habrá más ejemplos en la figura 5.5, a continuación:

1. las oclusivas [b, d, g] se realizan en posición inicial absoluta

2. las oclusivas [b, d, g] se realizan después de alguna pausa

3. las oclusivas [b, d, g] se realizan después de alguna nasal

4. la oclusiva [d] se realiza después de lateral

La primera regla indica que las oclusivas sonoras [b, d, g] siempre se articulan en posición inicial absoluta del enunciado. Es decir, el sonido que rompe el silencio está en posición inicial absoluta y será la oclusiva. Por ejemplo, si alguien dijera «Voy» ✤6, **la transcripción amplia** (fonémica: la con fonemas) sería /bói/, y como la oclusiva bilabial está en posición inicial, **la transcripción estrecha** (fonética: la con alófonos) sería [bój]. Pero si se dijera «Me voy» ✤7, la oclusiva bilabial ya no estaría en posición inicial absoluta, entonces no satisface la restricción de mantenerse oclusiva en posición inicial absoluta, y, por eso, saldría el alófono fricativo. Recordemos que la oclusiva se verifica con un cierre completo y se para momentáneamente la emisión de aire, entonces, el sonido producido es bastante fuerte. La fricativa, a diferencia de la oclusiva, se articula con un cierre parcial y el aire se emite simultáneamente en la producción del sonido, produciendo un sonido más suave que la oclusiva. El alófono fricativo, naturalmente, tiene menos fuerza articulatoria que el oclusivo, entonces, la alofonía fricativa es evidencia del **debilitamiento** consonántico.

La segunda regla indica que las oclusivas sonoras se realizan también cuando siguen a alguna pausa. **La pausa** en el habla es fácil de reconocer porque es cuando se deja de hablar, pero en el escrito, hay que indicar la pausa por medio de la puntuación ortográfica: dos puntos, una coma, punto y coma, etc. Entonces, la pausa en el interior de algún renglón proporciona el mismo efecto que daría la posición inicial absoluta para algún sonido. Tomando el ejemplo «Alejo, Daniel y Tere» /a.lé.xo // da.nié.li.té.ɾe/ ✆ 8, se nota que la «d» de «Daniel» sigue a la coma (pausa), entonces se articula el alófono oclusivo [d].

La tercera regla indica que toda oclusiva sonora se mantiene oclusiva cuando sigue a una nasal [m, n, ɲ], como en el caso de «combate», /kom.bá.te/ ✆ 9; con su alofonía tendríamos [kom.bá.te] porque se mantiene oclusiva por la nasal anterior.

La cuarta regla sólo se aplica a la dental [d] y ésta se mantiene cuando sigue a una lateral /l/ como se escucha en el ejemplo «celda» /sél.da/ [sél.da] ✆ 10.[2]

Si no se satisface ninguna de las pautas anteriormente descritas, entonces se va a realizar el alófono fricativo [β, ð, ɣ]. Se verá que este debilitamiento consonántico se evidencia en posición final absoluta de sílaba o en posición intervocálica (entre vocales). En la figura 5.5 se resumen todas las pautas para la alofonía de las oclusivas sonoras con refuerzo auditivo.

✆ 11

Figura 5.5 La alofonía de las oclusivas sonoras /b, d, g/

Alófono	Se realiza	Ejemplos
[b, d, g]	después de una nasal: [m, n, ɲ]	«envase, enderezo, inglés»
[b, d, g]	después de una pausa (en el escrito, la puntuación interrumpe la soltura del habla— coma, dos puntos, punto y coma, etc.)	«con Paco, Víctor, Darío, Guille y Fede»
[b, d, g]	en posición inicial absoluta	«Bogotá es la capital.» «¿De qué parte viene?» «¿Gastas mucho?»
[d]	después de una lateral: [l]	«alcalde, aldaba»
[β, ð, ɣ]	en demás contextos	«haba, pub, esbelta» «hado, sed, esdrújula» «hago, ignorante, salgo»

Probablemente ya se habrá preguntado si el alófono fricativo se evidencia más que el oclusivo, ¿por qué no es fricativa la representación subyacente dejando la forma oclusiva para la alofonía? La pregunta encuentra su respuesta en el desarrollo histórico de la lengua. La bilabial sonora /b/ era siempre oclusiva en el español antiguo, por eso la representación subyacente es oclusiva y no fricativa aunque actualmente ésta es más prevaleciente que la forma oclusiva.

Conteste individualmente o en grupo las preguntas que siguen.

1. **La desfonologización** consiste en la neutralización de dos fonemas distintos. Explique cómo este fenómeno impactó el inventario fonémico del español.

2. Explique la influencia que tiene un **ritmo rápido** y **despreocupado** en **el habla**.

3. En cuanto a la alofonía, las oclusivas sonoras /b, d, g/ comparten los mismos marcos lingüísticos para **la alternancia oclusiva/fricativa** con la excepción de la oclusiva dental [d]. Explique cómo la dental difiere de las otras. Dé ejemplos.

4. **La alofonía fricativa** de las oclusivas sonoras se realiza en demás contextos. Piense en el significado de estos "demás contextos" e identifique algunos marcos lingüísticos que satisfagan estos criterios.

5. En el escrito, ¿cómo se indica **la pausa**? Dé ejemplos.

b. Ajustes según el punto de articulación

Se ha examinado en la sección anterior la alofonía de las oclusivas sonoras que alterna entre una realización oclusiva y una fricativa. La alofonía fricativa representa un sonido debilitado y se evidencia en la mayoría de los marcos donde hay menos restricciones lingüísticas. Uno de los marcos lingüísticos que rige la articulación oclusiva es cuando sigue a una nasal. Con la producción de un sonido nasal se coordinan los articuladores para que el aire pase por la cavidad nasal y no la bucal. Los alófonos oclusivos [b, d, g] salen a continuación de la nasal porque el aire cambia su camino para salir de la cavidad bucal y esto proporciona el mismo efecto que la posición inicial absoluta. Es como si saliera del silencio el sonido oclusivo. Puede que haya otros ajustes de modo de articulación en algún habla regional, pero los ajustes de las oclusivas sonoras son bastante uniformes en el español hablado. Se verá que en el habla montañosa, los hablantes tienden a mantener las oclusivas y no debilitarlas en los "demás contextos." Este y otros procesos dialectales se desarrollarán en el capítulo 6.

El próximo fenómeno que se examinará tiene que ver con el fonema más inestable del inventario. Se mide la inestabilidad muchas veces por la cantidad de alófonos que tiene algún fonema. Cuantas más variaciones acústicas tenga un fonema, más inestabilidad tendrá. La nasal alveolar sonora /n/ dispone de la mayor cantidad de alófonos en el inventario fonémico del español. Esta nasal cambiará su punto de articulación según el del sonido siguiente, por eso el proceso se llama **la asimilación nasal**. Recordemos que hay siete puntos de articulación en español: bilabial, labiodental, dental, alveolar, alveopalatal, palatal, y velar, así pues, habrá un alófono nasal para cada uno.

Es más, se verá que existen muchos marcos lingüísticos que se componen de una nasal [m, n, ɲ] más una oclusiva sonora [b, d, g]; entonces, habrá un contexto para que la asimilación recíproca se produzca. Ahora se examinará la asimilación nasal, pero recordemos que la alternancia oclusiva/fricativa también se aplica a la vez.

1. Asimilación de la nasal alveolar /n/ (asimilación regresiva)

En esta sección se examinan todos los ajustes fonéticos que se llevan a cabo con la articulación de la nasal alveolar /n/ cuando está en posición anterior a otras consonantes de diferentes puntos de articulación. La alofonía nasal comprende los sonidos [m, ɱ, n̪, n, ň, ɲ, ŋ], y cada uno de ellos tendrá su explicación a continuación. En todo caso, la asimilación nasal y la alternancia entre los siete puntos de articulación ocurren tanto en el interior de las palabras como entre ellas.

La nasal se convierte en bilabial [m] cuando precede a otros sonidos bilabiales [p, b, m] tanto en el interior de una palabra como entre ellas—por ejemplo, «con Paco» /kon.pá.ko/ [kom.pá.ko], «envase» /en.bá.se/ [em.bá.se] y «conmueve» /kon.mué.be/ [kom.mwé.βe] ❧ 12. En el ejemplo de «envase» se nota la asimilación recíproca entre la nasal alveolar /n/ y la oclusiva bilabial /b/, y la oclusiva se mantiene por la nasal.

La nasal se convierte en labiodental [ɱ] cuando precede a otros labiodentales. En español, sólo hay un labiodental [f]. Este ajuste se realiza tanto entre palabras como en el interior de ellas: «en Francia» /en.frán.θia/ [eɱ.frán.θja] y «confirmar» /kon.fir.már/ [koɱ.fir.már] ❧ 13.

Se realiza la nasal dental [n̪] cuando precede a otros dentales [t, d, θ], por ejemplo en «un telón» /ún.te.lón/ [ún̪.te.lón] y «enderezo» /en.de.ré.θo/ [en̪.de.ré.θo], y con el fonema peninsular en «anzuelo» /an.θué.lo/ [an̪.θwé.lo] ❧ 14.

Y, naturalmente, hay la alveolar [n] que se realiza anterior a otros sonidos alveolares [s, n, l, r] y en demás contextos, por ejemplo, «con Lalo» /kon.lá.lo/ [kon.lá.lo] o «encía» /en.sí.a/ [en.sí.a] ❧ 15. Se notará la ausencia conspicua de la vibrante simple [ɾ] en el listado anterior de sonidos alveolares. Recordemos que jamás sigue a una nasal la vibrante simple, por eso, no aparece en el grupo. Los contextos restantes se refieren a la posición final absoluta o la intervocálica, entre otras, como en la palabra «son» /són/ [són] o en «gana» /gá.na/ [gá.na] ❧ 16.

La alveopalatal [ň] se realiza anterior al único alveopalatal del inventario [tʃ], por ejemplo en «conchero» /kon.tʃé.ro/ [koň.tʃé.ro] y «un chulengo» /ún.tʃu.lén.go/ [úň.tʃu.lén.go] ❧ 17.

La nasal palatal [ɲ] se evidencia anterior a otros sonidos palatales [j, ɲ, ʎ], como por ejemplo en «enyesa» /en.jé.sa/ [eɲ.jé.sa] y «un ñeque» /ún.ɲé.ke/ [úɲ.ɲé.ke], y con el fonema peninsular en «conlleva» /kon.ʎé.ba/ [koɲ.ʎé.βa] ❧ 18.

Finalmente, tenemos la nasal velar [ŋ] que se articula cuando precede a otros sonidos velares [k, g, x, w], como en «encadena» /en.ka.dé.na/ [eŋ.ka.ðé.na], «congosto» /kon.gós.to/ [koŋ.gós.to], «conjuez» /kon.xués/ [koŋ.xwés] y «con hueso» /kon.wé.so/ [koŋ.wé.so] ❧ 19. Se verá que la velarización nasal [ŋ] surge de nuevo en la descripción de algunos procesos dialectales en el capítulo 6.

En la figura 5.6 se resume la alofonía nasal en su totalidad con otros ejemplos para reforzar el concepto de la asimilación nasal.

❀ 20

Figura 5.6 La alofonía de la nasal alveolar sonora /n/

Alófono nasal	Anterior a	Ejemplos
Bilabial: [m]	otros bilabiales: [p, b, m]	«en Perú» /en.pe.rú/ [em.pe.rú] «un barco» /ún.bár.ko/ [úm.bár.ko] «en medio» /en.mé.dio/ [em.mé.ðjo]
Labiodental: [ɱ]	otros labiodentales: [f]	«enfrente» /en.fren.te/ [eɱ.fren̪.te]
Dental: [n̪]	otros dentales: [t, d, θ]	«entre» /en.tre/ [en̪.tre] «conde» /kón.de/ [kón̪.de]
Alveolar: [n]	otros alveolares y en demás contextos	«enroscar» /en.ros.kár/ [en.ros.kár]
Alveopalatal: [ň]	otros alveopalatales: [ʧ]	«ancho» /án.ʧo/ [áň.ʧo]
Palatal: [ɲ]	otros palatales: [j, ɲ, ʎ]	«enyesar» /en.je.sár/ [eɲ.je.sár] «un ñandú» /ún.ɲan.dú/ [úɲ.ɲan̪.dú] «un llavín» /ún.ja.bín/ [úɲ.ja.βín] o /ún.ʎa.bín/ [úɲ.ʎa.βín]
Velar: [ŋ]	otros velares: [k, g, x, w]	«concreto» /kon.kré.to/ [koŋ.kré.to] «engordar» /en.gor.dár/ [eŋ.gor.ðár] «conjuro» /kon.xú.ro/ [koŋ.xú.ro] «un huevo» /ún.wé.bo/ [úŋ.wé.βo]

2. Asimilación de la lateral alveolar sonora /l/ y la fricativa alveolar sorda /s/

Hay otros fonemas alveolares cuya alofonía cambia su punto de articulación según el del sonido siguiente, pero éstos no son tan inestables como la nasal alveolar sonora /n/. Uno de los fonemas es la lateral alveolar sonora /l/, y el otro es la fricativa alveolar sorda /s/. Esta asimilación es de tipo regresivo pero puede resultar en la asimilación recíproca también.

Tanto la lateral alveolar /l/ como la fricativa alveolar sorda /s/ se dentalizan [l̪, s̪] en posición anterior a otros sonidos dentales [t, d, θ], como en los ejemplos «alto» /ál.to/ [ál̪.to] y «falda» /fál.da/ [fál̪.da] ❀ 21. Este proceso se llama **dentalización**. En el caso de «falda» la oclusiva dental [d] se mantiene por la lateral anterior, entonces, se evidencia la asimilación recíproca. Además, con el fonema peninsular hay otro marco lingüístico para la realización de la lateral dental, como en «alzar» /al.θár/ [al̪.θár] ❀ 22. La fricativa alveolar se dentaliza en «constar» /kons.tár/ [kons̪.tár] y con el fonema peninsular en «disciplina» /dis.θi.plí.na/ [dis̪.θi.plí.na] ❀ 23. (La alofonía de la fricativa alveolar sorda /s/ se encuentra en la figura 5.8.)

El otro ajuste que sufre la lateral alveolar es que se palataliza [ʎ] cuando precede a otros sonidos palatales [j, ɲ, ʎ]. Algunos ejemplos incluyen «el hierro» /el.jé.ro/ [eʎ.jé.ro] y «el ñipe» /el.ɲí.pe/ [eʎ.ɲí.pe], y con el fonema peninsular en «el llanero» /el.ʎa.né.ro/ [eʎ.ʎa.né.ro] ❀ 24. El proceso se llama **palatalización** y en la figura 5.7 se resume la alofonía de la lateral alveolar con más ejemplos para reforzar el concepto.

🌀 25
Figura 5.7 La alofonía de la lateral alveolar sonora /l/

Alófono	Marco lingüístico	Ejemplos
[l̪]	anterior a [t, d, θ]	«cultiva» /kul.tí.ba/ [kul̪.tí.βa]
		«caldo» /kál.do/ [kál̪.do]
		«calza» /kál.θa/ [kál̪.θa]
[ʎ]	anterior a [j, ɲ, ʎ]	«el yeísmo» /el.je.ís.mo/ [eʎ.je.ís.mo]
		«el ñandutí» /el.ɲan.du.tí/ [eʎ.ɲan̪.du.tí]
		«el llavero» /el.ʎa.bé.ɾo/ [eʎ.ʎa.βé.ɾo]
[l]	demás contextos	«el parque» /el.pár.ke/ [el.pár.ke]

c. La sonorización (ajustes según la sonoridad)

El tercer ajuste alofónico realizado en el habla tiene que ver con el parámetro de la sonoridad. En este caso un sonido normalmente sordo en su representación subyacente se sonoriza (adquiere voz) en ciertos marcos lingüísticos. El proceso conlleva el nombre apto de **la sonorización;** con los dos fonemas sordos, la fricativa alveolar sorda /s/ y la oclusiva dental sorda /t/, ambos alófonos se sonorizan [z, d] respectivamente cuando preceden a algún sonido sonoro. Otra vez, se nota la dirección izquierda de este proceso, entonces se clasifica como la asimilación regresiva. Recordemos que la fricativa alveolar sorda /s/ también se dentaliza anterior a otros sonidos dentales, entonces, ahora se notará que anterior a una oclusiva dental sonora [d] la fricativa sorda /s/ tiende a dentalizarse y sonorizarse a la vez.

1. Asimilación de la fricativa alveolar sorda /s/ – [z]

La fricativa alveolar /s/ normalmente carece de voz a menos que se sitúe anterior a algún sonido sonoro. Pero cuando precede a otro sonido sonoro se sonoriza realizando el alófono sonoro [z], como en la palabra «zoo» en inglés. Se notará este proceso al comparar los ejemplos que siguen. Con la palabra «espada» /es.pá.da/ [es.pá.ða] 🌀 26, la oclusiva bilabial /p/ es sorda, entonces la fricativa alveolar se mantiene sorda. Sin embargo, con la palabra «esbelto» /es.bél.to/ [ez.βél̪.to] 🌀 27, la oclusiva bilabial /b/ es sonora y la /s/ se sonoriza en anticipación de la articulación sonora siguiente. También se nota la diferencia entre «rasco» /rás.ko/ [rás.ko] y «rasgo» /rás.go/ [ráz.ɣo] 🌀 28. Aunque va a depender del dialecto el grado de sonorización que se realice en estos casos, en términos generales, la fricativa alveolar tiende a sonorizarse cuando la siguen otros sonidos sonoros.

2. La oclusiva dental sorda: /t/ – [ð]

También participa la oclusiva dental sorda /t/ en el proceso de la sonorización. En su representación subyacente, la oclusiva dental /t/ es sorda pero tiende a adquirir voz en posición final de sílaba anterior a otros sonidos sonoros. Es decir, que la oclusiva /t/ se sonoriza cuando constituye la coda de la sílaba y otra consonante sonora forma la cabeza de la siguiente sílaba. Este proceso no se realiza si la oclusiva se combina con la consonante sonora en posición inicial de sílaba, formando una cabeza compuesta. Seguramente se habrá escuchado la articulación de la palabra «atlántico» /at.lán.ti.ko/ [að.lą́n.ti.ko] ❀29. Recordemos que el grupo consonántico «tl» presenta un caso especial puesto que es una unión permisible en las regiones donde hay una marcada influencia indígena. La unión de «tl» forma parte de la cabeza entones, y no se sonoriza la oclusiva dental, por ejemplo, «tlaloc» /tla.lók/. Otro ejemplo que muestra la sonorización de la oclusiva dental es el de la palabra «fútbol» /fút.bol/ [fúð.βol] ❀30. El grupo consonántico «tb» no forma una cabeza silábica porque la «t» forma la coda y la «b» forma la cabeza de la sílaba siguiente. Este proceso de la sonorización ocurre donde hay una frontera silábica, que tiene el símbolo ($).

❀31
Figura 5.8 La alofonía de la fricativa alveolar sorda /s/

Alófono	Marco lingüístico	Ejemplo
[s̬, z̦]	anterior a [t, d, θ]	«astilla» /as.tí.ja/ [as̬.tí.ja]
		«posdata» /pos.dá.ta/ [poz̦.ðá.ta]
		«descifrar» /des.θi.frár/ [des̬.θi.frár]
		«desdén» /des.dén/ [dez̦.ðén]
[z]	anterior a [b, g, j, m, n, ɲ, l, ʎ, r]	«asbesto» /as.bés.to/ [az.βés̬.to]
		«desgrase» /des.grá.se/ [dez.ɣrá.se]
		«deshielo» /des.jé.lo/ [dez.jé.lo]
		«asma» /ás.ma/ [áz.ma]
		«asno» /ás.no/ [áz.no]
		«eslabón» /es.la.bón/ [ez.la.βón]
		«los llantos»/los.ʎán.tos/ [loz.ʎą́n.tos]
		«los rieles» /los.rié.les/ [loz.rjé.les]
[s]	demás contextos	«escasa» /es.ká.sa/ [es.ká.sa] (entre otros)

❀32
Figura 5.9 La alofonía de la oclusiva dental sorda /t/

Alófono	Marco lingüístico	Ejemplo
[ð]	posición final de sílaba anterior a consonantes sonoras	«atmósfera» /at.mós.fe.ra/ [að.mós.fe.ra]
		«atlético» /at.lé.ti.ko/ [að.lé.ti.ko]
		«etnia» /ét.nia/ [éð.nja]
[t]	demás contextos	«fraterno» /fra.tér.no/ [fra.tér.no]

Conteste individualmente o en grupo las siguientes preguntas.

1. ¿Por qué es la nasal alveolar sonora /n/ el fonema más inestable del inventario? ¿Cuántos alófonos tiene? ¿En qué marcos lingüísticos se evidencia la alofonía?

2. La lateral alveolar sonora /l/ tiene dos alófonos [l, l̪]. Describa el marco lingüístico para cada alófono con ejemplos concretos.

3. ¿Qué opone la **asimilación regresiva** a la **progresiva**? ¿En qué consiste la **asimilación recíproca**? Dé ejemplos para cada una.

4. Explique cómo la fricativa dental sonora [ð] es un alófono para la oclusiva dental sorda /t/ y la oclusiva dental sonora /d/ a la vez.

5. La fricativa alveolar sorda /s/ tiene una alofonía muy distinta. ¿En qué consiste?

3. Entornos de la alofonía y tendencias generales

Se habrá notado que los procesos consonánticos que acabamos de examinar—la alternancia oclusiva/fricativa, la asimilación nasal y la sonorización—se realizan en posición final de sílaba (la coda). El ritmo silábico del español y la tendencia a mantener la estructura silábica abierta de CV.CV.CV conduce a algunos procesos lingüísticos que facilitan el mantenimiento de la sílaba abierta. Si no es posible mantener abierta la sílaba, la consonante que ocupa la posición de coda va a sufrir algunos cambios. En español, la coda representa una posición peligrosa para la(s) consonante(s) por esa predilección hacia la sílaba abierta en el habla. Se estudiará a continuación algunas tendencias realizadas en el habla tanto en la coda como en la cabeza.

a. Posición final de sílaba—la coda

Aunque la estructura silábica trabada no es la preferida en español, no es siempre evitable. Cuando el hablante no puede dejar abierta la sílaba, con el silabeo normativo, la(s) consonante(s) en posición final de sílaba estará(n) sujeta(s) a cambios para simplificar la pronunciación. Especialmente cuando se encuentre un grupo consonántico (y no una consonante sola) en la coda, la tendencia a simplificar esta difícil articulación es evidente. Tomando el ejemplo de la palabra «construir» tenemos el silabeo «cons.truir» y la estructura silábica CV<u>CC</u> $ CCVDC # (donde D es para deslizada)—una estructura que difiere mucho de la predilecta de CV.CV—y la coda compuesta (la subrayada) va a sufrir algunos ajustes por presentar dificultades articulatorias. Esta tendencia a simplificar la coda, tanto la simple como la compuesta, es un proceso que se llama **simplificación**.

La simplificación consonántica

Los hablantes del español simplifican la coda cuando no existe la posibilidad de articular la consonante de la coda en la posición inicial de la siguiente sílaba; por ejemplo, en la articulación de «es azul» la «s» de «es» puede unirse con la «a» de «azul» dando «e.sa.zul» /é.sa.súl/ [é.sa.súl] ✸33, pero con el ejemplo de «es verde» la «s» tiene que ocupar la coda: «es.ver.de» /és.bér.de/ [és.βér.ðe] ✸34. La coda compuesta se modifica más que la simple, pero se verá en el capítulo 6 que la coda simple también sufre ajustes en el habla. Muchas veces la articulación de una consonante en la coda se debilita, especialmente una «s» en posición final.

Volviendo a la coda compuesta y el ejemplo de «construir», tenemos un grupo consonántico «ns» en la posición de la coda. Recordemos que la nasal alveolar sonora /n/ transcribe la «n» ortográfica y la fricativa alveolar sorda /s/ transcribe la «s». Entre estos dos fonemas, la nasal representa el sonido más fuerte, entonces habrá más tendencia a disminuir la articulación más difícil, la de la «n». Muchos hablantes dirán [ko̰s.tɾwír] ✸35 en lugar de [ko̰ns.tɾwír] ✸36, porque la coarticulación de dos consonantes dificulta la pronunciación y va en contra de la estructura silábica preferida. Sin embargo, los ajustes no se limitan a la coda, ocurren en la cabeza como se verá a continuación.

b. Posición inicial de sílaba—la cabeza

En conformidad con la estructura silábica preferida del español, CV.CV.CV, los hablantes tienden a reforzar una consonante inicial. Entonces, la consonante de la cabeza se refuerza mientras que la consonante de la coda se debilita. Este proceso de reforzar la cabeza se llama **rehilamiento**. Hay tres procesos que se destacan bajo esta categoría y son los siguientes:

1. Uvularización de la /x/

Uno de los procesos de refuerzo tiene que ver con la fricativa velar sorda /x/ en posición inicial de sílaba. Para reforzar el sonido, hay un ajuste en el punto de articulación del sonido. Es decir que el alófono sigue siendo fricativo, pero en lugar de articularse con el velo del paladar, participa la úvula (campanilla) dejando un sonido más fuerte [X], así pues este refuerzo se llama **uvularización**. Entonces, en lugar de decir [xa.món] para «jamón» uno diría [Xa.món] ✸37.

2. Rehilamiento/refuerzo de la /j/

Otro ejemplo del refuerzo en posición inicial se realiza con la aproximante palatal sonora /j/. La alofonía de esta aproximante cuenta con ajustes a nivel de todos los tres parámetros descriptivos: modo de articulación, punto de articulación y sonoridad. Uno de los alófonos es la africada alveopalatal sonora [ʤ] como en la palabra «yo» /jó/ [ʤó] ✸38. El sonido resultante es más enfático y reforzado. Otro alófono es la fricativa alveopalatal sonora [ʒ] como en la palabra «ella» /é.ja/ [é.ʒa] ✸39. El tercer alófono cambia la articulación pero no necesariamente la refuerza tanto y es la fricativa alveopalatal sorda [ʃ] como en «me llamo» /me.já.mo/ [me.ʃá.mo] ✆**40**.

3. Refuerzo de la /w/ o prótesis

El tercer proceso de rehilamiento se realiza con la aproximante labiovelar sonora /w/. El sonido correspondiente a este fonema es interesante porque es considerado una semiconsonante porque comparte características vocálicas y consonánticas, pero no es tan fuerte como una consonante. Entonces, para reforzar una semiconsonante, el hablante tendrá con contar con la coordinación de una consonante más una vocal. La consonante que tiene más en común con la wau es la oclusiva velar sonora /g/. La vocal que se asemeja a la wau es el alto posterior redondeado /u/ dando el alófono [gw]. Por consiguiente, para reforzar la wau, uno diría [gwé.so] ✆**41** en lugar de [wé.so] ✆**42** para la palabra «hueso». Esta adición de uno o más sonidos al principio de una sílaba se llama **prótesis**.

Estos alófonos enseñan la adherencia a la estructura silábica preferida en el habla y los ajustes consonánticos que se realizan en consecuencia. Se verá que hay otros procesos que se llevan a cabo a nivel suprasegmental y éstos se desarrollan a continuación.

c. Entonación dialectal—modulaciones de entonación

Recordemos que la entonación desempeña un papel semántico en el habla e interpreta la puntuación ortográfica con sus modulaciones. Pero también representa uno de los rasgos del habla que permite inmediatamente a un hablante identificar el origen geográfico del interlocutor. Los distintos dialectos del español varían en su pronunciación, su léxico, y también en la melodía o tonillo que contornea todo ello.

En México, por ejemplo, se dice que los norteños hablan con una entonación musical y parece que "cantan" cuando hablan. Esta característica se ha difundido en las películas vaqueras mexicanas. Se dice, también, que hay cierta musicalidad que caracteriza al habla oriental de los cubanos cuya habla difiere mucho de aquella de los habaneros.

Además de las modulaciones diferentes, también se dice que algunas formas de hablar el español tienen entonación aguda o tienen entonación grave. Los dialectos agudos incluyen Distrito Federal, La Habana y Buenos Aires. Los dialectos de entonación grave incluyen Santo Domingo, la altiplanicie de Colombia, y la costa y el norte de México.

Es más, el español hablado también varía según el nivel de la entonación; es una entonación alta, media o baja. El Valle de México se caracteriza por su tono alto en comparación con las otras hablas mexicanas. Y en la Península, los españoles creen que el extremeño tiene una entonación más alta que la del castellano.

La entonación como un rasgo identificador del habla regional, además de ser un tema interesante, ha sido una característica estudiada para identificar a qué se deben estas variaciones en el habla. Algunos lingüistas han atribuido la variación tonal a la influencia indígena, pero esta hipótesis todavía carece de verificación. Además, los factores sociales también influyen en las modulaciones tonales de cada habla.

En resumen, hay ajustes que se llevan a cabo en el habla tanto a nivel segmental como a nivel suprasegmental. Por lo general, los ajustes consonánticos realizados en el habla se deben a una adherencia a la estructura silábica predilecta del español—la abierta. Por consiguiente, los hablantes generalmente tienden a reforzar la(s) consonante(s) en posición inicial de sílaba y tienden a debilitar o simplificar la(s) consonante(s) en posición final de sílaba. Se presentarán de nuevo en el capítulo 6 algunos de estos procesos y cómo se realizan en distintas regiones del mundo hispano.

5-5. Comprensión

Conteste individualmente o en grupo las siguientes preguntas.

1. ¿Por qué atrae tantos ajustes consonánticos la posición de la coda en una sílaba en español?

2. ¿En qué consiste **la simplificación consonántica**? ¿En qué componente de la sílaba ocurre normalmente? Explique cómo se evidencia la simplificación en el ejemplo «lección» /lek.sión/ [le.sjón].

3. **El rehilamiento** es un proceso de refuerzo que se realiza en la posición de cabeza; explique por qué se lleva a cabo este proceso y apoye su respuesta explicando la alofonía de la aproximante palatal sonora /j/.

4. ¿Qué relación existe entre la estructura silábica predilecta del español y los ajustes consonánticos? Dé algunos ejemplos.

5. ¿Qué variaciones existen en la entonación del español hablado? Explique.

4. La transcripción estrecha—fonética

Merece la pena repasar todo el inventario fonémico del español con su alofonía antes de pasar a la transcripción estrecha de frases completas. En la figura 5.10 se presenta un listado completo del inventario consonántico.

Además de la alofonía consonántica, para tener una transcripción estrecha nos falta otro detalle importante y éste tiene que ver con la acentuación dentro de la frase o enunciado. Recordemos que toda palabra multisilábica tiene una sílaba tónica, pero dentro de una frase no todas las palabras serán tónicas. Se marca dentro de la transcripción estrecha la acentuación de **las palabras tónicas** aunque no conlleven acentuación escrita en la ortografía normativa. Antes de seguir con las multisilábicas tónicas, tenemos que aclarar la cuestión de las palabras monosilábicas. Hay monosilábicas

Figura 5.10 Los fonemas consonánticos y su alofonía

Fonema	Modo de articulación	Punto de articulación	Sonoridad	Alofonía
/p/	oclusiva	bilabial	sorda	[p]
/b/	oclusiva	bilabial	sonora	[b, β]
/t/	oclusiva	dental	sorda	[t, ð]
/d/	oclusiva	dental	sonora	[d, ð]
/k/	oclusiva	velar	sorda	[k]
/g/	oclusiva	velar	sonora	[g, ɣ]
/f/	fricativa	labiodental	sorda	[f]
/s/	fricativa	alveolar	sorda	[s, s̺, z, z̺]
/x/	fricativa	velar	sorda	[x, X]
/j/	aproximante	palatal	sonora	[j, ʤ, ʒ, ʃ]
/w/	aproximante	labiovelar	sonora	[w, gu]
/θ/	fricativa	interdental	sorda	[θ]
/tʃ/	africada	alveopalatal	sorda	[tʃ]
/m/	nasal	bilabial	sonora	[m]
/n/	nasal	alveolar	sonora	[m, ɱ, n̪, n, ň, ɲ, ŋ]
/ɲ/	nasal	palatal	sonora	[ɲ]
/l/	lateral	alveolar	sonora	[l, l̪, ʎ]
/ʎ/	lateral	palatal	sonora	[ʎ]
/ɾ/	vibrante simple	alveolar	sonora	[ɾ]
/r/	vibrante múltiple	alveolar	sonora	[r]

que son tónicas y otras que son átonas. A continuación se examinarán nueve pares de palabras cuya única diferencia superficial estriba en el acento ortográfico, aparte de la diferencia semántica. Así pues, la monosilábica que conlleva la acentuación ortográfica pertenecerá a la categoría de **palabras tónicas** y las que carecen de ella formarán parte de la clasificación **átona**.

a. Las palabras monosilábicas

A nivel de la frase, toda palabra se clasifica como tónica o átona según su clasificación gramatical. En el habla, el ritmo de la frase cuenta con la acentuación de las palabras que forman el enunciado. Habrá algunas palabras que son átonas por su función dentro de la frase aunque tienen una sílaba tónica. En esta sección se destacan **las palabras monosilábicas** porque éstas presentan problemas por componerse de una sílaba solamente. Normalmente las palabras monosilábicas carecen de acentuación ortográfica a menos que se contrasten semánticamente con otra con la misma ortografía. A continuación se presentan nueve pares de palabras monosilábicas y una explicación del porqué tienen acentuación o no. El listado comprende los siguientes pares: «o, ó; de, dé; que, qué; si, sí; el, él; se, sé; mi, mí; tu, tú; mas, más»; se estudiará cada par separadamente.

1. «**o, ó**»: Las dos son conjunciones disyuntivas, pero la segunda se tilda cuando se sitúa entre dígitos, como «6 ó 7», a diferencia de la no tildada «seis o siete». La función de la tilde en este caso es la de evitar la confusión con la grafía «o» y el signo para nulidad, cero "0".

2. «**de, dé**»: La primera es una preposición que indica principalmente posesión, origen, materia o modo, aunque su uso es muy variado, por ejemplo «¿De quién es el libro?» La segunda es la forma imperativa o subjuntiva del verbo «dar», por ejemplo, «Le pido que me dé alguna respuesta.»

3. «**que, qué**»: La primera es una conjunción comparativa, causativa, disyuntiva o ilativa, por ejemplo, «Este ejercicio es más fácil que el otro.» Y la segunda es un pronombre interrogativo que se usa para pedir más información de algo, por ejemplo, «¿Qué me dijiste?»

4. «**si, sí**»: La primera es una conjunción condicional que expresa hipótesis, duda o condición, por ejemplo, «Actúa como si no le importara.» La tildada se emplea como respuesta o enfáticamente para avivar la afirmación, como en «¡Claro que sí!»

5. «**el, él**»: La primera es el artículo determinativo masculino, como en «Me pasó el dato.» Y la segunda es el pronombre personal de tercera persona, por ejemplo, «Me dijeron que él ya llegó.»

6. «**se, sé**»: La primera es el dativo del pronombre personal de tercera persona para ambos géneros y números; se usa delante de los acusativos *lo, la, los, las;* también sirve para formar oraciones en voz pasiva e impersonales. Por ejemplo, «Se lo di al gerente.» La tildada desempeña dos funciones: es el imperativo informal de «ser», como en «¡Sé bueno por favor!»; y es la primera persona singular del verbo «saber» en el presente indicativo, como en «Yo sé que no va a ir.»

7. «**mi, mí**»: La primera es el adjetivo posesivo de primera persona singular, como por ejemplo, «Mi clase principia a la una.» La segunda es el complemento con preposición, como en «A mí me importa mucho.»

8. «**tu, tú**»: La primera es el adjetivo posesivo prepuesto de segunda persona singular, como en «Ya me contaste tu historia.» Y la segunda es el pronombre personal de segunda persona singular, como por ejemplo, «Tenemos que hablar tú y yo.»

9. «**mas, más**»: La primera representa una conjunción arcaica que ya no se usa actualmente; se empleaba en siglos anteriores y era sinónimo de la conjunción «pero». La tildada es una palabra comparativa/superlativa cuya función es la de establecer una relación entre dos entidades, por ejemplo, «Ella es más paciente que su hermana.»

Entonces, en la transcripción tenemos que modificar nuestro entendimiento de las palabras monosilábicas. Ahora podemos agregar que hay ciertas palabras monosilábicas que formarán parte de las palabras tónicas en la frase y éstas serán las que se tildan en la ortografía normativa. Se verá que el complemento con preposición «ti» se acentúa en la transcripción aunque no se tilda ortográficamente por la función que desempeña en el enunciado.

Anteriormente dijimos que toda palabra multisilábica tiene una sílaba tónica. Se verá ahora que no toda palabra multisilábica será tónica dentro de la frase porque desempeña, entre otros, la función de relación entre las otras palabras.

La función de una transcripción estrecha es la de proporcionar todo detalle para facilitar una pronunciación precisa y correcta. Se verá que la clasificación gramatical de la palabra determina si conllevará acentuación la palabra multisilábica dentro de la frase o no. El listado de palabras átonas (sin acentuación) es menos numeroso que el de las tónicas, entonces, será más fácil estudiar el listado de las átonas y considerar las tónicas las demás palabras.

Por lo general, las palabras cuya función es la de relación o enlace entre las otras palabras en la frase son átonas e incluyen: las preposiciones; las conjunciones; los artículos determinativos; los adjetivos posesivos prepuestos; los pronombres personales directos, indirectos y reflexivos; las construcciones a base de «que»; y los títulos personales de tratamiento. La figura 5.11 dispone de algunos ejemplos para cada categoría, tanto las átonas como las tónicas.

Figura 5.11.1 Las palabras átonas

Clasificación gramatical	Ejemplos
Preposición	«a, en, con, para, por, … »
Conjunción	«y, o, ni, que, como, pues, si, … »
Artículo determinativo	«el, los, la, las»
Adjetivo posesivo prepuesto	«mi, mis, tu, tus, su, sus, nuestro(s)»
Pronombres (directo, indirecto, reflexivo)	«me, te, le, se, nos, os, les»
Construcciones con «que»	«el que, la que, los que, las que»
Títulos de tratamiento	«don, doña, fray, santo, señor, señora, señorita, … »

Figura 5.11.2 Las palabras tónicas

Clasificación gramatical	Ejemplos
Sustantivo	«libro, casa, verdad, … »
Adjetivo	«alto, rojo, sencillo, … »
Pronombre (sujeto, complemento de preposición)	«yo, tú, ti, ella, nosotros, … »
Artículo indefinido	«un, unos, una, unas»
Pronombre posesivo pospuesto	«mío, míos, tuyo, tuyos, suyo, … »
Demostrativo (pronombre y adjetivo)	«este, ese, aquel, éstos, … »
Numerales (cardinales y ordinales)	«dos, tres, primero, segundo, … »
Verbo (auxiliar, conjugado, infinitivo)	«ha, habla, comer, sos, … »
Adverbio	«mal, bien, aparte, … »
Palabra interrogativa	«qué, cómo, quién, … »

b. La acentuación en la frase: palabras átonas y tónicas

Ahora podemos llevar a cabo una transcripción estrecha con todos los detalles necesarios para que ésta sea correcta y precisa. Se muestran a continuación algunos enunciados escritos en la ortografía normativa y luego transcritos amplia y estrechamente con una explicación detallada.

1. «Los niños juegan en el parque.»
/los.ní.ɲos.xué.ga.ne.nel.pár.ke/
[loz.ní.ɲos.xwé.ɣa.ne.nel.pár.ke]

Explicación: «los» es un artículo determinativo, entonces es átono; «niños» es un sustantivo, entonces es tónico; «juegan» es un verbo, entonces es tónico; «en» es una preposición, entonces es átona; «el» es un artículo determinativo, entonces átono; «parque» es un sustantivo, entonces tónico.

2. «Mi perro está con su amigo.»
/mi.pé.ro.es.tá.kon.su.a.mí.go/
[mi.pé.ro.es̬.tá.kon.swa.mí.ɣo]

Explicación: «mi» es un adjetivo posesivo (átono); «perro» es un sustantivo (tónico); «está» es un verbo (tónico); «con» es una preposición (átona); «su» es un adjetivo posesivo (átono); «amigo» es un sustantivo (tónico).

3. «Me preocupo porque no está bien.»
/me.pre.o.kú.po.por.ke.nó.es.tá.bién/
[me.pre̯.o.kú.po.por.ke.nó.es̬.tá.βjén]

Explicación: «me» es un pronombre reflexivo (átono); «preocupo» es un verbo (tónico); «porque» es una conjunción (átona); «no» es una negación y tónica; «está» como verbo será tónica; «bien» como adverbio también será tónica.

4. «¿Dónde está la biblioteca?»
/dón.de.es.tá.la.bi.blio.té.ka/
[dón̪.de:s̬.tá.la.βi.βljo.té.ka]

Explicación: «dónde» es una palabra interrogativa (tónica); «está» es un verbo (tónico); «la» es un artículo determinativo (átono); «biblioteca» es un sustantivo (tónico).

5. «Es sólo uno de los problemas con esta teoría.»
/és.só.lo.ú.no.de.los.pro.blé.mas.ko.nés.ta.te.o.rí.a/
[és.só.lo̯.ú.no.ðe.los.pro.βlé.mas.ko.nés̬.ta.te.o.rí.a]

Explicación: «es» es un verbo (tónico); «sólo» es un adverbio (tónico); «uno» es un numeral (tónico); «de» es una preposición (átona); «los» es un artículo determinativo (átono); «problemas» es un sustantivo (tónico); «con» es una preposición (átona); «esta» es un adjetivo demostrativo (tónico); «teoría» es un sustantivo (tónico).

Conteste individualmente o en grupo las siguientes preguntas.

1. Explique la función que tiene la acentuación ortográfica en **las palabras monosilábicas** y dé algunos ejemplos.

2. Analice esta **transcripción estrecha** y explique por qué se acentúan o no las palabras indicadas: [a.mí.me.ɟús̪.ta.la.ma.té.rja]

3. ¿Qué tienen en común **las palabras átonas** en cuanto a su función en el enunciado?

4. Explique la diferencia entre las dos transcripciones que siguen en cuanto a la acentuación: «Señor López está» [se.ɲor.ló.pe.ses̪.tá] y «Este señor está» [és̪.te.se.ɲó.res̪.tá]

5. En sus propias palabras, ¿cuál es la diferencia entre **la transcripción estrecha** y **la amplia**? Dé ejemplos detallados.

5-7. Verificación

Conteste en grupo las siguientes preguntas.

1. En cuanto a los alófonos de los fonemas mencionados /b, d, g, n, s/ en español, ¿habrá ajustes parecidos en el inglés? Considere el listado de palabras en inglés que sigue e identifique el marco lingüístico para aquellos fonemas anteriormente indicados:

  a. «bear, cab, about»

  b. «door, sold, advertise»

  c. «ground, tag, egregious»

  d. «English, infamous, canyon»

  e. «sale, asterisk, reside»

2. La «p, t, k» en posición inicial de palabra en inglés se aspiran, es decir que se articulan con una aspiración de aire. Las transcripciones correspondientes son [pʰ], [tʰ], y [kʰ], respectivamente. Compare las realizaciones alofónicas de los fonemas /p, t, k/ en inglés en los pares de palabras siguientes:

  a. «port» y «sport»

  b. «table» y «stable»

  c. «car» y «scar»

¿Cómo se diferencian las articulaciones?

3. Investigue la oclusiva alveolar sonora [d] en inglés y compárela con la oclusiva dental sonora [d] en español:

  «study» [d] v. «estudia» [d]

Síntesis

5-8. Aplicación

Complete individualmente la siguiente actividad.

Vuelva al Estudio de Campo 3-12, p. 65, y ahora transcriba, usando los alófonos, lo que se escucha y averigüe si los datos recogidos siguen las pautas de la teoría. ¿Hay desviaciones de la teoría? Dé ejemplos.

5-9. Investigación

Pídale a otra persona en la clase (de habla hispana o no) que lea estos pares de palabras dos veces y haga una grabación. Transcriba lo que se escucha y compare los datos recogidos con la transcripción estrecha normativa provista.

1. «sardo»   [sáɾ.ðo]   _____

   «saldo»   [sál̪.do]   _____

2. «donde»   [doṉ.de]   _____

   «pongo»   [póŋ.go]   _____

3. «injusto»   [iɲ.xús̪.to]   _____

   «industria»   [in̪.dús̪.tɾja]   _____

4. «de España»   [de.es.pá.ɲa] o [de:s.pá.ɲa]   _____

   «es de España» [éẓ.ðe.es. pá.ɲa] o [éẓ.ðe:s.pá.ɲa]   _____

5. «en julio»   [eŋ.xú.ljo]   _____

   «en mayo»   [em.má.jo]   _____

6. «enchufar»   [eň.tʃu.fáɾ]   _____

   «encadenar»   [eŋ.ka.ðe.náɾ] _____

7. «espalda»   [es.pal̪.da]   _____

   «balde»   [bál̪.de]   _____

8. «caldo»   [kál̪.do]   _____

   «salgo»   [sál.ɣo]   _____

9. «conllevar»   [koɲ.je.βáɾ] o [koɲ.ʎe.βáɾ]   _____

   «enyesar»   [eɲ.je.sáɾ]   _____

10. «envase»   [em.bá.se]   _____

    «información» [iɱ.foɾ.ma.sjón]   _____

Oscar Castro, un escritor chileno regional, escribe ortográficamente tal y como habla la gente de pueblo. A continuación hay seis palabras que muestran estos procesos del habla. Analice los datos provistos y luego rellene la información pedida en las columnas. Siga el modelo:

Datos	Ortografía normativa	Transcripción amplia	Transcripción estrecha	Comentarios
1. «usté»	«usted»	/us.téd/	[us̺.téð]	La fricativa dental [ð] se debilita hasta perderse dejando abierta la sílaba
2. «too»				
3. «aentro»				
4. «agüelo»				
5. «mieo»				
6. «agora»				

Apunte en su diario sus reflexiones sobre la siguiente pregunta.

Pensando en la coexistencia del español y el inglés en los Estados Unidos, ¿qué influencia tendrá el inglés en la alofonía del español? ¿Y el español en la del inglés? Dé algunos ejemplos cuando sea posible.

5-12. Componente de Estudio de Campo
(Materiales: literatura regional; diario electrónico)

Hay refranes populares que destacan alguna pronunciación regional que difiere de la normativa. Por ejemplo, en Chile se dice «Tomar cardo con er dedo» que quiere decir "Tomar caldo con el dedo" y es una manera de criticar la forma regional de articular la vibrante simple alveolar sonora [ɾ] en lugar de la lateral alveolar sonora [l] en posición final de sílaba.

Utilizando un recorte de un diario (electrónico) o un fragmento de literatura regional, busque evidencia cotidiana de cómo el habla ha influido en la ortografía; por ejemplo, el proceso de la simplificación consonántica ha influido en la variante ortográfica de «setiembre» en lugar de «septiembre». Clasifique las palabras en categorías diferentes y analícelas. ¿Qué pautas se destacan?

Bibliografía y enlaces recomendados

Textos

Altenberg, E. P. "The Judgment, Perception, and Production of Consonant Clusters in a Second Language." *International Review of Applied Linguistics in Language Teaching* 43 (1) (2005) 53–80.

Alvar, Manuel. "El español de los Estados Unidos: Diacronía y sincronía." *Revista de Filología Española* LXXII (1992) 469–90.

———. *Manual de dialectología hispánica: El español de América*. Barcelona: Editorial Ariel, 2000.

———. *Manual de dialectología hispánica: El español de España*. Barcelona: Editorial Ariel, 2000.

Barlow, Jessica. "The Stop-Spirant Alternation in Spanish: Converging Evidence for a Fortition Account." *Southwest Journal of Linguistics* 22 (1) (2003) 51–86.

——— . "Phonological Change and the Representation of Consonant Clusters in Spanish: A Case Study." *Clinical Linguistics and Phonetics* 19 (8) (2005) 659–79.

Cid-Hazard, Susana Margarita. "Variación de estilo en relación a la variable fonológica /s/ en el español de Santiago de Chile." *Southwest Journal of Linguistics* 22 (2) (2003) 13–43.

Moreno Fernández, Francisco. *Qué español enseñar*. Madrid: Arco Libros, 2000.

Piske, T., I. R. A. MacKay, and J. E. Flege. "Factors Affecting Degree of Foreign Accent in an L2: A Review." *Journal of Phonetics* 29 (2) 191–215.

Vaquero de Ramírez, María. *El español de América (I): Pronunciación*, 2nd ed. Madrid: Arco Libros, 1998.

Capítulo 6

La dialectología
Zonas dialectales y tendencias generales

Introducción

Objetivos

Al terminar este capítulo el estudiante podrá:

- Entender y reconocer los procesos dialectales
- Identificar las diferencias entre distintos dialectos
- Identificar los sonidos inestables del español
- (Re)conocer las zonas dialectales
- Identificar las naciones de habla hispana con sus capitales, y conocer las tendencias dialectales respectivas
- Entender el proceso de hablares en contacto y la formación de criollos

La geografía desempeña un papel importante en cuanto a la forma de hablar de sus habitantes, pero es sólo uno de los factores que influyen en la forma hablada de cualquier idioma. Por ejemplo, si está aislada la población, como es la situación de algunas regiones montañosas, probablemente habrá menos formas innovadoras porque escaseará mucha influencia exterior y no habrá mucho contacto con otras poblaciones. Pero si se mantiene contacto con otros grupos lingüísticos, como es característico de los dialectos costeños, habrá mucha innovación por los trueques o intercambios lingüísticos que se llevan a cabo para facilitar la comunicación. El objetivo de este capítulo es profundizar en el conocimiento del "dialecto" e identificar las diferencias dialectales y sus tendencias generales. De ninguna manera es exhaustiva la información provista en cuanto a los dialectos, es decir, que sólo se presentan algunos datos generales. Se espera que el estudiante investigue más profundamente esta cuestión de dialecto por haber tenido esta introducción. El propósito de este capítulo también es darle al estudiante la oportunidad de familiarizarse con las distintas formas de pronunciación característica de los dialectos del español antes de que éstos se estudien científica y fonológicamente. La formación adquirida en este capítulo será la base para los estudios más detallados. Habrá práctica con estas descripciones y refuerzo de los conceptos con grabaciones de distintos dialectos. Asimismo, el estudiante se familiarizará con los veinte países de habla hispana, sus respectivas capitales y las lenguas que se hablan en cada uno. Además se conocerán los criollos que tienen el español como base y las otras formas de expresión llamadas **hablares en contacto**. Se espera que el estudiante se interese en alguna región específica para pensar en qué dialecto se enfocará su trabajo de investigación.

Términos claves

la dialectología
los cambios lingüísticos
la alofonía
la vocal caediza
la tesis sustratística
el desdoblamiento fonológico
la labialización
el cierre vocálico
el alargamiento vocálico
   la sinéresis
la ultracorrección
la nasalización
la duplicación de la vocal tónica
la simplificación
la yodización
el costeño
el caribeño
la velarización

la aspiración
la lambdaización
el rotacismo
la glotización
la neutralización
la fricatización
el Cono Sur
el rehilamiento
el dialecto andino
el dialecto montañoso
el refuerzo
la apicalización
la palatalización
el yeísmo
la uvularización
los trueques lingüísticos
el criollo
los hablares en contacto

Repaso y preparativos

Dialecto e idioma

En el capítulo 1 se presentaron muchos términos incluyendo idioma, lengua, habla, dialecto y cómo se diferencian entre sí. La lengua, según Antonio Quilis, es un fenómeno social mientras que el habla es individual; así pues la lengua es el modelo lingüístico disponible a todos los miembros de una colectividad y el habla es la realización individual de la lengua. El habla es sinónimo de dialecto. El dialecto, pese a su significado ambiguo, se refiere a una derivación lingüística de algún sistema (idioma) que no alcanza al nivel de lengua. Normalmente los hablantes no se percatan de las sutilezas lingüísticas que caracterizan a su forma de expresión sin conscientemente ponerle atención. Para empezar a enfocar su atención en estas cuestiones, piense en los temas que siguen antes de seguir leyendo este capítulo y comparta sus opiniones con sus compañeros de clase:

- los factores que influenciarán los rasgos dialectales

- los cambios que habrá experimentado su propio idioma durante los diez últimos años en cuanto a la pronunciación

- las poblaciones étnicas que tienen impacto/presencia en su comunidad

6-1. Estimulación

A. La dialectología

En un grupo de dos o tres personas, conteste las siguientes preguntas y comparta sus opiniones con la clase.

1. ¿Cuántos dialectos del español (re)conoce Ud.?

2. ¿Cómo se diferencian entre sí estos dialectos?

3. ¿Reconoce Ud. algunos dialectos del inglés? ¿Cuáles son algunos de los más marcados? En cuanto a esos marcados, ¿por qué se destacan tanto—son distintos por sus vocales o por sus consonantes? ¿Podrá describir la peculiaridad de estos dialectos?

4. Piense en todas las películas en español que ha visto y apúntelas en una lista anotando a la vez su país de origen. Ahora, trate de recordar si tenían una forma distinta de hablar. ¿Podrá describir algunos sonidos que le llamaron la atención? Por ejemplo, algunas películas muy conocidas incluyen: *La historia oficial*, Argentina (1985); *Tres noches de un sábado*, Chile (2002); *Mujeres al borde de un ataque de nervios*, España (1987); *Cien niños esperando un tren*, Chile (1987); *María, Full of Grace*, Colombia (2004); *Fresa y chocolate*, Cuba (1992); y *Ratas, ratones, rateros*, Ecuador, (1999).

B. Investigaciones

Complete individualmente o en grupo la siguiente actividad.

1. *Un análisis cinematográfico:* Consiga una copia de una de las películas mencionadas en la actividad anterior o una que Ud. escoja. Documente las diferencias de pronunciación que se evidencian y prepare una presentación para compartir con sus compañeros de clase. Traiga la grabación a clase para complementar su presentación. Pídales a los otros que anoten las características peculiares de pronunciación también para poder comparar sus observaciones al respecto.

2. *Una investigación política:* Investigue la división política y la geografía de los países de habla hispana que siguen e imprima el mapa correspondiente: Argentina, Bolivia, Chile, Colombia, Costa Rica, Cuba, Ecuador, El Salvador, Guatemala, Honduras, México, Nicaragua, Panamá, Paraguay, Perú, Puerto Rico, República Dominicana, Uruguay, Venezuela.

a. ¿Cómo se llaman las divisiones? ¿Comunas? ¿Municipios? ¿Departamentos? ¿Provincias? ¿Regiones? ¿Distritos? ¿Estados?

b. Note la geografía y ubicación de cada división—si tiene regiones costeñas, montañosas, aisladas, etc., o con cuántos otros países limita.

c. Conserve los mapas para la próxima actividad en la sección de *Aplicación.*

Materia principal

1. Descripciones generales de algunos rasgos dialectales

En el primer capítulo se presentó cuán difícil resulta fijar una definición satisfactoria para diferenciar al idioma del dialecto; por ejemplo, como indica Nora England, "No es tan fácil decidir si dos formas relacionadas del habla son dos dialectos o dos idiomas. Hay ciertos criterios que se pueden aplicar, pero por la naturaleza gradual del desarrollo de los dialectos en idiomas, muchas veces es muy difícil decidir, en un momento dado, si tenemos dos idiomas diferentes en vez de dos dialectos del mismo idioma" (p. 17). Volviendo a este tema, en resumidas cuentas, surgen dos campos respecto a la cuestión de dialecto o idioma—el que clasifica al español, el francés, el rumano, etc., como dialectos del latín, y el que los identifica como idiomas distintos provenientes del latín. Si empleamos el criterio de la inteligibilidad mutua, el español y el rumano serían idiomas diferentes y no dialectos del mismo porque fallan en ser inteligibles mutuamente.

Optando, entonces, por la clasificación del español como un idioma aparte de los otros romances, y no dialecto del latín, **la dialectología** hispánica sería un estudio de todas las distintas formas de expresión o variedades lingüísticas que existen en el idioma del español. Ramírez define la dialectología como "una disciplina con una larga tradición y una metodología claramente definida para establecer fronteras geográficas sobre los usos de ciertas formas lingüísticas, ya sean fonológicas, morfológicas, sintácticas o léxicas" (en Manuel Alvar, *Manual de dialectología hispánica: El español de España,* p. 40). Los factores que influencian cualquier dialecto son numerosos e incluyen la región geográfica (montañosa, costeña, etc.); la escala social o el nivel económico (clase alta, media, baja); el estilo de habla (formal, informal); el tipo de texto (escrito u oral); y el ámbito o dominio sociolingüístico (casa, trabajo, universidad, etc.).

Dicho todo lo anterior, este capítulo no pretende englobar toda la riqueza y diversidad del habla hispana, tan sólo describir algunos matices lingüísticos. El objetivo de este capítulo es presentarle algunas tendencias generales características de la mayoría de la gente oriunda de determinadas regiones del habla hispana. Por consiguiente, se espera que el/la estudiante se interese en investigar más a fondo alguna región descrita utilizando estos datos como un punto de partida adecuado para poder enfocar su estudio.

La dialectología, desde un punto de vista fonológico, emprende una investigación de todos los sonidos que experimentan cambios de pronunciación, o sea, **cambios lingüísticos**. Se puede identificar tres fuentes de cambio lingüístico: interno, entre dialectos, y externo. El cambio interno se refiere a algún ajuste natural que ocurre con el transcurso de tiempo; muchas veces hay algo en la estructura que promueve el cambio. Un ejemplo sería la creación de simetría en el sistema fonológico. Un cambio entre dialectos ocurre cuando hablantes de dos dialectos del mismo idioma vuelven a establecer contacto y formas de cada dialecto entran en el otro. El tercero, el cambio externo, ocurre cuando hablantes de idiomas diferentes mantienen contacto y formas de cada idioma entran en el otro (England, pp. 25–26). La cuestión del cambio externo se desarrollará en la última sección de este capítulo con una exposición sobre los idiomas criollos y las lenguas (hablares) en contacto.

Cada clase de cambio anteriormente mencionado tendrá representación en las descripciones lingüísticas que siguen. Unas explicaciones sobre las vocales precederán al de las consonantes ya que los ajustes vocálicos son más sencillos y menos numerosos. Hay más diversidad consonántica que vocálica en los dialectos del español aunque hay mucha evidencia de la inestabilidad vocálica en las hablas rústicas. A propósito, se nota todo lo contrario en inglés—hay más variación vocálica.[1]

6-2. Comprensión

Conteste individualmente o en grupo las siguientes preguntas basando sus respuestas en el material presentado anteriormente.

1. ¿En qué consiste **la dialectología hispánica?**

2. ¿Cuales son algunos de los factores que influencian en los dialectos?

3. ¿Qué significa **la inteligibilidad mutua?** ¿Cómo se aplica a la cuestión de la diferencia entre dialecto e idioma?

4.¿En qué consiste **el cambio lingüístico?**

5. En español, ¿hay más diversidad de sonidos vocálicos o consonánticos?

a. El vocalismo

Las vocales, a diferencia de las consonantes, no varían tanto en español aunque hay algunas variaciones vocálicas destacadas en el habla. Esta variación vocálica comprende siete fenómenos principales del habla que incluyen: la vocal caediza, el desdoblamiento fonológico, la labialización de vocales, el alargamiento vocálico, el cierre vocálico, la nasalización vocálica, y la duplicación de la vocal tónica. Como se ha notado antes, la variación, tanto la vocálica como la consonántica, de sonidos se llama **la alofonía**. Las resultantes variaciones de pronunciación se llamarán alófonos. Se examinará cada uno en términos descriptivos para poder establecer algún contexto que facilite los análisis lingüísticos que siguen en otras secciones de este capítulo.

El primer fenómeno se llama **la vocal caediza**, cuyo nombre apropiado alude a la pronunciación casi imperceptible de una vocal, especialmente la «e» entre dos sonidos sibilantes (un sonido que da una especie de silbido en su articulación; la «s», por ejemplo, es sibilante), aunque existe en otros entornos (contextos) también. Antes, se pensaba que era por la influencia del náhuatl (lengua indígena) y su estructura silábica. Esta influencia indígena forma parte de lo que se llama la **tesis sustratística**, porque describe algún fenómeno que supuestamente se debe al sustrato lingüístico que, en este caso, es el náhuatl. Pero ahora, hay otros lingüistas que explican este fenómeno por la fuerza de la «s» cuando la vocal ocurre entre sibilantes. La «s» es más tensa en la altaplanicie de México y en algunas otras regiones, y esta tensión logra amortiguar la articulación vocálica. La vocal se debilita en consecuencia y apenas se percibe; no obstante, el grado de audibilidad varía mucho, así sería específico de cada región. Se ha descubierto que, aunque no siempre ocurre entre sibilantes, sí se evidencia en entornos que le preceden a una pausa. Se han documentado grados de este fenómeno en Perú, Bolivia, El Salvador, Ecuador, Colombia y Argentina (Santiago del Estero). Unos ejemplos incluyen «veces» [bésᵊs] y «antes» [an̪tᵊs] ✆ **1**. Apenas se articula la vocal «e» en la última sílaba y el sonido resultante es más como una «s» silábica que una sílaba completa.

El segundo fenómeno se llama **el desdoblamiento fonológico**, también conocido como el cero fonético de la /s/ final ante pausa, o sea, la «s» no se pronuncia. Este proceso cabe bajo el rubro de la vocal por la función doble que desempeña la vocal por la falta de la «s» en posición final. Dependiendo del dialecto, puede que se aspire la «s», es decir que tiene una articulación como la «h» [h] del inglés, o que desaparezca por completo. La escasez de «s» se evidencia tanto en la desinencia verbal («tú tiene̲s») como en el marcador de plural («la̲s voce̲s»). Esto significa que la desinencia verbal para la segunda persona singular (tú) tendrá la misma pronunciación que la tercera persona (usted), por ejemplo, en «tú dices» [tú.ði.se] y «Ud. dice» [us.téð.ði.se], o en «mi niño» [mi.ní.ɲo] y «mis niños» [mi.ní.ɲo] ✆ **2**. Se ha notado este fenómeno en Puerto Rico, República Dominicana, Cuba, Uruguay, Paraguay y en las costas de los países con litoral también.

La tercera característica se llama **la labialización** de vocales. La labialización se refiere al redondeamiento o abocinamiento de los labios que se hace para pronunciar una «o» [o]. Este fenómeno ocurre con diptongos de la secuencia «u» más «e», como se evidencia en palabras como «luego» y «pues». Entonces, en lugar de decir [lwé.ɣo] se dirá [ló.ɣo], y [pos] o [po] en lugar de [pwes] ✆ **3**. En Chile es muy común escuchar «sípo» [sí.po] y «nopo» [nó.po] en lugar de «sí, pues» y «no, pues»; este sufijo [po] resulta de este fenómeno. Esto se puede explicar con la tesis sustratística, es decir que proviene de una etapa temprana del desarrollo del español del latín. Recordemos del capítulo 1 que había tanto vocales tensas como laxas en latín, y en español algunos diptongos reemplazaron las laxas en su desarrollo. Entonces, esto refleja un retorno al idioma substrato. La labialización se evidencia en Chile, Ecuador, Perú, y en Extremadura (entre otras regiones peninsulares).

El cuarto fenómeno se llama **el cierre vocálico** y ocurre en posición final de palabra donde la fuerza articulatoria naturalmente disminuye. Aprendimos anteriormente que a diferencia de las vocales «a, e, o», para articular las vocales «i» y «u» la boca se cierra, y por eso se llaman las cerradas. El cierre, de esta forma, se aplica a la boca cuyos labios se aproximan para pronunciar estas dos vocales. En cuanto a la [i] y la [u], la [e] y la [o] son relativamente más abiertas. Recordemos que la [i] comparte más características con la [e] que comparte con las restantes. La [o] se relaciona más con la [u] por razones parecidas. El cierre vocálico (es decir que se cierra la boca para formar estos sonidos), entonces, se refiere a la [e] que se cierra para formar [i] y la [o] asimismo para formar [u]; por ejemplo, uno dirá [lé.t͡ʃi] para «leche» y [ɡá.ju] para «gallo» **4**. Este cambio de timbre de vocales afecta más a las átonas (sin acentuación o acento de intensidad) que a las tónicas (con acentuación). Hay, entre otras regiones, documentación de este fenómeno en Michoacán en México, en el habla rural de Puerto Rico y también en Castilla y León en España.

El quinto fenómeno vocálico se llama **el alargamiento vocálico** que ocurre para compensar la pérdida del sonido que le sigue. Los casos más reconocidos son los que tratan de la «d» intervocálica (entre dos vocales), por ejemplo, en palabras como «cansado». En algunos dialectos, tienden a decir [kan.sá.a.o] en lugar de «cansado» **5**. La «a» se alarga para compensar por la pérdida de la «d». Hay teorías que atribuyen este fenómeno a la influencia indígena—otra evidencia de la tesis sustratística. Ocurre en muchas regiones incluyendo a Cuba, Chile, Puerto Rico, República Dominicana (Cibao) y México (Yucatán), y también Castilla y León en España. Lo interesante de este fenómeno es que ha conducido a **la ultracorrección**—quizá en parte a los que reaccionan negativa y fuertemente contra este fenómeno de la pérdida de la «d» intervocálica—con palabras con dos vocales contiguas sin una «d» ortográfica interpuesta. Por eso, algunos dirán [ta.ɾé.ða] en lugar de «tarea» o [ba.ka.lá.ðo] por «bacalao» **6**, con una consonante epentética por ultracorregir la falta de la «d» en los otros contextos. En algunas regiones rurales, en lugar de alargar la vocal idéntica, se lleva a cabo una contracción de las dos y sólo se articula una. Este fenómoeno se llama **la sinéresis**.

La nasalización vocálica representa el sexto fenómeno vocálico. Este es probablemente el más lógico porque es condicionado por el contexto nasal, es decir, que la vocal se nasaliza naturalmente donde le sigue una nasal, «m, n, ñ», como en la palabra «empresa» [ẽm.pɾé.sa] Pero como fenómeno llega a su cenit con el español antillano donde se realiza con más intensidad y frecuencia, especialmente en Puerto Rico, Cuba y República Dominicana. Sin embargo, hay documentación de la nasalización en los estados del norte de México y en Panamá. El español antillano se caracteriza por la tendencia a velarizar (una nasal velar es la «n» de «vengo» [béŋ.go]) las nasales en posición final de sílaba, dando así más fuerza nasal a la vocal que le precede. Un ejemplo se verifica con la palabra «con» [kõŋ], con la nasal velarizada ✇7.

El último fenómeno descrito aquí es **la duplicación de la vocal tónica**. En lugar de decir «él» uno diría [é.el], o [pa.pé.el] para «papel» ✇8. Este fenómeno ocurre en toda posición y es característico del español canario.

Los cuadros que siguen resumen todos los datos importantes en cuanto a las vocales que acabamos de describir.

Figura 6.1 Resumen de los ajustes vocálicos

Ajuste vocálico	Descripción
1. Vocal caediza	La articulación de la vocal «e» se amortigua por la presencia de dos sibilantes a su alrededor: [bósᵉs] «voces»
2. Desdoblamiento fonológico	El cero fonético; la «s» no se pronuncia: [lo.ní.ɲo] «los niños»
3. Labialización	El diptongo «ue» se articula como «o»: [ló.ʝo] «luego»
4. Cierre vocálico	La «e» se articula como «i» y la «o» se articula como «u»: [pi.ru] «pero»
5. Alargamiento vocálico	Cuando una «d» intervocálica se pierde y la vocal anterior se alarga en consecuencia: [a.ßlá.a.o] «hablado»
6. Nasalización	Las vocales en el contexto de alguna nasal «m, n, ñ» se nasalizan: [ẽŋ.xáw.la] «enjaula»
7. Duplicación de la vocal tónica	La vocal acentuada se alarga como si hubiera dos vocales ortográficas: [é.el] «él»

Figura 6.2 La dialectología—ajustes vocálicos

Ajuste vocálico	Dialecto(s)
Vocal caediza	México (altaplanicie)
	Perú
	Bolivia
	El Salvador
	Ecuador
	Colombia
	Argentina (Santiago del Estero)
Desdoblamiento fonológico	Puerto Rico
	República Dominicana
	Cuba
	Uruguay
	Paraguay
Labialización de vocales	España
	Chile
	Ecuador
	Perú
Alargamiento vocálico	Cuba
	Chile
	Puerto Rico
	República Dominicana (Cibao)
	México (Yucatán)
	España
Cierre vocálico	México (Michoacán)
	Puerto Rico (rural)
	España
Nasalización vocálica	Puerto Rico
	Cuba
	República Dominicana
	México (estados del norte)
	Panamá
Duplicación de la vocal tónica	Islas Canarias

6-3. Comprensión

Conteste individualmente o en grupo las siguientes preguntas basando sus respuestas en el material presentado anteriormente.

1. ¿Qué fenómeno se evidencia por la pronunciación de [ló.Υo] en lugar de «luego»?

2. En cuanto a las vocales, ¿a qué se refiere el término **caediza**?

3. ¿En qué consiste **la duplicación de la vocal tónica**? Dé algún ejemplo.

4. ¿Cómo se llama el fenómeno que caracteriza al habla canaria?

5. ¿Por qué **se nasalizan** las vocales? ¿En qué contextos se nasalizan?

b. El consonantismo

La variación consonántica es más frecuente que la vocálica e identifica la diferenciación marcada entre dialectos. Es decir que los dialectos se destacan más fácilmente por la pronunciación distinta de las consonantes. En español, no todas las consonantes son estables; algunas consonantes están más sujetas a cambios que otras. Las siguientes forman el grupo más inestable del idioma: /b/ para «b, v»; /tʃ/ para «ch»; /d/ para «d»; /g/ para «g»; /j/ para «y, ll» y «hi» más vocal; /l/ para «l»; /n/ para «n»; /ɾ/ para «r»; /r/ para «r, rr»; /s/ para «s»; y /x/ para «g, j, x». Se presentará cada sonido con su **alofonía** (variación de pronunciación) a continuación; además, sería conveniente tener un mapa impreso de cada nación para poder ubicar las regiones mencionadas y reforzar el contenido. Cada país de habla hispana tiene tanta diversidad dialectal que se debe a muchos factores, incluyendo una geografía variable que abarca regiones montañosas, costeñas y bajas todas dentro del mismo país. La página web de www.ethnologue.com dispone de muchos mapas y muy adecuados para esta discusión de la geografía y topografía. Habrá un desarrollo de esta misma cuestión de alofonía con la notación lingüística apropiada en otras secciones de este capítulo.

Una de las características de toda habla hispana es la tendencia a simplificar grupos consonánticos en una misma palabra, y se llama **la simplificación.** Hay varios articuladores que funcionan conjuntamente para producir las consonantes y, a diferencia de las vocales, muchas veces es difícil pasar de una a otra. Por consiguiente, uno simplifica el grupo para facilitar la pronunciación. Los recursos que se emplean se diferencian entre sí, por ejemplo, una de las estrategias convierte el grupo consonántico en diptongo y este proceso se llama **la yodización.** La yod es la paravocal [j]—la vocal debilitada de «reina» [réi̯.na] y de «rey» [réi̯]—que ocurre en diptongos. La yodización, entonces, es el proceso de hacer una yod donde normalmente no la hay. Un ejemplo ocurre con la palabra «concepto», donde en lugar de decir [kon.sép.to] una persona dirá [kon.séj.to] ✺ **9**. Otros dialectos, en lugar de hacer un diptongo para simplificar el grupo, cambiarán la consonante en cuestión, diciendo [kon.sék.to] en vez de [kon.sép.to] ✺ **10**. Otra estrategia es eliminar uno de los sonidos problemáticos; por ejemplo, con la palabra «septiembre» en algunos dialectos dirán [se.tjém.bre] quitando la «p» ✺ **11**. Esto ha afectado hasta la ortografía porque se puede escribir el mes de «septiembre» sin la «p» ortográfica, «setiembre».

La simplificación ha ocurrido en toda etapa del desarrollo del idioma; podemos ver algunas señales de este proceso en palabras si se compara «oscuro» con su forma más temprana, «obscuro». Ahora examinaremos algunas tendencias que distinguen entre los dialectos del español.

1. El caribeño y el costeño

En términos de la dialectología, el caribe incluye a Cuba, República Dominicana, Puerto Rico, la costa de Venezuela, el norte de Colombia y el área oriental de Panamá.

El costeño abarca al caribeño y también a los dialectos de las costas del Atlántico y Pacífico.

Una de las características más marcadas del **español caribeño es la velarización** nasal en posición final de sílaba. Una nasal velar es la que sale inmediatamente antes de otro sonido velar [k, g, x, w]. La pronunciación de la «n» de la palabra «tengo» [tén.go] es un ejemplo de una nasal velar. Lo interesante es que en estos dialectos, se velariza en posición final sin que haya otro sonido velar que le siga. Las naciones que se caracterizan con esta velarización incluyen Cuba, Costa Rica, República Dominicana, El Salvador, Guatemala, Honduras, México (Acapulco y Veracruz), Nicaragua, Panamá y Puerto Rico. Uno diría [eŋ] con la nasal velarizada, para «en» 🕪 **12**.

Normalmente, la velarización nasal y la aspiración de la [s] van de la mano, pero veremos que la aspiración de la «s» no se limita a las regiones caribeñas. **La aspiración** de la [s] se refiere a una pronunciación que se asemeja a la [h] de la palabra «her» del inglés. Entonces, en lugar de decir «los niños» uno diría [loh.ní.ɲoh] 🕪 **13**. Este fenómeno ocurre en muchos países incluyendo a Colombia, Chile, Cuba, República Dominicana, El Salvador, Honduras, México (Acapulco y Veracruz), Nicaragua, Panamá, Perú, Puerto Rico, Uruguay y Venezuela. En Guatemala, hay documentación, en algunos dialectos, de una articulación apical [s̪], es decir, como si se realizara con un silbido. Este mismo sonido se realizará también en los dialectos de España.

Aprendimos en el capítulo 4 que la [l] y la [ɾ] comparten muchas características en cuanto a su pronunciación. Algunos idiomas, por ejemplo, sólo disponen de una de ellas—o la [ɾ] o la [l]. En español muchas veces la distinción que normalmente existe entre estos dos sonidos se neutraliza, es decir que no hay distinción. Por las semejanzas que comparten, no es sorprendente escuchar la articulación de una por la otra aunque cause confusión en algunos casos. Este reemplazo ocurre en posición final de sílaba o palabra, entonces, uno pronunciaría [ɾ] para [l], o [l] para [ɾ]. Si la [ɾ] reemplaza la [l] este proceso se llama **rotacismo**; si la [l] reemplaza la [ɾ] se llama **lambdaización**. Un ejemplo del **rotacismo** sería si uno dijera [páɾ.ta] en lugar de [pál.ta] «palta» 🕪 **14**. La lambdaización se evidencia con la pronunciación de [bel.dáð] en lugar de [beɾ.ðáð] «verdad» 🕪 **15**. Estos procesos se llevan a cabo en Cuba, República Dominicana, Ecuador, Honduras, Panamá y Puerto Rico.

Otro sonido muy afectado en los dialectos costeños es el sonido que corresponde a la [x] en la palabra «mexicano», y/o también con la grafía «j» en «jinete» y «g» más «i» o «e» en «gente» o «girar». En estos dialectos el sonido resultante se asemeja más a la aspiración de la «s», entonces, es como la [h] «h» del inglés; o sea, es débil. Uno diría [hús.to] en vez de [xús.to] «justo» 🕪 **16**; este proceso se llama **la glotización**. Los países que tienen esta característica son Colombia, Cuba, República Dominicana, Guatemala, Honduras, Nicaragua, Perú y Puerto Rico.

Las nasales son marcadas por mucha variación y en algunas regiones ocurre **la neutralización** nasal en posición final de palabra, favoreciendo la pronunciación de «m» en lugar de «n» en posición final de palabra. Se diría [á.ßlam] en lugar de [á.ßlan] «hablan» ❧ **17**. Este fenómeno ocurre en Guatemala, Honduras y también en México en la Península Yucatán.

El dígrafo «ch» sufre algunos cambios también. Por ser un sonido compuesto de dos articulaciones distintas, una oclusiva y una fricativa, su pronunciación está sujeta a la simplificación de consonantes. Este fenómeno se llama **la fricatización** porque la articulación fricativa es la que se mantiene, en algunos dialectos, donde la «ch» se emite como una «sh» del inglés. Entonces, en lugar de decir [tʃí.ko] uno diría [ʃí.ko] «chico» ❧ **18**. Ésta es característica del habla de Panamá y también en ciertas regiones de México.

6-4. Comprensión

Conteste individualmente o en grupo las siguientes preguntas basando sus respuestas en el material presentado anteriormente.

1. En cuanto a las consonantes, ¿cuál es el proceso que casi todo dialecto practica?

2. ¿En qué consiste **la velarización** nasal? Dé algún ejemplo.

3. Si uno dice [pwél.to] en lugar de [pwéɾ.to] «puerto», ¿a qué proceso refiere?

4. Nombre una de las características del **habla costeña** y explique su significado.

5. ¿A qué se refiere **la glotización**? Dé algún ejemplo.

2. El Cono Sur

Hay cuatro países que forman **el Cono Sur**: Chile, Argentina, Uruguay y Paraguay. Tanto el habla chilena como el habla paraguaya son muy marcadas en cuanto a su pronunciación por la influencia indígena entre otros factores. Por su parte, Argentina y Uruguay comparten muchas características destacadas del habla. Una es la marcada pronunciación de la [j]. El término lingüístico es **el rehilamiento** y se refiere al refuerzo que reciben estos sonidos. Antes, era como la «s» de la palabra «meaₛure» [ʒ] en inglés, pero ahora es muy parecido a la «sh» de la palabra «ₛheep» [ʃ] del inglés. Se pronunciaría este sonido en las palabras [ʃó] «yo» y [ʃá.mo] «llamo» en lugar del sonido estándar [j] que dan la «y» y la «ll» ❧ **19**.

El habla de Chile es bastante marcada también. Algunos rasgos muy identificadores incluyen la «ch» y la «tr». En la mayoría de los dialectos, la «ch» es como la del inglés, es decir una «t» más un sonido como «sh» en inglés, como al final de la palabra «catₛh». Pero en Chile es como una «t» más una «s», como los dos sonidos finales de la palabra «caₜs» en inglés; por ejemplo, en la articulación de «ocho» [ó.tso] y «chileno» [tsi.lé.no]. La «tr» en Chile muchas veces se realiza con la «tr» del inglés; se diría [tʃrés] en ves de [trés] «tres» ❧ **20**.

En Paraguay, hay dos idiomas oficiales: el español y el guaraní. Lo interesante del habla paraguaya es que se ha conservado la diferencia entre «ll» y «y». La «ll» (la lateral palatal, /ʎ/) es pronunciada como una «l» más una «y». Entonces, habría una distinción articulatoria entre «cayó» [ka.jó] y «calló» [ka.ʎó] ❧ **21**. Otros rasgos distintivos incluyen una pronunciación alveolar de la «t» y «d». Aprendimos en el capítulo 4 que estos sonidos en español son dentales, es decir que el ápice de la lengua toca contra los dientes superiores. Sin embargo, con una articulación alveolar, la «t» y «d» del habla paraguaya se asemejan a las del inglés, cuya pronunciación es alveolar también.[2] Hay otra característica e incluye la neutralización de la [d] y la [t] en posición final de palabra, favoreciendo la articulación de la [t]. Se diría [rét] en lugar de [réð] «red» ✇**22**.

3. El habla montañosa

En las Américas hay dos cordilleras grandes que se destacan por la forma de hablar de sus habitantes. La cordillera de los Andes forma parte de Chile, Argentina, Perú, Bolivia, Ecuador, Colombia y Venezuela, y se extiende al norte como la Sierra Madre de México. Por consiguiente, cada uno de estos países tendrá dialectos montañosos. **Los dialectos andinos**, y **montañosos** en general, compartirán características por estar tan aislados de los demás. Hay ciertas tendencias comunes entre los dialectos montañosos y los examinaremos a continuación.

En muchos dialectos andinos, hay **refuerzo** de la [b, d, g] aun cuando no les siguen a nasales. Se destacó en el capítulo 5 que estas oclusivas sonoras se debilitan en entornos intervocálicos, entre otros contextos, pero en los dialectos andinos, no se debilitan. Se dirá [á.go] ✇**23** en vez de [á.ɣo] «hago». Hay documentación de este fenómeno en Venezuela, pero también en El Salvador y Honduras.

La [s] que se aspira [h] en los dialectos costeños mantiene su integridad en los montañosos. En algunas hablas se realiza en posición apical [s̺], como por ejemplo en Bolivia, así este fenómeno se llama **la apicalización**. El ápice de la lengua se retrae levemente al tocar la protuberancia alveolar. Se dirá [pás̺] ✇**24** en vez de [pás] «paz».

El montañoso comparte una característica con el costeño: muchas veces la nasal [n] se velariza en posición final de palabra. En algunos dialectos se elide (desaparece) dejando una vocal nasalizada de reposición. Se dirá [sá.lẽ] ✇**25** en vez de [sá.len] «salen».

Otra característica de los dialectos de montaña es **la fricatización** de la [r]. Este sonido se verifica como la «s» de la palabra «measure» [ʒ] en inglés. Se dirá [ká.ʒo] ✇**26** en lugar de [ká.ro] «carro». Esta tendencia ocurre en Argentina, Chile, Colombia, Perú, Ecuador, Venezuela y Bolivia. Hay documentación de esta articulación en Guatemala también.

6-5. Comprensión

Conteste individualmente o en grupo las siguientes preguntas basando sus respuestas en el material presentado anteriormente.

1. ¿Cuáles países forman **el Cono Sur**?

2. ¿Qué sonido se ha conservado en el habla paraguaya?

3. ¿Qué característica comparten **el montañoso** y **el costeño**?

4. ¿Qué países tienen un **dialecto andino**?

5. Por lo general, ¿se aspira la «s» en los **dialectos montañosos**?

4. La Península Ibérica

España ocupa aproximadamente el 85% de la Península Ibérica, compartiéndola con Portugal y Andorra. Hay cuatro idiomas propios y muchos dialectos que coexisten en España. Entre los idiomas cuentan el español, el catalán, el gallego y el vascuence. En cuanto a variedades regionales, hay el leonés y el aragonés que han surgido como dialectos del latín porque no llegaron a alcanzar la categoría de lenguas (García Mouton, p. 16). El aragonés se habla en Aragón y se difiere mucho del español porque contiene muchas formas que representan una etapa intermedia en el desarrollo del español. Algunos ejemplos del dialecto incluyen la palabra «choven» para «joven» y los artículos «o, lo, ro» para «el» y «a, la, ra» para «la». El leonés, hablado en León, tiene algunas tendencias identificadoras como **la palatalización** de nasales; uno diría [ɲó] en lugar de [nó] «no». Además hay formas neutras que no existen en español, como la forma adjetival de [bláŋ.ku] para «blanco» ✽ **27**.

Las variedades internas del español se pueden dividir en dos categorías muy amplias e incluyen la norte (y central) y la sur, o la meridional. La norte es identificada como la más conservadora y la más cercana al modelo del idioma; se dice que la variedad hablada en Burgos y en Valladolid son las "mejores" o sea, las más correctas y las menos marcadas. Entonces, estos dialectos adhieren más fielmente al inventario fonémico de veinticinco componentes—veinte fonemas consonánticos y cinco vocálicos. Hay variación, sin embargo, con la distinción entre la fricativa palatal /j/ (el sonido que dan la «y» o «hi» más vocal) y la lateral palatal /ʎ/ (el sonido que da la «ll»; es como una «l» más «y»). En algunos sectores, la [j] transcribe ambas la «ll» y la «y», así pues se articulan de igual manera. El fenómeno de articular estas dos grafías de igual manera se llama **el yeísmo**.

Por otro lado, el dialecto de las regiones del sur es considerado el más evolucionado, y, a la vez, el más marcado. Examinaremos a continuación las desviaciones de los dialectos meridionales, que incluyen el extremeño, el murciano, el andaluz y el canario.

El extremeño comparte algunas tendencias con el murciano aunque éste tiene algunas que no comparte el extremeño. Los dos se caracterizan con **la aspiración** de la [s], que se realiza como una fricativa glótica sorda [h], y **la glotización** de la [x], que se realiza con menos fuerza [h], como en las palabras «tos» [tóh] y «ajo» [á.ho] ✽ **28**. Además hay **la neutralización** de la [l] y la [ɾ]; todas éstas son las desviaciones que vemos en el costeño de las Américas. Lo que hay de diferenciador en el murciano es la abertura de diptongo, es decir en lugar de decir «veinte» [béjn̪.te] uno diría [bájn̪.te] ✽ **29**. La vocal [a] se verifica con mayor abertura que la [e].

El andaluz tiene muchas características interesantes, por ejemplo, la [l, ɾ, n] en posición final de palabra se eliden mientras que la [l] y la [ɾ] en posición final de sílaba se neutralizan. Lo identificador del andaluz es el empleo de infijos. Un infijo es la inserción de grafías o morfemas en el cuerpo de una palabra. Un ejemplo es el infijo «n» en la palabra «mucho»; en murciano uno diría [múṅ.ʧo] ✺**30**. También hay **la apicalización** de la [s], cuya realización es [s̺]; la «s» de «sopa» tendría la pronunciación [s̺ó.pa] ✺**31**. Vimos esta característica en el guatemalteco anteriormente presentado.

El canario comparte muchos rasgos con el caribeño, por ejemplo **la aspiración** de la «s» [h] en posición final de sílaba; **la velarización** de la nasal «n» [ŋ] en posición final de sílaba; y **la neutralización** de las líquidas [l, ɾ] en posición final de sílaba.

El español se habla en los dos enclaves de Ceuta y Melilla en África. Éstos representan dos de las diecinueve comunidades autónomas de España. Desafortunadamente, no hay mucha investigación sobre los dialectos de estas comunidades africanas.

Aparte de su presencia africana, la importancia del español como idioma internacional va creciendo; como evidencia, tenemos los muchos países donde se habla el español, incluyendo Andorra, Australia, Bélgica, Belice, Canadá, las Islas Caimanes, Guinea Ecuatorial, Finlandia, Francia, Marruecos y Estados Unidos. También se destaca el español como uno de los seis idiomas oficiales de las Naciones Unidas.

2. Otros idiomas en España

Además del español, hay tres idiomas hablados en España: el gallego y el catalán, que son romances, y el vascuence, cuyos orígenes son inciertos. Hay muchos dialectos provenientes de cada uno debiendo al contacto que se mantiene entre todos. El catalán es la lengua oficial de Andorra, Alguer, y (desde 1983) Baleares, y la cooficial (desde 1979, con español) de Cataluña. Hay dos categorías de dialectos del catalán: el oriental y el occidental. El occidental es el más conservador de los dos. Incluidos en la clasificación oriental caben rosellonés, central, balear y alguer; y en la occidental, pallarés, tortosino, ribagorzano y el valenciano. El caso del catalán de Valencia es interesante, porque los de esa región dicen que no hablan catalán sino valenciano porque creen que los dos códigos se diferencian mucho. Ha habido mucha controversia y manifestaciones últimamente acerca de la legitimidad del valenciano como un idioma aparte, y esta cuestión seguirá siendo un tema controvertido. Así, se vuelve a la cuestión difícil anteriormente planteada—¿cómo diferenciar entre idioma y dialecto?

El español que mantiene contacto con el catalán queda influenciado por sus características. Como consecuencia de esta influencia, el español del este mantiene la pronunciación de la «d» intervocálica que normalmente, en este entorno, se debilita fuera de este contacto.

El vascuence, la lengua oficial de Euskadi y partes de Francia, no tiene ninguna relación con los otros idiomas conocidos. Es una lengua aglutinante que funciona por prefijos y sufijos, pero tiene un sistema fonético muy parecido al español.

3. Influencias y aportes de otros idiomas

El español ha recibido un rico aporte de vocablos, morfemas y sonidos provenientes de muchas lenguas extranjeras, incluyendo influencia árabe, indígena, griega, africana, italiana, portuguesa e inglesa. Ahora examinaremos algunas de estas influencias y cómo se evidencian en la pronunciación del español por el contacto.

En cuanto al aporte árabe, le debe **la uvularización** de la /x/ que transcribe «x, g, j», o sea, un sonido [X] uvular (un sonido del inventario árabe), como en el ejemplo [Xwé.ßes] «jueves» ✸32. La influencia indígena le ha proporcionado el grupo consonántico «tl» en posición inicial, como en [tla.kó.jo] «tlacoyo» ✸33, y final de sílaba, como en [ná.watl] «náhuatl» ✸34; además la cerrazón vocálica, porque en muchos idiomas indígenas sólo hay tres vocales: [i, u, a]. Y por la influencia africana, existe el fenómeno del rotacismo cuando se articula la [ɾ] en lugar de una [l], como en [áɾ.to] ✸35 en lugar de [áḷ.to] «alto».

A continuación en figura 6.3 se resumen todos los procesos consonánticos del habla hispana.

Figura 6.3 Resumen de los procesos consonánticos

Región	Proceso consonántico
Caribeña y costeña	Velarización de la /n/
	Aspiración de la /s/
	Rotacismo de la /l/
	Lambdaización de la /ɾ/
	Glotización de la /x/
	Neutralización de la /n/
	Fricatización de la /tʃ/
Cono Sur	Rehilamiento de la /j/
	Realización de la [tʃɾ] en lugar de [tɾ]
Montañosa	Refuerzo de las oclusivas sonoras /b, d, g/
	Apicalización de la /s/
	Fricatización de la /r/
Peninsular	Palatalización de la /n/
	Aspiración de la /s/
	Glotización de la /x/
	Neutralización de las líquidas /l, ɾ/
	Apicalización de la /s/
	Velarización de la /n/

Volviendo a las lenguas en contacto, a continuación en figura 6.4 se encuentra una lista de todos los países de habla hispana con la cantidad de todas las lenguas documentadas (vivas) y los sonidos marcados. Esta información sirve como introducción para la próxima sección sobre las lenguas en contacto y la formación de criollos.

Figura 6.4 Datos lingüísticos de las naciones hispanas

País	Lenguas vivas*	Grafías para los sonidos distintivos
Argentina	25	«ll, y»
Bolivia	37	«ll, n, s»
Chile	9	«b, ch, s, v»
Colombia	78	«g, s, rr»
Costa Rica	10	«d, n, r, y»
Cuba	1	«l, n, r, s, x»
Ecuador	22	«d, l, r, s»
El Salvador	5	«b, d, g, n, s, y»
España	13	«c, d, ll, s, z»
Guatemala	54	«n, rr, s, x, y»
Honduras	11	«b, d, f, g, l, r, s, x, y»
México	288	«ch, e, n, rr, s»
Nicaragua	7	«b, d, g, n, s, x»
Panamá	14	«ch, d, l, n, r»
Paraguay	20	«ch, d, ll, y»
Perú	92	«d, s, x»
Puerto Rico	3	«d, n, r, rr, s, y»
República Dominicana	4	«d, l, n, r, s, x, y»
Uruguay	2	«d, ll, s, y»
Venezuela	40	«b, d, g, r, s, y»

*Fuente: www.ethnologue.com (12-15-04).

6-6. Comprensión

Conteste individualmente o en grupo las siguientes preguntas basando sus respuestas en el material presentado anteriormente.

1. Nombre las dos clasificaciones de las variedades internas del español de España.

2. El **aragonés** ha conservado formas antiguas del desarrollo histórico del español; identifique una de éstas.

3. ¿Qué rasgo identificador tiene el **andaluz**?

4. ¿Qué característica del habla comparte el **canario** con el **caribeño**?

5. Nombre las fuentes lingüísticas que han influenciado en el español.

4. Los criollos del español

El deseo de comunicarse entre personas de diferentes idiomas impulsa a la gente a establecer un código comprensible a todos lleno de **trueques lingüísticos** de ambos inventarios. La forma rudimentaria que resulta de estas concesiones se llama "pidgin"; y en su formación siempre hay una lengua dominante. Debido a sus orígenes, la resultante forma de comunicación es oral, pero cuando nacen hablantes nativos de este código forjado, asciende al nivel de **un criollo**. Escasean los criollos del español, pero existen los siguientes: el zamboangueño y el davaueño (las Filipinas); el papiamento/u

Figura 6.5 Las naciones, las capitales y las divisiones administrativas

País	Capital	Divisiones administrativas*
Argentina	Buenos Aires	Provincias (23)
Bolivia	La Paz, Sucre	Departamentos (9)
Chile	Santiago	Regiones (12 más la Metropolitana)
Colombia	Bogotá	Departamentos (32)
Costa Rica	San José	Provincias (7)
Cuba	La Habana	Provincias (14)
Ecuador	Quito	Provincias (22)
El Salvador	San Salvador	Departamentos (14)
España	Madrid	Comunidades Autónomas (19)
Guatemala	Guatemala	Departamentos (22)
Honduras	Tegucigalpa	Departamentos (18)
México	Ciudad de México	Estados (31)
Nicaragua	Managua	Departamentos (15)
Panamá	Ciudad de Panamá	Provincias (9)
Paraguay	Asunción	Departamentos (17)
Perú	Lima	Departamentos (24)
Puerto Rico	San Juan	Municipios (78)
República Dominicana	Santo Domingo	Provincias (31)
Uruguay	Montevideo	Departamentos (19)
Venezuela	Caracas	Estados (23)

*Fuente: http://www.cia.gov/cia/publications/factbook/index.html (12.19.04).

(Las Antillas—Aruba, Curaçao, Bonaire); el palenquero (la costa atlántica de Colombia); el caviteño y el ermitaño (Manila); y en las Filipinas el chabacano que surgió durante los siglos XVI y XVII a causa de la colonización por los españoles que tiene mucho vocabulario proveniente de este período.

La influencia de **los hablares en contacto**, o el contacto que se mantiene entre idiomas, no siempre conduce al nacimiento de otro idioma; pero sí hace que surja una forma distinta de hablar. El español mantiene contacto con muchos otros idiomas y el menos dominante siempre estará sujeto a más cambios de lengua. Algunos ejemplos son el "pachuco" que resulta del contacto entre el español e inglés en Arizona y en California; el "cocoliche" en Buenos Aires que es una mezcla de español e italiano; el "fragnol" también en Buenos Aires es una forma franco-española de comunicación; y, finalmente, el "inglés de escalerilla" que ha resultado por el contacto entre el español e inglés en los puertos mediterráneos.

6-7. Verificación: Análisis de datos

Lea el fragmento de "Don Beño", un cuento corto escrito por Oscar Castro, que sigue y examine la ortografía, luego conteste las preguntas.

Este sinvergüeza e mi marío, señor, por Dios, que no se le da niunita cosa por sus crías ni por naide. Too se lo toma, too lo bota por ahí con sus marditos amigos. Y lo pior es que abandona el trabajo y endespués no lo almiten más. Pero es inútil decirle ná, señor, porqu'está perdío y no le quea ni pizquita'e vergüenza. Ahora tengo a los chiquillos llorando de hambre.

—Oscar Castro, "Don Beño", en *Huellas en la tierra*, 1994

1. En términos generales al examinar la ortografía, ¿cómo ha influido el habla en el escrito?

2. Una lista de algunas desviaciones ortográficas sigue. Rellene los espacios en blanco bajo las categorías provistas siguiendo el modelo. ¿Qué pautas se notan? Ud. tendrá que volver a repasar la información del capítulo 3 sobre los procesos vocálicos para esta actividad.

Ejemplo del texto	Transcripción estrecha	Ortografía correcta	Proceso dialectal y los fonemas afectados
1. «marditos»	[maɾ.ðí.tos]	«malditos»	rotacismo /l/ → [ɾ]
2. «marío»	_____	_____	debilitamiento
3. «perdío»	[peɾ.ðí.o]	_____	_____
4. _____	[ná:]	_____	alargamiento y …
5. «porqu'está»	_____	_____	sinéresis
6. _____	[tó:]	«todo»	_____
7. «quea»	_____	«queda»	_____
8. _____	_____	«ningunita»	simplificación
9. _____	[pjóɾ]	«peor»	_____
10. «naide»	metátesis	_____	_____

Síntesis

6-8. Aplicación

Trabaje con un/a compañero/a para completar las siguientes actividades.

A.

Saque los mapas que se imprimieron para la actividad de 6-1. B #2; ahora investigue cuál(es) es el más prestigioso y cuál(es) es el menos prestigioso de todos los municipios (regiones, departamentos, etc.). ¿Por qué es así?

B.

Por su naciente interés en la lingüística, escoja algún dialecto del español e investigue cuántos datos existen en la red al respecto. ¿Qué información se encuentra?

C.

Vaya a la biblioteca o haga una búsqueda en la red para investigar el impacto de la clase social en el habla de cualquier país hispano.

6-9. Investigación

Investigue información sobre el aporte que traerán las cuestiones geográficas, sociales, políticas, etc. en el habla de algún país hispano. ¿Hay diferentes formas de hablar para los hombres y para las mujeres? ¿Qué influencias tendrán la edad de una persona, su grupo étnico o su experiencia personal en su habla?

6-10. Un poco más allá

Trabaje en un grupo de dos personas y siga las instrucciones a continuación.

Investigue más a fondo la cuestión de los criollos y hablares en contacto que se presentaron en este capítulo. Documente los cambios o ajustes que se han llevado a cabo últimamente en los basados en el español. Además, investigue la información disponible sobre los criollos basados en el inglés. ¿Cómo se comparan los datos al respecto? ¿A qué conclusiones se podrá llegar?

6-11. Reflexiones personales

Piense en el siguiente tema y apunte sus pensamientos en su diario.

En cuanto al habla, ¿qué impresiones sobre los distintos dialectos del español tenía antes de trabajar con este capítulo? Compare esas impresiones con el material provisto en este capítulo.

Bibliografía y enlaces recomendados

Páginas web

http://www.eclac.cl/celade/publica/LCR1999/LCR1999bol00e.htm (Bolivia)
http://www.zonu.com/mapas_el_salvador/m_elsalvador.htm (El Salvador)
http://www2.census.gov/geo/maps/general_ref/stco_outline/cen2k_pgsz/
stco_PR.pdf (Puerto Rico)
http://www.inforpressca.com/municipal/mapag.htm (Guatemala)
http://www.vi-e.cl/internas/aprende/lo_mejor/regiones/indice.htm (Chile)
http://www.surdelsur.com/argentinamapas/mapasdeargentina.htm (Argentina)
http://www.costaricamap.com/esp/maps.html (Costa Rica)

Textos

Alvar, Manuel. *Manual de dialectología hispánica: El español de América*. Barcelona: Editorial Ariel, 2000.
———. *Manual de dialectología hispánica: El español de España*. Barcelona: Editorial Ariel, 2000.

Álvarez Nazario, Manuel. *El habla campesina del país: Orígenes y desarrollo del español en Puerto Rico.* Río Piedras: Editorial de la Universidad de Puerto Rico, 1992.

Barlow, Jessica. "The Stop-Spirant Alternation in Spanish: Converging Evidence for a Fortition Account." *Southwest Journal of Linguistics* 22 (1) (2003) 51–86.

——— . "Phonological Change and the Representation of Consonant Clusters in Spanish: A Case Study." *Clinical Linguistics and Phonetics* 19 (8) (2005) 659–79.

Castro, Oscar. *Huellas en la tierra.* Santiago: Editorial Andrés Bello, 1994.

Chambers, J. K., and Peter Trudgill. *Dialectology*, 2nd ed. Cambridge: Cambridge Textbooks in Linguistics, 1998.

Cid-Hazard, Susana Margarita. "Variación de estilo en relación a la variable fonológica /s/ en el español de Santiago de Chile." *Southwest Journal of Linguistics* 22 (2) (2003) 13–43.

Colina, Sonia. "The Status of Word-Final [e] in Spanish." *Southwest Journal of Linguistics* 22 (1) (2003) 87–107.

England, Nora C. *La autonomía de los idiomas mayas: Historia e identidad.* Guatemala: Editorial CHOLSAMAJ, 1994.

Fontanella de Weinberg, María Beatriz. *El español bonaerense: Cuatro siglos de evolución lingüística (1580–1980).* Buenos Aires: Librería Hachette, 1987.

García Mouton, Pilar. *Cómo hablan las mujeres*, 2nd ed. Madrid: Arco Libros, 2000.

———. *Lenguas y dialectos de España.* Madrid: Arco Libros, 2002.

Hammond, Robert M. *The Sounds of Spanish: Analysis and Application.* Somerville, MA: Cascadilla Press, 2001.

Lipski, John M. *Latin American Spanish.* New York: Longman, 1994.

———, and Silvia Iglesias Recuero. *El español de América.* Madrid: Grupo Anaya Comercial, 2000.

Mar-Molinero, Clare. *The Spanish-Speaking World: A Practical Introduction to Sociolinguistic Issues.* London: Routledge, 1997.

Moreno de Alba, José G. *El español en América.* México: Fondo de Cultura Económica, 1993.

Moreno Fernández, Francisco. *Qué español enseñar.* Madrid: Arco Libros, 2000.

Penny, Ralph. *A History of the Spanish Language*, 2nd ed. Cambridge: Cambridge University Press, 2002.

———. *Variation and Change in Spanish.* Cambridge: Cambridge University Press, 2000.

Quilis, Antonio. *Principios de fonología y fonéticas españolas*, 5th ed. Madrid: Arco Libros, 2003.

Stewart, Miranda. *The Spanish Language Today.* London: Routledge, 1999.

Vaquero de Ramírez, María. *El español de América (I): Pronunciación*, 2nd ed. Madrid: Arco Libros, 1998.

Zamora, Vicente. *Dialectología española.* Madrid: Editorial Gredos, 1967.

Capítulo 7

El español y el inglés
Comparaciones y contrastes

Introducción

Objetivos

Al terminar este capítulo el estudiante podrá:

- Reconocer las diferencias entre el inventario fonémico del inglés y el del español
- Evitar la transferencia de sonidos y características del inglés al español
- Identificar y explicar las diferencias de rasgos suprasegmentales entre el inglés y el español
- Identificar las poblaciones hispanas y sus tendencias dialectales en las distintas regiones en los Estados Unidos
- Reconocer las tendencias del habla del español en los Estados Unidos

En este capítulo el estudiante tendrá la oportunidad de comparar y contrastar el inventario fonémico, la alofonía y los rasgos suprasegmentales del español con los del inglés; y como consecuencia, se va a mejorar su pronunciación en las dos lenguas.

Se establecieron anteriormente algunas diferencias entre el español y el inglés; por ejemplo, en cuanto a la estructura silábica se ha señalado que en inglés la sílaba tiende a ser trabada y en español tiende a ser abierta. En términos de la fonotáctica y las restricciones de la misma, el inglés permite una «s» más consonante en posición inicial de la sílaba, pero este grupo consonántico está prohibido en español. Entonces, la «s» queda en la posición de coda de la sílaba anterior. Por ejemplo, con la palabra «estudio», el silabeo será «es-tu-dio», con la «e» epentética necesaria. La palabra en inglés, «study», tendrá el silabeo «stud-y». Se puede ver a la vez, con este ejemplo, la predilección hacia la sílaba trabada en inglés. La cuestión de la fonotáctica tendrá más desarrollo en este capítulo en cuanto a las restricciones consonánticas en inglés. Por ejemplo, la combinación de «sr» en posición inicial de la sílaba (en la cabeza) en inglés es inexistente. Además, se examinarán las vocales consecutivas que se pueden o no se pueden diptongar en inglés.

Se va a comparar y contrastar los dos inventarios (el del inglés y el del español) tomando en cuenta las dificultades que una persona de habla inglesa puede tener en la adquisición de la pronunciación en español. Por ejemplo, si no existe algún sonido del español en inglés se examinará en este capítulo cuál será el reemplazo más lógico debido a su inventario y encontrar el fonema más parecido para el que falta en el inventario. Es decir que siempre se busca el sonido más parecido si hay carencia de algún sonido en la segunda lengua. En cuanto a la pronunciación, el aprendizaje exitoso tiene mucho que ver con la coincidencia de sonidos en los dos inventarios y/o la semejanza entre ellos.

El inventario vocálico del inglés es mucho más complejo e interesante que el del español. Es más, hay poca correspondencia entre la ortografía y su realización fonética. Por ejemplo, piense en todas las posibles pronunciaciones de la grafía «a» en inglés, en palabras tan distintas como «father, imagine, danger, Mary, tall, woman, paste», etc.; aunque se escriben con la misma grafía (la subrayada), la pronunciación de cada una es diferente. Se va a examinar el inventario fonémico del inglés y analizar las semejanzas y diferencias con el del español.

En la segunda parte del capítulo, se identificarán las regiones de Estados Unidos con la mayor concentración hispana y se examinará la pronunciación en esos territorios.

Términos claves

la familia lingüística indoeuropea
    la rama germánica
la cognación
los cognados
la interlengua
la interferencia
    la interferencia fonotáctica
    la interferencia prosódica
la transferencia
    la transferencia positiva
    la transferencia negativa
las vocales tensas
las vocales laxas
la reducción vocálica «schwa»
la clasificación de equivalencia
la consonante glótica
la oclusión glótica

las restricciones fonotácticas
la Teoría de la Optimidad
la tipología silábica
el ritmo acentual
el peso silábico
la sílaba pesada
la sílaba ligera
los patrones de entonación
la lengua oficial
la lengua nacional
los topónimos
la toponimia
monolítico
el efecto fundador
la diáspora

Repaso y preparativos

1. Repaso de las tendencias fonéticas del español

Recordemos que hay más variabilidad entre las articulaciones consonánticas en español que en las vocálicas. Las consonantes, por lo general, son más inestables y sufren cambios por la influencia de sonidos vecinos. El ritmo rápido del habla también contribuye a esta variabilidad. Así pues, se notan más procesos dialectales con un ritmo desmesurado.

Las oclusivas sonoras /b, d, g/ mantienen su modo de articulación sólo en algunos entornos específicos que incluyen posición inicial absoluta del renglón, después de nasal, y después de pausa. La dental /d/ se mantiene oclusiva también cuando siga a una lateral /l/. En los demás contextos, se articulan sus formas fricativas. Además, la nasal alveolar /n/, aunque mantiene su modo de articulación, se asimila al punto de articulación de la consonante siguiente. Esta inestabilidad de la nasal crea siete alófonos viables en la pronunciación. El punto de articulación también cambia para la lateral alveolar /l/ y la fricativa alveolar sorda /s/, que tienden a dentalizarse anterior a otras dentales /t, d/. La fricativa alveolar sorda /s/ también se sonoriza en posición anterior a otras consonantes sonoras, creando así una alofonía bastante amplia para este fonema: [s, s̪, z, z̪]; la alofonía se aumenta aún más con los procesos dialectales.

2. Repaso del silabeo en español

La estructura silábica en español se adhiere a la jerarquía de sonoridad y tiene como su cima un componente vocálico (el elemento más sonoro según la jerarquía) que puede ser simple (una vocal sola) o compuesto (un diptongo o triptongo). En cuanto a los diptongos, las siguientes agrupaciones vocálicas son posibles para la cima compuesta: «ai, au, ei, eu, ia, ie, io, iu, oi, ou, ua, ue, ui, uo». Normalmente, dos vocales consecutivas que son fuertes se separan en hiato. Sin embargo, existe la sinalefa, y con el habla desmesurada, los hablantes tienden al antihiatismo, o sea, se crea algún diptongo donde no lo hay; por ejemplo, uno tiende a decir [sja.kwés̪.ta] en lugar de [se.a.kwés̪.ta] para «se acuesta». Estas tendencias dificultan la comprensión muchas veces para los que empiezan a aprender la lengua.

En el habla se tiende a mantener la sílaba abierta y, cuando sea posible, articular una consonante en la posición de la cabeza en lugar de la coda de la sílaba anterior; por ejemplo, con la palabra «el agro» el silabeo resultante sería /e.lá.gɾo/ [e.lá.ɣɾo]. Si no es posible dejarla abierta, los hablantes tienden a debilitar o simplificar la(s) consonante(s) en la coda, como se evidencia con el ejemplo de «extender» /eks.ten.déɾ/ [es̪.ten̪.déɾ]. En español, la cabeza normalmente no tiene más de dos segmentos consonánticos con los siguientes grupos de consonantes consecutivas posibles: «bl, br, cl, cr, dr, fl, fr, gl, gr, pl, pr, tr, *tl»; recordemos el caso especial del grupo «tl» (la africada lateral, /tl/) por la influencia indígena, y que por ello lleva el asterisco que indica una forma errónea en algunos dialectos. Los grupos consonánticos no permisibles en español incluyen: «dl, sl, sr». Por razones de la fonotáctica, una «s» más consonante no se une en posición inicial de la sílaba.

3. Repaso de la acentuación

Recordemos que en español, todo polisílabo tiene acentuación que puede ser prosódica u ortográfica. Los monosílabos pueden tenerla, pero la mayoría de las veces si existe una forma acentuada, es porque existe otra forma no acentuada como en los ejemplos «mi» y «mí». Hay algunos monosílabos que son tónicos pero no tienen acentuación ortográfica, como el pronombre «ti». Aparte de esto, recordemos que la mayoría de las palabras en español son graves (paroxítonas) y conllevan la acentuación en la penúltima sílaba. Las restantes son agudas (oxítonas), esdrújulas (proparoxítonas), o sobresdrújulas (superproparoxítonas). La sílaba tónica en español se destaca por su intensidad, volumen más alto o tono más alto; por eso, se llama el acento de intensidad. La sílaba tónica no dura más que las otras. Veremos que ésta no es la cuestión del acento en inglés.

4. Repaso del inventario fonémico del español

Recordemos que el inventario vocálico de español tiene cinco fonemas /a, e, i, o, u/ y que el consonántico comprende dieciocho fonemas en las Américas y veinte en la Península. Ambos inventarios comprenden /p, b, t, d, k, g, f, s, x, j, w, tʃ, m, n, ɲ, l, ɾ, r/, y los dos restantes peninsulares incluyen /θ, ʎ/. Sin embargo, la realización de la lateral palatal [ʎ] en la práctica se ha disminuido y se usa más en las generaciones mayores y en lugares remotos. Una de las dificultades con el aprendizaje de otra lengua es que aunque la ortografía es parecida entre la lengua materna y la segunda lengua, la pronunciación no necesariamente será semejante. Este capítulo comienza con este tema para enfocar nuestro estudio.

7-1. Estimulación

En un grupo de dos o tres personas, conteste las siguientes preguntas y comparta sus opiniones con el resto de la clase.

1. ¿Qué dificultades en la pronunciación podrá tener una persona de habla inglesa al aprender a hablar el español? ¿Por qué?

2. ¿Cuáles son los sonidos más difíciles del español? ¿Por qué?

3. En términos de pronunciación, ¿cuáles son los sonidos más difíciles del inglés? ¿Por qué?

4. En términos de comprensión, ¿cuáles son los sonidos más difíciles del inglés? ¿Por qué?

5. En inglés, ¿qué procesos se ponen en marcha con el habla rápida y desmesurada?

Materia principal

1. La familia lingüística indoeuropea

El inglés, como el español, es una de las lenguas indoeuropeas cuya familia lingüística comprende más de 443 lenguas clasificadas. Aunque las dos lenguas corresponden a **la familia indoeuropea**, el español pertenece a la rama itálica mientras que el inglés pertenece a la germánica. **La rama germánica** se divide aún más y el inglés se clasifica en el grupo occidental junto con el holandés, el frisón y el alemán. Aunque es una lengua germánica, el inglés tiene influencia francesa porque el francés y el inglés convivieron durante unos trescientos años en Inglaterra, aunque el inglés ocupaba un lugar de menos prestigio. Por consiguiente, el léxico del inglés tiene **cognación** con el del español por esa influencia galorrománica. La cognación se refiere a la existencia de palabras relacionadas o semejantes, **cognados**, que se deben a la misma línea materna, en este caso, al latín. Muchas palabras con el sufijo «tion» o «sion» en inglés se deben al aporte francés, y por eso, son cognados con las palabras que terminan en «ción» o «sión» en español. Sin embargo, es importante recordar que el inglés es una lengua germánica aunque haya una coincidencia léxica con algunas lenguas romances.

La cognación no necesariamente significa que la pronunciación de los cognados en las dos lenguas es igual. La cognación normalmente se asocia con la semejanza ortográfica y semántica, pero la pronunciación depende del inventario de cada lengua. En el caso del inglés hay 40 fonemas en total con 24 fonemas consonánticos y 16 vocálicos. Es más, no hay solamente 4 fonemas adicionales en inglés porque en realidad, el inventario inglés dispone de 10 fonemas diferentes que los del español y el español tiene 7 diferentes que los del inglés. Entre los dos inventarios, hay coincidencia de sólo 14 fonemas consonánticos: /p, b, k, g, f, s, j, w, θ, tʃ, m, n, l, ɾ/. En cuanto a las vocales, el inventario inglés tiene 16 fonemas y éstos comprenden los 5 del español más otros 11. Con esta discrepancia de sonidos, no se va a encontrar mucha coincidencia de pronunciación aún entre los cognados. Veremos a continuación cómo se comparan y cómo se contrastan estos dos inventarios.

2. Las diferencias en pronunciación entre el inglés y el español

Cuando se empieza a aprender otra lengua, habrá hasta cierto punto alguna influencia, sea positiva o negativa, de la lengua materna, entre otros factores. Cuando se comienza a hablar una segunda lengua, en su camino hacia la competencia total ésta, el código o la forma inicial que sale, siempre es una forma variable e incompleta. Este código se llama **la interlengua** y se refiere a una forma imperfecta, en desarrollo. En la interlengua de un principiante, puede haber **interferencia** de otras lenguas u otros factores; por ejemplo, el conocimiento de su lengua materna puede influenciar en el aprendizaje porque ésta puede representar el único punto de referencia que tenga para las lenguas en general. Hay dos clasificaciones de interferencia: la interferencia fonotáctica y la prosódica. La **interferencia fonotáctica** se refiere a la aplicación de las restricciones de combinaciones de sonidos que existen en la lengua materna en el aprendizaje de la segunda lengua. Por ejemplo, en inglés se puede iniciar una palabra con la secuencia de «s» más consonante, como «sc, sh, sk, sl, sm, sn, sp, st, sw»; entonces, se puede creer que este grupo consonántico es permisible también en posición inicial de la sílaba. Puesto que está prohibido en español, si el principiante continúa a coarticular la «s» y otra consonante en la cabeza de la sílaba, habrá evidencia para la interferencia fonotáctica. Entonces, el principiante aplica a la segunda lengua alguna regla viable de la lengua materna, pero no funciona bien en la otra. Por otro lado, la interferencia puede afectar hasta la entonación y las pautas tonales de algunos enunciados. Este tipo de interferencia se llama **la interferencia prosódica**. La interferencia prosódica puede ser tan marcada como la fonotáctica, dejando que se identifique fácilmente como un hablante no nativo.

Volviendo al concepto de la interferencia, se llama **transferencia** cuando un aspecto de la lengua materna impacta en la adquisición de la segunda lengua. Si hay coincidencia de algunos rasgos entre la lengua materna y la otra se llama **transferencia positiva** porque alguna regla de la lengua materna también se aplica correctamente a la segunda lengua y no interfiere. Por otro lado, si la aplicación de alguna regla es incorrecta, entonces, interfiere y se llama **transferencia negativa**.

A continuación se desarrollan estos conceptos a la luz de alguna comparación entre el inventario fonémico del inglés con el del español.

a. El vocalismo del inglés

Como se ha descrito anteriormente, el vocalismo del inglés es mucho más amplio que el del español. Por eso, habrá más variedad de timbre. En el inventario vocálico del inglés, hay catorce fonemas: /ɑ, æ, ɛ, ə, ɜ, e, ɪ, i, o, ɒ, ɔ, ʊ, u, ʌ/. Algunos de éstos representan los sonidos vocálicos del inventario del español, pero se verá que éstos normalmente se articulan en inglés como vocales tensas y se transcriben con los dos triángulos (ː) a su lado. Los otros, no obstante, no forman parte del inventario del español y se verá a qué pronunciaciones se refieren. Se presentan a continuación algunas palabras del inglés con la vocal subrayada cuya articulación se encierra entre corchetes: [ɑː] «father» ☸1, [æ] «cat» ☸2, [ɛ] «said» ☸3, [ə] «alone» ☸4, [ɜː] «fern» ☸5, [eː] «state» ☸6, [ɪ] «busy» ☸7, [iː] «see» ☸8, [oː] «coat» ☸9, [ɒ] «sorry» ☸10, [ɔː] «salt» ☸11, [ʊ] «pull» ☸12, [uː] «zoo» ☸13, [ʌ] «but» ☸14.

En la parte introductoria, se presentaron algunas palabras que se escriben con la misma vocal ortográfica «a», pero que tienen pronunciaciones distintas. Con el listado provisto, ¿se podrá identificar a qué fonema pertenece cada «a» ortográfica: «father, imagine, danger, Mary, tall»?

A continuación en la figura 7.1, se presenta un dibujo del aparato fonador y la colocación respectiva de la lengua para la articulación de cada fonema vocálico.

Figura 7.1.1 Un esquema de los fonemas vocálicos del inglés

Vowels

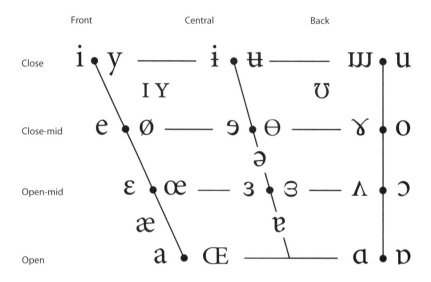

Where symbols appear in pairs, the one

to the right represents a rounded vowel.

Reprinted with permission from the International Phonetic Association (Department of Theoretical and Applied Linguistics, School of English, Aristotle University of Thessaloniki, Thessaloniki 54124, GREECE).

7.1.2 Los fonemas vocálicos del inglés

/ɑ/	bajo posterior
/æ/	bajo anterior
/ɛ/	medio anterior
/ə/	medio-bajo central
/ɜ/	medio anterior
/ɪ/	alto anterior
/i/	alto anterior
/ɒ/	bajo posterior
/ɔ/	medio posterior
/ʊ/	alto posterior
/u/	alto posterior
/ʌ/	medio-bajo central
/e/	medio anterior
/o/	medio posterior

En inglés, hay diferencias entre vocales tensas y laxas. No hay ninguna vocal en español que sea laxa, y por eso, no existe la reducción vocálica que sí se realiza en inglés. Las **vocales tensas** del inglés son monoptongales pero tienen más duración que las laxas. **Las laxas** tienen menos duración de articulación y pueden debilitarse fácilmente. Una vocal laxa se puede debilitar con más facilidad que una tensa y todas se convierten en un sonido parecido, la «schwa» [ə]. El debilitamiento no se realiza para formar algún diptongo, se mantiene íntegra en la cima simple. Esta **reducción vocálica** monoptongal no ocurre en español, entonces tardará en ser adquirida en la interlengua.

En cuanto a los diptongos, en inglés hay sólo tres y son de sucesión decreciente: [aɪ] «buy», [ɔɪ] «boy», [aʊ] «how». A diferencia del español, no hay diptongos de sucesión creciente, y, por eso un anglohablante tiende a articular dos vocales consecutivas en hiato en lugar de diptongarlas para los diptongos de sucesión creciente en español. Por ejemplo, en lugar de decir [sjé.ra] 🔊 **15**, para «sierra», se dirá *[si.é.ra] 🔊 **16**.

Parece, entonces, que un hispanohablante tenga más dificultad en articular las vocales adicionales del inglés puesto que hay mucha diversidad de timbre. Un anglohablante posiblemente tenga menos dificultad puesto que todas las vocales del inventario del español aparecen en el del inglés. Uno de los problemas que presenta el inventario vocálico del inglés tiene que ver con la vocal átona reducida [ə] que se realiza en sílabas átonas, como, por ejemplo, con la «a» en la palabra «a̱bout».

Además se complica la pronunciación del inglés por la falta de correspondencia entre la ortografía y la articulación de la grafía escrita. Se verá a continuación que la relación entre la ortografía de las consonantes y su articulación no es tan arbitraria en inglés como lo es para las vocales.

7-2. Comprensión

Conteste individualmente o en grupo las siguientes preguntas basando sus respuestas en el material presentado anteriormente.

1. ¿A qué se refiere **la cognación**? ¿Por qué comparten **cognados** el inglés y el español? Dé algún ejemplo.

2. ¿Cómo se diferencian los términos siguientes: lengua materna, segunda lengua, e **interlengua**? Dé algún ejemplo para enseñar las diferencias.

3. Dé ejemplos de palabras en inglés que se escriben con la misma vocal («i», por ejemplo), pero que se pronuncian de una manera diferente. Luego, trate de identificar a qué fonema pertenece cada una.

4. Las vocales del inglés pueden ser **tensas** o **laxas**. ¿En qué se diferencian?

5. ¿A qué se refiere **la transferencia**? ¿Cómo se distinguen la transferencia **positiva** y la **negativa**?

b. El consonantismo del inglés

El inventario consonántico del inglés tiene algunos fonemas diferentes que el del español y también tiene algunos fonemas que, aunque no pertenecen al inventario fonémico del español, forman parte de su alofonía. Además, el inventario del inglés cuenta con algunos articuladores con los que no depende tanto el del español.

El profesor James Flege ha publicado mucho sobre los aspectos fonéticos en la adquisición de una segunda lengua. Según los datos que se han recogido, parece que los sonidos que se asemejan, pero que no son idénticos, son los más difíciles en adquirirse. Por ejemplo, los sonidos dentales y los sonidos alveolares, aunque no son idénticos, se asemejan por la proximidad de estos articuladores. Para principiantes, la percepción entre los distintos puntos de articulación no es necesariamente precisa. Muchas veces los principiantes fallan en percatarse de una diferencia entre los sonidos y continúan articulando los sonidos incorrectamente. El profesor Flege ha identificado este fenómeno dándole el nombre de **la clasificación de equivalencia**. Un principiante considera iguales algunos sonidos que se diferencian por alguno de los parámetros articulatorios porque no se percata de su diferencia sutil. Según Flege, entonces, los sonidos de la segunda lengua que se asemejan más a los de la lengua materna, sin ser idénticos, serán más difíciles que los sonidos que se difieren mucho. Es decir que, con los sonidos bien diferentes, uno se percata de su diferencia y no comete el error de clasificarlos como iguales.

1. Los fonemas diferentes

Los fonemas del inglés que son diferentes de los del español incluyen estos diez: /t, d, ŋ, ʤ, v, ð, z, ʃ, ʒ, h/. Recordemos que las oclusivas /t, d/ son alveolares en inglés y no dentales. Aunque no parece haber mucha distancia entre la protuberancia alveolar y los dientes superiores, la articulación alveolar rinde una pronunciación diferente y más marcada que la articulación dental. Probablemente habrá más dificultad con este par de fonemas porque según la ortografía normativa de las dos lenguas, el inglés y el español, parece que deben compartir la misma articulación. A continuación, en la figura 7.2, se muestra gráficamente la diferente configuración de la lengua para las oclusivas alveolares /t, d/.

Otro fonema diferente, la nasal velar /ŋ/, figura en la alofonía de la nasal alveolar sonora del español, pero en inglés, esta nasal /ŋ/ se contrasta con la nasal alveolar sonora /n/, entonces tiene valor fonémico. Un ejemplo mostrando la diferencia entre estos dos fonemas son las palabras «thing» ✺ 17, con [ŋ], y «thin» ✺ 18, con la alveolar [n].

Un caso interesante del inglés tiene que ver con las consonantes consecutivas «tr», como en la palabra «tree». La articulación resultante es una africada más el sonido rótico: [ʧríː] ✺ 19. En el español teórico, la secuencia «tr» se transcribe /tɾ/ como

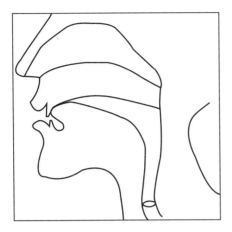

Figura 7.2.1 La oclusiva dental
sorda /t/

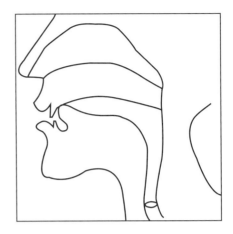

Figura 7.2.2 La oclusiva alveolar
sorda /t/

en la palabra «tres» [tɾés] ✇**20**, pero en algunos dialectos del español, esta secuencia da la articulación africada más el rótico [tʃɾés] ✇**21**, entonces comparte una característica con el inglés. Sin embargo, en inglés, la secuencia «dr» también rinde una articulación parecida con la africada [dʒɾ], pero ésta no se realiza en español. Además la africada alveopalatal sonora /dʒ/ ocurre en el inventario fonémico del inglés y se contrasta con la sorda /tʃ/. En español, estas dos no contrastan entre sí pero la africada sonora forma parte de la alofonía de la aproximante palatal /j/.

La fricativa labiodental sonora /v/ opone la sorda /f/ en inglés, entonces son fonemas distintos. La fricativa labiodental sonora /v/ transcribe la «v» ortográfica del inglés. El anglohablante puede tener dificultades con la pronunciación bilabial de la «v» ortográfica como en la palabra «ave» [á.βe] del español, dando una articulación labiodental en lugar de bilabial, puesto que la «v» ortográfica del inglés la transcribe la /v/ labiodental.

La fricativa interdental sonora /ð/ tiene valor fonémico en inglés porque opone la sorda /θ/, como en las palabras «thy» ✇**22** y «thigh» ✇**23**. Por ocupar el mismo marco lingüístico y cambiar el significado de la palabra, se dice que son fonemas distintos. En español, la alofonía de la oclusiva dental sonora /d/ comprende este sonido fricativo [ð], y la articulación de la forma fricativa en lugar de la oclusiva no cambia el significado de la palabra. Un hispanohablante podría tener dificultades en determinar en qué entornos la «th» se transcribe con /ð/ y en los que se transcribe /θ/.

En español se presenta la fricativa alveolar sonora [z] en la alofonía de la fricativa alveolar sorda /s/. Sin embargo, en inglés, la fricativa alveolar sonora tiene valor fonémico porque opone a la sorda en ciertos marcos lingüísticos. Por ejemplo, se contrastan la [s] y la [z] en los siguientes entornos: «advice» [æd.víːs] ✇**24**, y «advise» [æd.víːz] ✇**25**. Un anglohablante podría articular la fricativa sonora [z] para la «z» ortográfica como en «cazar», especialmente para hacer una distinción entre «casar» y «cazar», porque la fricativa alveolar sonora /z/ transcribe la «z» en inglés. Y, además, la «s» y la «z» se oponen en la ortografía en inglés.

La fricativa alveopalatal sorda /ʃ/ es un fonema en el inventario del inglés y se evidencia en palabras como «show» [ʃóː]. Recordemos que esta fricativa se presenta en la alofonía de la africada alveopalatal del español /tʃ/, y también en la de la aproximante palatal /j/, pero no tiene valor fonémico en ninguno de esos casos en español.

La fricativa alveopalatal sonora /ʒ/ opone a la sorda /ʃ/, entonces forma parte del inventario consonántico del inglés. Las palabras «fissure» [fɪˈʒ.ər] ✺26 y «fisher» [fɪˈʃ.ər] ✺27 muestran la diferencia entre la [ʒ] y la [ʃ]. Ambos sonidos forman parte de la alofonía del español regional.

La fricativa glótica sorda /h/ transcribe la «h» ortográfica del inglés. Este sonido representa uno de los alófonos para la fricativa alveolar sorda /s/ y la fricativa velar sorda /x/ del español. La existencia de la «h» ortográfica, una **consonante glótica**, que suena en inglés, puede interferir con la «h» muda en español. Un anglohablante tenderá a pronunciar la «h» como en el verbo «haber» y dirá *[ha.βér] ✺28 en lugar de [a.βér].

En inglés, algún alófono que puede causar problemas es la **oclusión glótica** [ʔ] muy típica del habla. En inglés se llama *glottal stop*. Una oclusión glótica se realiza cuando hay un cierre en el tracto vocal y también un cierre momentáneo de las cuerdas vocales. La oclusión glótica se articula en lugar de una oclusiva sorda /p, t, k/, normalmente en posición final de palabra. Por ejemplo, en la articulación coloquial de «at night» uno dirá [æʔ.náɪt] ✺29, la «t» ortográfica la transcribe la [ʔ]. No olvide que la oclusión glótica jamás ocurre en español.

Algunos fonemas del inventario del inglés se realizan como alófonos de otros fonemas del español, entonces no serán tan desconocidos como otros sonidos, como la oclusión glótica. Sin embargo, la consonante del inglés puede desempeñar la función de la cima en la sílaba y este papel puede causar dificultades. Se presenta a continuación el concepto de la consonante silábica. A continuación en la figura 7.3 se presenta el inventario consonántico del inglés para compararlo y contrastarlo con el del español (véase la figura 5.10, p. 117).

2. La alofonía: las consonantes silábicas

La cima, en español, la ocupa siempre un componente vocálico—una vocal sola, algún diptongo o algún triptongo. Pero en otras lenguas, la cima de la sílaba no es necesariamente una vocal. En inglés, por ejemplo, hay consonantes silábicas que pueden ocupar la posición de la cima e incluyen las siguientes sonantes: /ɾ, l̩, m̩, n̩, ŋ̩/. Los fonemas /l, m, n/ se convierten en los alófonos silábicos [l̩, m̩, n̩] cuando siguen a consonantes alveolares en la última sílaba de una palabra. Un ejemplo que muestra una consonante silábica es la palabra «button» [bʌˈʔ.n̩] ✺30. La oclusión glótica [ʔ] trans-

Figura 7.3 Los fonemas consonánticos del inglés

Fonema	Modo de articulación	Punto de articulación	Sonoridad
/p/	oclusiva	bilabial	sorda
/b/	oclusiva	bilabial	sonora
/t/	oclusiva	alveolar	sorda
/d/	oclusiva	alveolar	sonora
/k/	oclusiva	velar	sorda
/g/	oclusiva	velar	sonora
/f/	fricativa	labiodental	sorda
/v/	fricativa	labiodental	sonora
/θ/	fricativa	interdental	sorda
/ð/	fricativa	interdental	sonora
/s/	fricativa	alveolar	sorda
/z/	fricativa	alveolar	sonora
/ʃ/	fricativa	alveopalatal	sorda
/ʒ/	fricativa	alevopalatal	sonora
/h/	fricativa	glótica	sorda
/tʃ/	africada	alveopalatal	sorda
/ʤ/	africada	alveopalatal	sonora
/m/	nasal	bilabial	sonora
/n/	nasal	alveolar	sonora
/ŋ/	nasal	velar	sonora
/j/	aproximante	palatal	sonora
/w/	aproximante	labiovelar	sonora
/ɹ/	aproximante	alveolar	sonora
/l/	lateral	alveolar	sonora

cribe la «t» ortográfica. Recordemos que la oclusiva /t/ es alveolar en inglés y no dental como lo es en español. En este ejemplo, se realizan tanto la consonante silábica como una oclusión glótica.

7-3. Comprensión

Conteste individualmente o en grupo las siguientes preguntas basando sus respuestas en el material presentado anteriormente.

1. ¿Qué es **la clasificación de equivalencia**? ¿Qué implicaciones tiene para la persona que aprende a hablar otra lengua? Dé algún ejemplo.

2. Explique la diferencia entre la «t» y la «d» ortográficas en español e inglés.

3. ¿Qué dificultades podrá tener un hispanohablante con la «h» ortográfica del inglés? Explique también la diferencia entre la «h» del inglés y la del español. Dé algún ejemplo.

4. ¿Qué problemas de pronunciación presenta la «th» del inglés?

5. ¿En qué consiste una consonante silábica? Dé algunos ejemplos.

c. La sílaba

Recordemos que la estructura preferida del español es la abierta, y se mantienen abiertas las sílabas entre palabras cuando es posible en el habla. Por otro lado, la estructura predilecta del inglés es la trabada. La sílaba es la unidad mínima de sonido que se da en una sola emisión de voz. Recordemos también que la sílaba se compone de una cabeza, una cima y una coda. En cuanto a los segmentos consonánticos en la cabeza y en la coda, cada lengua tiene sus propias restricciones fonotácticas. **Las restricciones fonotácticas** estipulan la cantidad y el tipo de segmentos que se pueden combinar para formar sílabas y palabras. Por ejemplo, algunas combinaciones consonánticas permisibles en español no son posibles en inglés y viceversa. Las restricciones fonotácticas forman parte de **la Teoría de la Optimidad**. La Teoría de la Optimidad (*Optimality Theory* en inglés) se opone a la teoría de reglas que se presentó anteriormente en cuanto a la realización fonética de las formas subyacentes. Según la Teoría de Optimidad, hay un conjunto de restricciones que son universales para todas las lenguas. Aunque este conjunto de restricciones se aplica a todas las lenguas, se diferencian entre sí por la importancia que se asigna a cada restricción. Es decir, que si parece que una restricción de la lengua materna no se aplica a la segunda lengua, es porque aquella restricción ocupa un lugar de menos importancia o de algún rango inferior. Cada lengua tiene su propia clasificación para las restricciones y las categoriza en orden de importancia. Algunas restricciones, entonces, serán más importantes que otras. Según esta teoría, la información entra en un "generador" que procesa los datos de la lengua, y la función del generador es la de agregar, quitar o trasponer elementos de los datos provistos. Luego, el generador produce una cantidad de posibles "candidatos" de realizaciones articulatorias en cuanto a la alofonía o la estructura silábica. Hay otro mecanismo, el "evaluador", que evalúa las opciones creadas por el generador y según la evaluación, saldrán algunas formas correctas.

Uno de los errores que se comete al aprender otra lengua es la aplicación de la importancia de las restricciones fonotácticas de la lengua materna. Uno pensará que la estructura silábica y división subsiguiente son uniformes, y como resultado, se transfiere el conocimiento de estas restricciones fonotácticas de la lengua materna erróneamente. Por ejemplo, un anglohablante podrá hacer el siguiente silabeo con la palabra «transporte» *«tran.spor.te» porque, en inglés, la «sp» sale del evaluador como un grupo consonántico permisible en posición inicial de la sílaba. Este silabeo no saldrá como una forma permisible del evaluador del español.

Recordemos que en inglés no hay diptongos de sucesión creciente, entonces cuando se ven las secuencias ortográficas «ia, io, ie» en español se tenderá a dividirlas en sílabas diferentes. Por ejemplo, las palabras «viable, biology, science» en inglés tendrían la división silábica «bi.ol.o.gy», «sci.ence» y «vi.a.ble». Fíjese en la sílaba trabada de «bi.<u>ol</u>.o.gy» además del hiato entre la «i» y la «o». En español, sin embargo, diríamos «bio.lo.gí.a», «cien.cia» y «via.ble». Como se nota, una aplicación errónea de las restricciones fonotácticas para las vocales puede interferir en su articulación también.

Las lenguas varían entre sí en cuanto a los elementos que permiten en cada componente de la sílaba. Por ejemplo, en algunas lenguas es necesario iniciar cada sílaba con una consonante, pero no hay ninguna lengua que precise una consonante en posición final. Algunas lenguas son más restrictas que otras en cuanto a la cantidad de elementos y secuencias de ellos que se permiten en la cabeza, la cima y la coda. **La tipología silábica** es el término que se aplica a estas restricciones. El inglés es una de las lenguas más flexibles en cuanto a la cantidad de elementos que se permiten en la cabeza. Por ejemplo, en inglés, se permiten hasta tres elementos consonánticos en la cabeza y hasta cuatro en la coda. En inglés, si hay tres elementos en la cabeza, la primera tiene que ser [s] y la segunda tiene que provenir de [p, t, k] y la tercera de [l, ɾ, w, j]. En inglés, el generador y el evaluador darían estas posibilidades, pero estos candidatos no serían permitidos en español. Normalmente la secuencia de aquellos elementos sigue la jerarquía de sonoridad, es decir que la cima es el componente más sonoro.

7-4. Comprensión

Conteste individualmente o en grupo las siguientes preguntas basando sus respuestas en el material presentado anteriormente.

1. ¿A qué se refieren **las restricciones fonotácticas**? Según indica **la Teoría de la Optimidad**, todas las restricciones son universales; explique esto dando algún ejemplo.

2. ¿Qué propone **la Teoría de al Optimidad**? ¿Qué papel desempeña el "generador"? y ¿el "evaluador"? Dé algún ejemplo.

3. ¿A qué se refiere **la tipología silábica**?

4. En inglés, si hay tres elementos en la cabeza, ¿qué restricciones hay en cuanto a su distribución? Dé algunos ejemplos.

5. ¿Cómo se comparan el español y el inglés en cuanto a **la tipología silábica**?

---

d. Contornos de la entonación del inglés

Recordemos que el español sigue un ritmo silábico que significa, por nombrar sólo a unos pocos, que cada sílaba tiene más o menos la misma duración; que la sílaba tónica tiene más intensidad que las otras pero no se alarga; que la sílaba tiende a mantenerse abierta cuando sea posible y que uno habla de sílaba en sílaba y no de palabra en palabra. El inglés, por otro lado, sigue un **ritmo acentual** y no silábico. Una de las facetas de un ritmo acentual es que la sílaba tónica dura más que las otras y es de un volumen más alto. Este rasgo ayuda con el énfasis que uno querrá poner en algún enunciado. Por ejemplo, en inglés es más fácil alargar y exagerar la pronunciación de una palabra para destacarla y/o enfatizarla. En inglés, se podrá decir «That is my book» con énfasis variado dependiendo de qué parte se quiere enfatizar. Compare los siguientes ejemplos: «THAT is my book», «That IS my book», «That is MY book» y «That is my BOOK» ✆**31**. La palabra escrita en mayúscula muestra en qué palabra hay énfasis. En español esta estrategia acentual no existe. Al utilizar el mismo ejemplo en español, «Ese es mi libro», uno no exageraría jamás el pronombre «mi» como en «Este es MI libro» ✆**32**, porque la palabra «mi» es átona. Lo que sí se podría decir para poner énfasis en la posesión del libro es «Ese libro es mío». El pronombre pospuesto es una palabra tónica, entonces por su naturaleza tiene intensidad.

Esta exageración y prolongación de articulación es una característica del ritmo acentual. Volviendo a los ejemplos de «That is my book», se puede notar que la palabra enfatizada dura más que las otras, pero cada frase provista tiene más o menos la misma duración. Cuando una sílaba o una palabra se alarga, la duración de las otras se ajusta en consecuencia. El ritmo acentual produce sílabas dispares en cuanto a su duración mientras que el ritmo del español permite más uniformidad entre las sílabas.

Por lo general, las palabras en inglés no tienden a tener acentuación grave como es el caso de la mayoría del lexicón en español. La acentuación en inglés depende más del **peso**, con las más pesadas atrayendo la acentuación. Una **sílaba pesada** es aquélla que tiene en su cima una vocal larga, un diptongo (cima compuesta) o una coda (sílaba trabada). La palabra «trans.form» en inglés se compone de dos sílabas pesadas porque las dos tienen codas. Una **sílaba ligera**, por otro lado, se refiere a una sílaba abierta con una cima simple, con tal de que no sea larga la vocal. En inglés, en cuanto a los sustantivos que se componen de más de dos sílabas, la acentuación será grave si la penúltima sílaba es pesada, por ejemplo con la palabra «u.**ten**.sil». Si la penúltima es ligera, entonces, la acentuación se coloca en la antepenúltima, por ejemplo con la palabra «**oc**.to.pus».

Sin embargo esta tendencia no se aplica todo el tiempo porque, en algunos casos, es necesario distinguir entre verbos y sustantivos que comparten la misma ortografía. Por eso, la acentuación, entonces, es contrastiva porque desempeña un papel semántico. Por ejemplo piense en los homógrafos siguientes que, fuera del contexto, pueden ser tanto verbos como sustantivos: «transport, conduct, permit». Como sustantivos, tendríamos «**trans**.port, **con**.duct, **per**.mit» ✆**33**. Pero, como verbos serían «trans.**port**, con.**duct**, per.**mit**» ✆**34**. Estas son algunas de las características de la acentuación que son diferentes y pueden interferir en la pronunciación.

Otro rasgo suprasegmental incluye **los patrones de entonación** para frases e inclusive las series y secuencias. Por lo general hay coincidencia con los patrones de entonación del inglés y los del español. Recordemos que las preguntas de información, las exclamaciones y las afirmaciones en español tienen un patrón de entonación descendente. Además, las preguntas de confirmación y las de ratificación tienen una entonación ascendente; estos patrones también se aplican en inglés. No obstante, es difícil generalizar sobre cuestiones de entonación puesto que la actitud del hablante influye en estos patrones. En inglés tanto como en español, para una pregunta de información, si uno no sabe la respuesta o si quiere mostrarse interesado en el dato pedido, entonces puede subir la entonación en consecuencia. También, en cuanto a afirmaciones, una estrategia que se emplea en inglés es que si hay certeza la entonación baja, mostrando finalización. Sin embargo, si hay incertidumbre y/o un sentido de continuación y no finalización, la entonación sube en consecuencia.

Otra desviación de los patrones de entonación del español tiene que ver con las series y las secuencias. En español, en una serie, todo componente tiene entonación descendente menos el penúltimo, que sube, y el último cae. Por ejemplo, si se dice «Tenemos que estudiar los fonemas, los alófonos, la acentuación y el peso silábico», este renglón tendría los patrones de entonación siguientes: «Tenemos que estudiar los fonemas (↓), los alófonos (↓), la acentuación (↑) y el peso silábico (↓)» ◉ 35. Sin embargo, con el mismo enunciado en inglés, los patrones serían «We have to study phonemes (↑), allophones (↑), stress (↑), and syllable weight (↓)» ◉ 36. Aunque parecen ser sutilezas no muy importantes en el habla, pueden conducir a la confusión puesto que uno no va a interpretar correctamente las señales o los indicios que dejan los patrones de entonación de la lengua materna.

7-5. Comprensión

Conteste individualmente o en grupo las siguientes preguntas basando sus respuestas en el material presentado anteriormente.

1. Explique en sus propias palabras la diferencia entre el **ritmo acentual** y el silábico.

2. ¿A qué se refiere el **peso silábico**? ¿Qué papel desempeña el **peso silábico** en la acentuación del inglés?

3. ¿Cómo se diferencian las **sílabas pesadas** y las **ligeras**? Dé ejemplos.

4. ¿Qué semejanzas existen entre el inglés y el español en cuanto a los **patrones de entonación**?

5. ¿Qué patrón de entonación existe en inglés para enumerar elementos de una serie? ¿Cómo se diferencia del patrón del español? Dé algún ejemplo.

3. El español en los Estados Unidos

a. Lenguas oficiales y nacionales

Muchos países tienen, por lo menos, una lengua clasificada como **la lengua oficial** de la nación. En algunos casos también pueden existir lenguas cooficiales. La lengua oficial de Chile, por ejemplo, es el español; aunque también se hablan otras lenguas indígenas y el alemán, éstos no son oficiales. En Paraguay hay dos lenguas oficiales—el español y el guaraní—y en Bolivia hay tres lenguas oficiales—el español, el quechua, y el aymará. Sin embargo, la lengua oficial no es necesariamente la lengua hablada por la mayoría de la gente. Por ejemplo, el inglés es la lengua oficial de Belice, pero el 46% de la población habla español y el 33% habla "criollo".

Una lengua oficial se denomina así porque se usa legalmente para actas oficiales, procedimientos jurídicos, elecciones políticas, etc. Probablemente sería un dato sorprendente para muchos el hecho de que el inglés <u>no</u> es la lengua oficial de Estados Unidos. Pues aunque el inglés no es la lengua oficial nacionalmente, hay treinta estados que han declarado el inglés como su lengua oficial, porque es una decisión tomada al nivel estatal, no nacional. En el estado de Hawai, por ejemplo, tanto el inglés como el hawaiano son las lenguas oficiales. En los Estados Unidos aunque el inglés no es la lengua oficial para todo el país, se dice que es la **lengua nacional**. Una lengua nacional también se relaciona con algún territorio y se usa nacionalmente, pero no llega a ser denominada "oficial". Se puede tener más de una lengua oficial o una nacional a la vez. Según el *CIA Factbook*, el 82,1% de la población de Estados Unidos habla inglés mientras que el 10,7% habla español. En muchas regiones de alta concentración hispana, se verá que el español cuenta como una lengua nacional.

Según el Departamento de Censos (U.S. Census Bureau), en 2005, la población hispana representaba el 14% de la población entera en los Estados Unidos. Sin embargo, la mayor cantidad de hispanos se concentra en la región occidental del país, aunque hay alguna representación hispana en el nordeste y también en el sudeste. En términos generales, la región occidental de EE UU cuenta con el 26,6% de la población hispana y la región sureña con el 14,5%. El nordeste tiene el 11,3% de la población hispana y el medioeste cuenta con el 5,3%. En términos más específicos, Nuevo México cuenta con el porcentaje más alto de hispanos porque representan el 43% de la población del estado. Luego, está California con el 35%; Texas, también, con el 35%; Arizona con el 29%; Nevada con el 24%; y Colorado con el 19%. El nordeste también cuenta con un índice alto: Nueva York con el 16% y Nueva Jersey con el 15%. Florida, con su población mayormente cubana, documenta al 19%. La población hispana en el oeste es de origen principalmente mexicano y los hispanos en el nordeste son mayormente de origen puertorriqueño y cubano. Estas concentraciones no son sorprendentes debido a la proximidad de estas regiones con México (el oeste y el sur) y el Caribe (el nordeste y el este). En el centro del país existe una representación sorprendente de hispanos en la región de Chicago, Illinois, que cuenta con un 14% de hispanos, mayormente mexicanos y puertorriqueños. El estado de Illinois, principalmente la ciudad de Chicago, es un estado rodeado de otros estados con escasas poblaciones hispanas, oscilando entre el 2% y el 4%. Sin embargo, en Illinois el 14,3% de la población es hispana. Según los datos históricos, muchos hispanos emigraron a este estado por trabajos prometedores relacionados con la vía ferroviaria. Los mexicanos empezaron a llegar a Chicago muy al principio del siglo XX. Aunque los puertorriqueños son ciudadanos estadounidenses, los mexicanos, y no los puertorriqueños, representan la mayoría de la población hispana tanto en Illinois como en el país entero. Se describirá a continuación la llegada del español a Estados Unidos y el impacto que ha tenido en el inglés y viceversa. La convivencia del español y el inglés en este país seguirá teniendo una influencia fuerte en cuanto al desarrollo y la evolución lingüísticos de ambas lenguas.

Según los datos de 2006, hay 43,2 millones de hispanos en el país; 28,3 millones de ellos son mexicanos, y 3,7 millones son puertorriqueños. Además las poblaciones mexicana y puertorriqueña representan los dos grupos más representados en el país. Entre todos los estados, los dos con el menor índice de hispanos, menos de 1%, son Maine y West Virginia. Es interesante notar que ni Maine ni West Virginia han declarado el inglés como su lengua oficial.

b. Datos históricos

El español se habla en este país desde hace unos quinientos años—es decir, desde la llegada de Cristóbal Colón y los exploradores posteriores. Se puede notar la influencia del español especialmente en **los topónimos**, o sea, los nombres propios de ciertos lugares. La categoría a la que pertenecen los topónimos se llama **la toponimia** y es el estudio del origen y significado de los nombres de lugar. Por ejemplo, por sólo nombrar unos estados cuyo nombre deriva del español, hay «Nevada, Montana, Colorado, Florida», y en cuanto a las ciudades hay «Los Ángeles, Nogales, Fresno, Santa Fe». Estos topónimos reflejan la influencia de los exploradores españoles y este tema se desarrolla a continuación.

A partir del siglo XVI se habla el español en Estados Unidos y el español ha coexistido con el inglés en regiones del suroeste durante siglos. La lengua española se presentó en Florida con la llegada de Ponce de León en 1513, para luego presentarse en el oeste en 1540 con la llegada de Francisco Vásquez de Coronado y sus exploradores en las regiones que actualmente son Arizona, California, Colorado, Nuevo México, Nevada y Texas. Unos cincuenta años después, Juan de Oñate, un *criollo* nacido en Zacatecas, estableció unos asentamientos en el suroeste, y en 1605 se fundó la ciudad de Santa Fe en Nuevo México, una de las ciudades más antiguas del país. Juan de Oñate también se hizo su primer gobernador. En Santa Fe, cuyo nombre oficial es «La Villa Real de la Santa Fe de San Francisco de Asís», se construyó la ruta famosa, «Camino Real», que estableció una conexión comercial directa entre Santa Fe y la Ciudad de México, fortaleciendo a la vez los vínculos culturales y lingüísticos.

Uno de los errores muy generalizados es que el español de Estados Unidos es **monolítico**, es decir, que es como una entidad sola e invariable. Sin embargo, cada grupo de exploradores llegó con su propio dialecto del español, entonces el español no era uniforme puesto que reflejaba los regionalismos y pronunciaciones de los distintos grupos. Los exploradores españoles eran de distintas regiones peninsulares; por ejemplo, Juan Ponce de León nació en Palencia, Francisco Vásquez de Coronado nació en Salamanca, Pánfilo de Narváez nació en Valladolid, Hernando de Soto y Sebastián Vizcaíno (otros exploradores) nacieron en Extremadura, entonces el modo de hablar varía entre sí. Además cada comunidad recién establecida seguía perpetuando su forma distinta de hablar. Por eso, no se puede decir que el español de Estados Unidos es monolítico porque desde su introducción, cada región quedaba influida por el habla de los fundadores. Este fenómeno se llama, apropiadamente, **el efecto fundador**. En consecuencia, se presentaron el extremeño, el castellano, el asturiano, el canario, el andaluz, etc., y éstos se desarrollaban y evolucionaban naturalmente. Además, con la **diáspora** hispana en aquellas regiones, había más contacto con otras formas de hablar el español y esta interacción conducía a formas aún más únicas y variadas de hablar. La diáspora es un término que describe por extensión, la dispersión de seres humanos que viven juntos.

c. Tendencias generales del español de Estados Unidos

1. El español de Nuevo México

El período colonial español fue más largo en Texas y Nuevo México y, por eso, habrá más vestigio lingüístico en aquellas regiones. Sin embargo, el final de la Guerra México-Americana en 1848 puso en marcha el deterioro del vínculo que se había establecido entre la Ciudad de México y Santa Fe. Con el Tratado de Guadalupe Hidalgo, se cedió a los Estados Unidos los estados actuales de Nuevo México, Colorado, Arizona, Wyoming, California, Nevada y Utah. Consecuentemente, los habitantes de la región norteña de Nuevo México y la sureña de Colorado se aislaron manteniendo su forma colonial del español. Actualmente, se habla una forma conservada y heredada del español de aquel entonces. Muchas formas léxicas son testimonio de esta conservación lingüística; por ejemplo, todavía se dice «yo seigo» en lugar de «yo soy»; «semos» en lugar de «somos», «haiga» en vez de «haya», y «curre» en lugar de «corre». Otros arcaísmos documentados por Manuel Alvar incluyen «tráiba» por «traía» y «cáiba» por «caía», sólo por nombrar unos pocos. El dialecto de Nuevo México tiene como su base el español de sus fundadores y refleja asimismo los trueques lingüísticos y algunos procesos fonéticos provenientes del inglés y las lenguas indígenas. Por ejemplo, para «fregadero» se dice «cinc» que es, obviamente, una forma de escribir la palabra «sink» del inglés.

Las tendencias dialectales incluyen, entre otras, la uvularización de la fricativa velar sorda /x/; la fricatización de la africada alveopalatal sorda /tʃ/; la epéntesis consonántica; la falta de sonorización de la fricativa alveolar sorda /s/ anterior a consonantes sonoras; la epéntesis vocálica; la variante retrofleja para la vibrante múltiple alveolar sonora /r/; y la elisión de la aproximante palatal sonora /j/ cuando transcribe el dígrafo «ll».

El español nuevomexicano se destaca por la uvularización [X] de la fricativa velar sorda /x/. Se presentó este fenómeno en el capítulo 5 como algún refuerzo consonántico que ocurre en posición inicial de la sílaba, y también en el capítulo 6 como resultado de la influencia árabe. En este dialecto, se realiza también en posición inicial de la sílaba, como, por ejemplo, en [mé.Xi.ko] ✿37.

Existe también la fricatización de la africada alveopalatal sorda /tʃ/, entonces, en lugar de la africada, se realiza su alófono fricativo [ʃ]; por ejemplo, en vez de decir [tʃí.ko] se dirá [ʃí.ko] ✿38.

La epéntesis consonántica, en este caso, se refiere a la inserción nasal que ocurre anterior a la africada alveopalatal sorda /tʃ/ y este fenómeno refleja un rasgo aragonés: [múň.tʃo] ✿39. En algunos casos, la nasal se elide y deja una vocal nasalizada de reposición, [mũ.tʃo] ✿40. Es interesante que esta forma se haya conservado—muestra el efecto fundador dejado por los aragoneses.

Otro rasgo interesante tiene que ver con la fricativa alveolar sorda /s/. Aprendimos anteriormente que en el habla, la fricativa tiende a sonorizarse anterior a otras consonantes sonoras. Por ejemplo, en la palabra «mismo», uno diría [míz.mo] por la sonoridad de la nasal. En el dialecto nuevomexicano, este fenómeno no suele realizarse, entonces, se dirá [mís.mo] ✿41.

Otro fenómeno que se destaca en este capítulo tiene que ver con la epéntesis vocálica. Se presentó este proceso como característico del español en lo referente a las restricciones fonotácticas con la «s» más consonante ortográficas en posición inicial de la sílaba. Se puso el ejemplo de «escáner» para mostrar la epéntesis vocálica. En el dialecto nuevomexicano, la epéntesis vocálica no ocurre en posición inicial sino posición final de palabra. Este proceso parece realizarse para no dejar una sílaba trabada en posición final de la sílaba. Uno diría [el.pa.pé.li] ✿42 en lugar de [el.pa.pél].

El penúltimo proceso tiene que ver con la influencia del inglés y la realización de la «r» del inglés, la retrofleja /ɹ/, en lugar de la vibrante múltiple alveolar sonora /r/. En lugar de decir [ró.xo], los de Nuevo México dirán [ɹó.Xo] ✿43.

Por fin, se describe la elisión de la aproximante palatal sonora /j/. En posición intervocálica se elide dejando dos vocales consecutivas formando hiato. Por ejemplo, en lugar de decir «cabello» [ka.ßé.jo], se dirá [ka.ßé.o] ✿44; o para «comilla» se dice [ko.mí.a] ✿45.

2. El español de California, Texas y Luisiana

Según Alvar, la ciudad más española de California es Santa Bárbara y sólo en un sentido folclórico. No es decir que no se hable español, pero se habla un español influenciado por olas de emigración mexicana, no española.

El estado de Texas tiene más influencia canaria por los descendientes de los canarios, pero tiene asimismo una influencia léxica del náhuatl. La forma de hablar no ha conservado las formas arcaicas que sí se han conservado en Nuevo México. Sin embargo, se ha documentado la cerrazón vocálica; por ejemplo, se dice [pjór] para «peor».

Aunque España no hispanizó Luisiana, los canarios poblaron el estado y entablaron un asentamiento de poca duración, unos cuarenta años, pero dejaron sus huellas en el lexicón.

El español hoy en día en la región occidental del país también seguirá desarrollándose por la diáspora hispana, principalmente de origen mexicano en esta parte geográfica. La convivencia del inglés y el español impulsará cambios en las dos formas de hablar porque las lenguas, por su naturaleza, son dinámicas y seguirán evolucionando.

7-6. Comprensión

Conteste individualmente o en grupo las siguientes preguntas basando sus respuestas en el material presentado anteriormente.

1. ¿Cómo se diferencian **la lengua oficial** y **la lengua nacional**? Dé un ejemplo de cada una.

2. ¿Es cierto que toda nación tiene una lengua oficial? Explique la situación especial de los Estados Unidos en cuanto a lenguas oficiales y nacionales.

3. ¿En qué consiste **el efecto fundador**? ¿Cómo se aplica a la cuestión del español en los Estados Unidos?

4. ¿Qué evidencia lingüística existe para la conservación de formas arcaicas del español en Nuevo México?

5. Nombre dos características del español nuevomexicano y explíquelas dando ejemplos cuando sean necesarios.

7-7. Verificación

Complete en grupo la siguiente actividad.

Busque la siguiente página web: https://www.cia.gov/library/publications/the-world-factbook/. Esta página es la de la Agencia Central de Inteligencia de los Estados Unidos y dispone de todos datos sobre las naciones. Busque los datos sobre la lengua oficial o nacional para todos los veinte países de habla hispana. Luego conteste las siguientes preguntas:

1. ¿Cuántos países tienen solamente el español como su lengua oficial?

2. De los países que sólo tienen el español como la lengua oficial, ¿qué otras lenguas se hablan?

3. ¿Qué se ha descubierto en cuanto a Puerto Rico? ¿Por qué es diferente que las otras naciones de habla hispana?

Síntesis

7-8. Aplicación

Trabaje en grupos de dos o tres y lleve a cabo las siguientes actividades.

1. Busque datos sobre el español nuevomexicano en la biblioteca y en la red. Manuel Alvar ha publicado extensamente sobre este tema. Profundice en las cuestiones lingüísticas, las formas fonéticas y léxicas del mismo y comparta sus datos con los compañeros de clase.

2. Busque una obra literaria del siglo XVI o XVII, del período barroco o el Siglo de Oro en España. La obra dramática *La Galatea*, escrita por Miguel de Cervantes, podría ser un ejemplo. Documente algunas formas arcaicas de la lengua y compárelas con lo que se habrá documentado de la actividad anterior. Comparta sus datos con el resto de la clase.

7-9. Investigación

Complete en grupo la siguiente actividad.

Busque la página web para *U.S. English, Inc.* http://www.us-english.org/inc/. Este sitio se dedica a la promoción del inglés como la lengua oficial de los Estados Unidos. ¿Qué ventajas se proponen en cuanto al inglés como la lengua oficial? Profundice en la cuestión de lenguas oficiales y lenguas nacionales.

7-10. Un poco más allá

Trabaje con un/a compañero/a de clase para llevar a cabo la siguiente actividad.

Consulte el Apéndice A de este libro para el listado de revistas académicas e investigue qué sonidos son los que tardan más en adquirirse en el habla infantil de los hispanohablantes. ¿Habrá las mismas dificultades en el habla adulta? Explique.

7-11. Reflexiones personales

Apunte sus opiniones en su diario sobre el tema que sigue.

Se habrá identificado la interferencia del inglés en el aprendizaje del español para un hablante nativo de inglés. ¿Cree que el estudio formal del español podría afectar la forma de hablar su lengua materna, el inglés?

7-12. Componente de Estudio de Campo
(Materiales: grabadora)

Esta entrega tiene tres partes:

A.

Haga una lista de todas las palabras (entre 15 y 20) que se usan actualmente en inglés pero que se derivaron del español. La lista puede comprender los vocablos que han sido incorporados en el inventario léxico del inglés por la falta de una traducción adecuada, como «piñata», además la gastronomía dispone de muchas palabras, como, por ejemplo, «empanada». Haga una transcripción estrecha de cada palabra aplicando la teoría de la alofonía del español. Guarde las transcripciones para su análisis de datos.

B.

Pídale a una persona monolingüe (inglés) que vea la lista de palabras y que pronuncie cada palabra tres veces lentamente. No importa si su informante/participante no conoce todas las palabras. Haga una grabación de las pronunciaciones.

C.

Ahora, analice su grabación: haga una transcripción estrecha de la pronunciación y divida las palabras en sílabas. Después, contesten las siguientes preguntas:

1. ¿Son trabadas o abiertas las sílabas?

2. Comparándola con su transcripción hecha anteriormente, ¿cuántos sonidos diferentes hay?

3. ¿A qué conclusiones se puede llegar?

Bibliografía y enlaces recomendados

Textos

Altenberg, E. P. "The Judgment, Perception, and Production of Consonant Clusters in a Second Language." *International Review of Applied Linguistics in Language Teaching* 43 (1) (2005) 53–80.

Alvar, Manuel. "El español de los Estados Unidos: Diacronía y sincronía." *Revista de Filología Española* LXXII (1992) 469–90.

Bills, Garland D. "New Mexican Spanish: Demise of the Earliest European Variety in the United States." *American Speech* 72 (2) (1997) 154–71.

Davenport, Mike, and S. J. Hannahs. *Introducing Phonetics and Phonology*, 2nd ed. London: Hodder Arnold, 2005.

Elliot, A. Raymond. "Staking Out the Territory at the Turn of the Century: Integrating Phonological Theory, Research, and the Effect of Formal Instruction on Pronunciation in the Acquisition of Spanish as a Second Language." In *Spanish Second Language Acquisition: State of the Science*, Barbara A. Lafford and Rafael Salaberry, eds. Washington, D.C.: Georgetown University Press, 2003.

Flege, J., M. Munro, and I. MacKay. "Factors Affecting Degree of Perceived Foreign Accent in a Second Language." *Journal of the Acoustical Society of America* 97, 3125–134.

Ladefoged, Peter, and Ian Maddieson. *The Sounds of the World's Languages*. Oxford: Blackwell Publishing, 1996.

Lightbown, Patsy M., and Nina Spada. *How Languages Are Learned*, 3rd ed. Oxford: Oxford University Press, 2006.

Piske, T., I. R. A. MacKay, and J. E. Flege. "Factors Affecting Degree of Foreign Accent in an L2: A Review." *Journal of Phonetics* 29 (2) 191–215.

Whitley, M. Stanley. *Spanish/English Contrasts: A Course in Spanish Linguistics*. Washington, D.C.: Georgetown University Press, 2002.

Capítulo 8

Estudio lingüístico del habla
Estudio de campo comprensivo

Introducción

Objetivos

Al terminar este capítulo el estudiante podrá:

- Ensayar una investigación empírica
- Llevar a cabo una entrevista (etno)lingüística
- Recoger, transcribir y analizar datos
- Aplicar la teoría presentada en este texto
- Adelantar teorías e hipótesis por su propia cuenta y verificarlas o ajustarlas

Este capítulo representa la meta máxima del libro—la recolección de datos lingüísticos, la transcripción estrecha de ellos y el análisis de la misma en base a toda la teoría presentada en el texto. La información presentada en el capítulo 6 le proporciona al estudiante una buena base y la formación necesaria para seleccionar alguna variación del español en la que se quiera profundizar. Después de escoger el dialecto, el estudiante podrá adelantar una(s) hipótesis por las tendencias documentadas de tal región para luego verificarla(s) y/o ajustarla(s) según los datos que haya recogido. Un estudio de campo bien planeado rendirá los datos lingüísticos necesarios para examinar y analizar las hipótesis que se han adelantado en cuanto al dialecto en cuestión. En este capítulo el estudiante aprenderá a diseñar y ensayar su propio estudio lingüístico para confirmar, modificar, o desacreditar las reglas teóricas.

El éxito de un estudio de campo depende, en parte, del nivel de preparación por parte del investigador. Los preparativos que se llevan a cabo antes de que se realice el estudio oficial desempeñan un papel de suma importancia para la recolección de datos exitosa. En este capítulo se le presenta al estudiante todo lo necesario para llevar a cabo un estudio lingüístico fructífero.

Términos claves

el estudio de campo

el trabajo de campo

el informante

los universales lingüísticos

el consultor lingüístico

la etnografía

la etnolingüística

el "síndrome de loro"

las variables afectivas

la "paradoja del observador"

la lista de control

las preguntas de cortesía

el análisis de datos

el marco lingüístico

la palatalización

la nasalización

el redondeamiento

la glotización

la asimilación

el ensordecimiento

la sonorización

la simplificación

la epéntesis vocálica

la yodización

la transcripción ortográfica

la transcripción amplia

la transcripción estrecha

Repaso y preparativos

1. Repaso de los fonemas del español con su alofonía

Recordemos que el inventario fonémico del español comprende cinco fonemas vocálicos, /a, e, i, o, u/, y una alofonía bastante sencilla, [a, e, o, i, j, u, w]. El inventario consonántico es más amplio con sus veinte fonemas, /p, b, t, d, k, g, f, s, x, w, j, tʃ, θ, l, ʎ, m, n, ɲ, r, ɾ/, y una alofonía más rica con las obstruyentes [p, b, β, t, d, ð, g, ɣ, f, s, s̬, z, z̬, x, w, j, tʃ, θ] y sonantes [l, l̪, ʎ, m, m̩, ɱ, n̪, n, ň, ɲ, ŋ, r, ɾ]. Aprendimos en el capítulo 6 que hay algunos procesos dialectales, tanto vocálicos como consonánticos, que caracterizan al español de determinadas regiones, y que algunos de ellos facilitan la estructura silábica preferida, la abierta, y otros no porque dificultan al habla. Además, examinamos algunos de estos fenómenos a la luz de la influencia del sustrato (lenguas indígenas) entre otras influencias. En cuanto a las vocales, examinamos ocho procesos comunes: vocal caediza, desdoblamiento fonológico, labialización, cierre vocálico, alargamiento vocálico, ultracorrección, nasalización y duplicación de la vocal tónica. La figura 6.2 (p. 134) dispone de algún listado de todas las naciones en las cuales se han documentado estos procesos vocálicos. Aunque la realización de los procesos vocálicos no es tan frecuente como la de las consonantes, todavía representan algunos fenómenos importantes en el habla.

Examinamos también los procesos consonánticos que se desvían del habla normativa. Notamos algunas semejanzas entre los hablares costaneros y caribeños, incluyendo velarización nasal, aspiración, rotacismo, lambdaización, glotización, neutralización nasal y fricatización. Se presentó al Cono Sur y cómo se caracteriza por algunos fenómenos consonánticos en posición inicial de la sílaba como, entre otros, el rehilamiento de la /j/ y la realización de la africada [tʃɾ] en el grupo consonántico «tr». Aprendimos que el habla montañosa, por lo general, tiene un consonantismo más fuerte, y las oclusivas no se debilitan en los entornos donde normalmente se convertirían en fricativas. Vimos que el habla peninsular también tiene sus peculiaridades, como palatalización nasal, aspiración, glotización, neutralización de líquidas, apicalización y velarización.

Es importante tener en cuenta estas tendencias dialectales, así como los correspondientes símbolos del AFI (Alfabeto Fonético Internacional), como referencia para cuando llevemos a cabo el estudio de campo.

2. Repaso de la transcripción amplia (fonémica)

Se transcribe entre barras oblicuas la representación subyacente de los sonidos aunque no todo el tiempo la pronunciación esperada se realiza. El inventario fonémico comprende la descripción de la articulación ideal de los sonidos de la lengua. En la práctica, el habla es un encadenamiento de sonidos y éstos no se articulan aisladamente. Entonces, cada sonido queda afectado por los sonidos a su alrededor. La ventaja de la transcripción amplia es que, con una cuidadosamente hecha, será más fácil documentar los procesos del habla que se realizan.

Aprendimos en el capítulo 7 que el inventario del español y el del inglés coinciden con catorce fonemas consonánticos—/p, b, k, g, f, s, j, w, θ, tʃ, m, n, l, ɾ/—aunque la relación entre la ortografía normativa y el fonema correspondiente del inglés no es tan diáfana como la del español. El inventario fonémico del inglés, con sus cuarenta fonemas, es más amplio que el del español con sus veinticinco, pero en términos de alofonía, el español tiene mucha riqueza también.

3. Repaso de la transcripción estrecha (fonética)

La transcripción estrecha, más completa, muestra todos los detalles del habla. En los capítulos previos ensayamos algunas transcripciones, primero en base a datos escritos especulando los ajustes fonéticos según las pautas para el habla mesurada. Después, continuamos recogiendo datos orales para poder analizarlos marcando los procesos fonéticos. También, examinamos anteriormente los entornos que producen más ajustes de pronunciación que los otros para estar más informados en cuanto a los fenómenos y tener el oído alerta. Por ejemplo, la posición final de la sílaba es un entorno peligroso para las consonantes puesto que el español prefiere dejar abierta la sílaba. Por eso, en la coda, la(s) consonante(s) tiende(n) a debilitarse, y entonces, hay una cantidad de fenómenos que sólo se realiza en esta posición y, hasta cierto punto, son predecibles en algunos dialectos.

Un estudio de campo comprensivo nos va a proporcionar la oportunidad de recoger, examinar y analizar una cantidad de datos más extensiva para describir los fenómenos dialectales del habla y confirmar nuestras hipótesis.

4. Repaso de los rasgos suprasegmentales

Aprendimos en el capítulo 2 que la entonación es un rasgo suprasegmental que se usa para marcar los contornos tonales de un enunciado. Los tres grados principales de la entonación incluyen la enunciativa, la interrogativa y la exclamativa. Los rasgos suprasegmentales desempeñan papeles importantes para establecer y mantener la comunicación oral. Contamos con tres clases de entonación: la anticadencia (ascendente), la cadencia (descendente) y el suspenso (plano). La anticadencia representa un tono que va subiendo al finalizar un enunciado, por ejemplo, con una pregunta de sí o no: «¿Me haces algún favor?» Este tipo de enunciado es representado por una flecha hacia arriba (↑). La cadencia representa un tono que va bajando a lo largo del enunciado: «Te ayudo ahora». El tono ayuda con el significado de la frase—es una afirmación, es decir, es una certeza, no hay duda, entonces, cae el tono. La cadencia es representada por una flecha hacia abajo (↓). Y el tercero, el suspenso, un tono que ni sube ni baja, se emplea cuando uno no ha terminado de hablar o hace alguna pausa mientras habla e indica que el enunciado puede terminar siendo tanto una pregunta como una afirmación o puede que quede indeterminado. El suspenso es indicado con una flecha horizontal (→).

Para repasar, decimos que un enunciado como «Se va mañana» contiene los mismos segmentos y la misma sintaxis para hacer o una pregunta confirmativa o una afirmación; entonces, el factor determinante estriba en la entonación. Para hacer una pregunta, uno sube con la entonación al finalizar el enunciado: «¿Se va mañana? (↑)»; para hacer una afirmación, uno baja la entonación: «Se va mañana (↓)».

Cuando enumeramos una lista cada uno de los componentes tiene un tono identificador. Por lo general, cada componente conlleva un tono descendente menos el penúltimo, que tiene un tono ascendente. En un enunciado declarativo, como por ejemplo «Los estudiantes me entregaron el trabajo», habrá dos contornos tonales. El sujeto (sintagma nominal) tendrá un contorno ascendente y el predicado tendrá uno descendente: «Los estudiantes (↑) me entregaron el trabajo (↓)». Otros ejemplos de frases incluyen «Los estudiantes, que te visitaron ayer, me visitan hoy". En cuanto a esta frase, la información que proporciona la cláusula «que te visitaron ayer» es ya conocida, entonces subirá el tono y los dos otros componentes tendrán un tono descendente: «Los estudiantes (↓), que te visitaron ayer (↑), me visitan hoy (↓)». Por otro lado, si se hubiese dicho «Los estudiantes que te visitaron ayer, me visitan hoy», sin esa cláusula dependiente, los contornos serían: «Los estudiantes que te visitaron ayer (↑), me visitan hoy (↓)». Y, últimamente, en un enunciado de admiración, la entonación baja al finalizar el comentario: «¡Qué bueno! (↓)»

Será importante tener en cuenta estos rasgos suprasegmentales para poder compararlos y contrastarlos con los datos recogidos en nuestro estudio.

8-1. Estimulación

En un grupo de dos o tres personas, trabaje con las transcripciones provistas para determinar su ortografía normativa, identificar el fenómeno fonético e identificar a qué región(es) pertenecerá. Luego, comparta sus opiniones con la clase. Siga el modelo.

Transcripción estrecha	Ortografía normativa	Fenómeno(s)	Región(es)
[fár.ða]	«falda»	rotacismo	caribeña/costeña
1. [iŋ.séj.to]			
2. [fe.ʒo.ka.ʒíl]			
3. [a.ßlá.a.o]			
4. [loh.ní.ɲoh]			
5. [ró.ɣo]			
6. [ɲó.ta]			
7. [gwé.ja]			
8. [pé.sᵊs]			
9. [mú.tso]			
10. [é.ʃa]			

Materia principal

1. Estudio de campo

a. Antecedentes

En este texto, **el estudio de campo lingüístico** se ha referido a la aplicación práctica de la teoría que se ha presentado. Se llevó a cabo un tipo de estudio práctico al final de cada capítulo en este libro para recalcar los conceptos presentados y, también, para reflexionar sobre la relación entre éstos y sus propios datos recogidos. Ahora tenemos la oportunidad de ensayar el estudio comprensivo. Con la preparación y el ensayo mismo del estudio de campo, se podrá aplicar todo concepto lingüístico y llegar a sus propias conclusiones acerca de la lengua y los procesos fonéticos. Además, se espera que el estudiante aprenda un poco más allá de lo que sabía antes de diseñar su estudio.

En otros contextos el estudio de campo también se llama **el trabajo de campo**— nombre apto porque se refiere al trabajo "a la intemperie" del que se ocupaba el lingüista (el investigador) que recogía datos sobre alguna lengua desconocida, la mayoría de las veces en algún lugar rural y recóndito. **El informante**, la persona seleccionada de la comunidad para trabajar con el investigador, traduciría palabras y contestaría las preguntas que tendría el investigador sobre la gramática de la lengua. Se le puso el nombre de *informante* al participante porque daba información acerca de la lengua y la gramaticalidad de algunos enunciados y frases creados por el investigador. El investigador, con una encuesta cuidadosamente redactada, ensayaría toda combinación de estructuras y palabras para luego pedirle al informante su opinión acerca de la precisión de éstos. Le presentaría al informante estas preguntas o frases para averiguar si eran gramaticalmente correctas o no, tratando de enterarse de la variabilidad de la lengua. Dependiendo de la evaluación de los enunciados por parte del informante, el investigador podría confirmar o desacreditar sus hipótesis acerca de la estructura lingüística de la lengua y después haría toda modificación necesaria a sus hipótesis originales. Normalmente pasaría unos meses o años con la comunidad de hablantes para recoger datos y recopilar una gramática oficial descriptiva de la lengua en cuestión. Esos trabajos realizados nos proporcionan datos indispensables en cuanto a la lengua en cuestión y en cuanto a los **universales lingüísticos**. Los universales lingüísticos se refieren a las características comunes o las uniformidades que tienen todas las lenguas humanas, así pues, existen universales semánticos, fonológicos y sintácticos. Los universales también pueden ser tanto absolutos como relativos, puesto que algunos no se aplican a todas las lenguas. Por ejemplo, que toda lengua humana tiene sustantivos y verbos es uno de los universales lingüísticos.

El trabajo de campo ha sido una herramienta lingüística imprescindible en cuanto a nuestro conocimiento de la lengua humana y también de la formación de criollos. Sin embargo, seguimos aprendiendo más acerca de todas las lenguas porque continúan desarrollándose y evolucionando por el contacto que mantienen entre sí.

En este libro preferimos emplear el término **consultor lingüístico** en lugar de informante, puesto que el término *informante* es problemático desde hace tiempo por la connotación sospechosa que puede dejar, como, por ejemplo, con su relación con un informante político, un informante criminal o el espionaje. William Samarin, en su obra fundamental, *Field Linguistics*, notó este tabú desde hace cuarenta años y este problema también se documenta recientemente en la obra de Vaux y Cooper. Entonces, creemos que, por emplear el término *consultor*, podemos esquivar los problemas que conlleva la otra denominación. Y, además, consultor expresa mejor el espíritu de colaboración que queremos fomentar con este estudio.

En el pasado, siempre se elegía a consultores que pertenecían a un grupo demográfico específico. Los consultores siempre eran de una categoría identificada con la sigla "NORM". La "N" se refiere a "non-mobile" o *sedentario*; "O" para "older" o *mayor*; "R" para "rural" y la "M" para "male" u *hombre*. Se creía que la forma más auténtica de la lengua se podría obtener de esta población demográfica, o sea, un hombre rural sedentario, mayor de edad. Sin embargo, las tendencias han cambiado y a continuación aprenderemos más en cuanto a qué criterio aplicar en la selección de consultores.

El estudio de campo que se va a ensayar en este capítulo seguirá las pautas generales de un trabajo de campo oficial, pero con la ventaja de que ya se conocen los procesos fonéticos de la lengua más comunes y, por eso, no se tendrá que empezar desde cero.

b. Introducción al estudio de campo

1. Conceptos etnográficos

Un estudio etnográfico investiga el comportamiento sociocultural de una comunidad, entre otros factores, y es una herramienta importante para los estudios antropológicos. Los antropólogos normalmente pasan tiempo con la comunidad que quieren estudiar, conviviendo con ellos y observando sus prácticas para poder entender su cultura. **La etnografía**, entonces, es una ciencia que estudia las razas, los pueblos y/o los grupos étnicos. **La etnolingüística** es una disciplina que estudia la relación entre la lengua y la cultura de uno o varios pueblos. Aunque nuestro trabajo no pretende ser un estudio etnográfico, un estudio de campo no sería completo si no incorporara datos sobre los aspectos etnográficos de la región seleccionada, ya que éstos influyen en el habla del consultor seleccionado.

2. Factores etnográficos

Después de escoger el dialecto del español en el que le interese profundizar, uno tendrá que informarse en cuanto a los detalles importantes de la cultura, política, geografía, historia, etc. para hacer preguntas relevantes. Durante la recolección de datos muchas veces es necesario darle seguimiento a su consultor durante la entrevista para que siga hablando y la conversación grabada disponga de la mayor cantidad de los marcos lingüísticos necesarios para su análisis. Será mejor estar preparado con un listado de temas apropiados y relacionados con el dialecto del consultor.

En cuanto a factores etnográficos, si la región en cuestión tiene mucha influencia indígena, puede que el inventario fonético de ésta influya en la pronunciación. Uno no tendrá que especializarse con toda la información, pero si se conocieran algunos datos destacados, se facilitaría una conversación fluida. Algunas veces una discusión política puede causar tensión para el consultor, entonces sería bueno tener a mano otro tema menos personal y/o sensible. A continuación podrá comprender la importancia de trabar a su consultor en una conversación continuada, entonces, es una buena idea tener una formación básica en cuanto a la región de donde es su consultor. Será oportuno tener este conocimiento de la región especialmente si a su consultor no le gusta hablar de cuestiones personales.

Los factores etnográficos referentes a la edad, grupo étnico y clase social, por ejemplo, van a dejar sus huellas en la forma de hablar del consultor elegido. La edad, si es menor o mayor, va a afectar su forma de hablar por razones de identidad y solidaridad con otros de la misma generación. El grupo étnico con el que se asocia o al que pertenece influirá en su habla por cuestiones de solidaridad e identidad.

Puesto que es muy difícil predecir o medir las influencias que impactan al habla, es de suma importancia recoger todos los datos etnográficos posibles para poder explicar algún proceso dialectal anómalo durante su análisis. Además, por alguna razón u otra, puede que usted no tenga la oportunidad de volver a pedirle clarificación a su consultor. En resumidas cuentas, es mejor recoger un dato de más que no tener lo suficiente. Se aprenderá a eliminar los datos superfluos después.

8-2. Comprensión

Conteste individualmente o en grupo las siguientes preguntas basando sus respuestas en el material presentado anteriormente.

1. ¿Qué relación existe entre **el trabajo de campo** tradicional y **el estudio de campo** que se realiza en este libro?

2. ¿Para qué sirve la recolección de datos lingüísticos?

3. ¿Qué papel desempeña **el informante** o **consultor lingüístico**?

4. ¿Cómo se diferencian **la etnografía** y **la etnolingüística**? ¿Qué factores etnográficos pueden influir en el habla? Dé algún ejemplo original.

5. ¿A qué se refiere la sigla "NORM"? ¿Qué opina Ud. acerca de la práctica de sólo seleccionar entre consultores de esa categoría?

c. La selección del consultor lingüístico

Según indican las pautas para la recolección de datos en un estudio de campo auténtico, los mejores consultores son los hablantes nativos de la lengua meta, y además, monolingües. Esta pauta deriva, obviamente, del propósito original del trabajo de campo—el de estudiar una lengua desconocida. Entonces, el investigador no quisiera la interferencia de otra lengua porque ésta dificultaría su trabajo. Así pues, el objetivo de este estudio es aplicar la teoría presentada y confirmarla con datos prácticos. Puede que la selección de un hablante nativo monolingüe no sea posible, especialmente en aquellas regiones con un bajo índice de hispanos. Si es posible encontrar a una persona de habla hispana que sea monolingüe, se puede cumplir con la pauta, pero si no es posible, hay otras alternativas. No se disminuiría la importancia del estudio si se eligiera a un hablante bilingüe u otra persona que aprende a hablar el español como segunda lengua. Uno tendrá que trabajar con los recursos a su alcance. Sería muy interesante estudiar el impacto que tiene el inglés en la adquisición de los sonidos del español si es su única opción.

1. Cómo escoger entre participantes

Como se ha explicado anteriormente, con el trabajo de campo auténtico, el lingüista viaja a la región geográfica donde habitan los hablantes de la lengua meta, entonces, es posible seleccionar a sus consultores porque hay una comunidad entera de posibles candidatos. Para nuestros fines, la selección no siempre va a ser tan amplia. Si usted tiene el lujo de escoger entre participantes, hay algunas pautas recomendables en cuanto a la selección entre ellos. Tienen que ver con las clasificaciones de edad, clase social, género y cantidad, y tienen su desarrollo a continuación.

> *Edad:* Para un trabajo de campo oficial no es recomendable trabajar con los niños porque no sirven de buenos consultores, puesto que no entienden el propósito del estudio y se distraen fácilmente. Según dicen, una persona mayor de dieciocho años sería mejor para la recolección de datos. Como se ha dicho anteriormente, la meta de este estudio es diferente, entonces si usted pudiera entrevistar a un niño, los datos recogidos serían muy interesantes, especialmente si es un niño bilingüe.

> *Género:* En el campo, pueden surgir problemas personales entre un hombre y una mujer trabajando en colaboración. Por eso, se han documentado menos complicaciones cuando el consultor ha sido del mismo sexo que el investigador, por razones obvias. La situación física es diferente en el caso de este estudio—usted no va a convivir con una comunidad en el extranjero, entonces, puede que no interfiera la diferencia de género.

> *Clase social:* Por casi las mismas dificultades anteriormente explicadas, o sea, las impuestas por la convivencia, también en esta categoría sería mejor si fueran de la misma escala social el consultor y el investigador. Para este estudio, puede que la cuestión del nivel económico no impacte tanto como si se estuviera en una comunidad rural en el extranjero. Con tal de que el consultor entienda bien los objetivos del estudio, se puede evitar conflictos que surgen por una clase social dispar.

> *Cantidad de consultores:* En un mundo ideal, sería bueno tener más de un consultor por cuestiones de idiolecto y modos anómalos del habla, pero con este estudio, se va a examinar el habla de uno a menos que se pueda llevar a cabo un estudio de tipo comparativo/contrastivo entre consultores.

2. Cuestiones éticas y las responsabilidades del investigador

En cuanto al éxito de su estudio, el consultor es de suma importancia. Su participación es inestimable porque sin ella no se tendrá ningún dato que transcribir ni analizar. Es importante respetar los derechos, los intereses, las sensibilidades, y hasta la intimidad de los consultores. Aunque el producto del estudio de campo es muy valioso, no pierda al consultor de vista facilitando lo que Vaux y Cooper han identificado como el "síndrome de loro". Se quiere evitar a todo trance este **síndrome de loro**, o sea que el consultor se sienta como un loro que sólo le proporcione al investigador los renglones que se han pedido o que repita lo que se le pide—como un loro. Son colaboradores el investigador y el consultor y los intereses de uno no deben primar sobre los del otro. Otra responsabilidad del investigador es la de compartir con el consultor el objetivo del estudio. No se quiere que el consultor se inquiete con la grabación y la recolección de datos ni que se muestre reticente a hablar porque duda la sinceridad del investigador o cree que sólo sirve la grabación para indicar sus errores en la lengua. Se podrá disminuir estas inquietudes por ser franco con el consultor. El propósito de este estudio es para que se profundice en los procesos dialectales del español, no es para juzgar o criticar la forma de hablar de su consultor. Si es necesario guardar la identidad del consultor, se puede participar en el estudio de incógnito.

Además, otra responsabilidad que acompaña la realización de este estudio tiene que ver con el aprecio que tendrá durante las entrevistas y después de que se hayan recogido los datos. En señal de su agradecimiento por el tiempo que ha dedicado a su proyecto hay que regalarle algo a su consultor. En algunas culturas, la presentación de un pequeño obsequio será más apropiada que darles efectivo.

En cuanto al estudio de campo, será importante recopilar tantos datos como sea posible concernientes a la vida personal del consultor para el análisis de los datos. Especialmente si no es monolingüe su consultor, será de suma importancia enterarse de todas las experiencias en el extranjero y/o alguna instrucción formal que haya recibido en otras lenguas. Sin embargo, a la vez, hay que respetar la intimidad de su colaborador. Algunas personas prefieren no identificarse en términos de edad, raza, u otras clasificaciones personales. Por eso, será mejor ofrecerle al consultor un amplio abanico de posibilidades en cuanto a estos datos personales; por ejemplo, en lugar de preguntarle cuántos años tiene, podría dársele la opción de escoger entre un grupo de edades. En la figura 8.1 se muestra un ejemplo de una ficha personal que se puede utilizar como modelo. Es importante recopilar también datos acerca de los padres y los familiares del consultor porque todo ello tiene una influencia muy impactante en el habla del consultor. Véase el formulario en la figura 8.1 y luego pregúntese, ¿qué otros datos serían relevantes a su estudio? Puede que usted quiera redactar su propio formulario o ajustar el provisto. De todas maneras, hay que documentar algunos datos personales sobre su consultor para enfocar su análisis.

Figura 8.1 Ficha personal

Instrucciones: Rellene el siguiente formulario con la información pedida; en algunos casos se pide una selección entre algunas posibilidades provistas. Sólo tendrá que proveer la información con la que se sienta cómodo/a:

1. Nombre(s) y Apellidos: _____

2. Nacionalidad: _____

3. Lugar de nacimiento: _____

4. Profesión: _____

5. Edad entre: 5–9   10–19   20–35   36–45   46–59   60+

6. Sexo: hombre mujer

7. Lengua materna: _____

8. ¿Tiene conocimiento de otras lenguas?   Sí   No   ¿Qué lenguas? _____

9. ¿En qué país se educó? _____

10. ¿Dónde vive? _____

11. ¿Ha vivido en otro país?   Sí   No   ¿Qué país? _____

12. ¿De dónde son sus padres? _____

13. ¿Qué lenguas hablan sus padres? _____

14. ¿Ha vivido en el extranjero?   Sí   No   ¿Dónde?_____

8-3. Comprensión

Conteste individualmente o en grupo las siguientes preguntas basando sus respuestas en el material presentado anteriormente.

1. ¿Cómo se diferenciarán los datos recogidos de un consultor monolingüe y los de un bilingüe?

2. ¿Qué impacto tienen los factores de edad, género y clase social en la recolección de datos? Dé algunos ejemplos.

3. ¿Por qué sería beneficioso tener más de un consultor de la misma región?

4. ¿En qué consiste el "**síndrome de loro**"? ¿Cómo se puede evitar?

5. Nombre tres responsabilidades éticas que tiene el investigador en cuanto al estudio de campo y explique cómo se puede cumplir con ellas.

d. Los preparativos

Otra responsabilidad importante de la que se encarga el investigador tiene que ver con la preparación que se lleva a cabo antes de la entrevista con el consultor. Sería negligente de su parte no informarse acerca de las costumbres y todo lo relevante de la cultura en cuestión. Por ejemplo, si se investigan anteriormente las normas (reglas de conducta), prácticas, creencias, celebraciones, o días festivos, se podrá pedirle al consultor más detalles de estos temas y entablar una conversación productiva e interesante. Un buen investigador tendrá muchos temas preparados por si acaso el consultor se incomode con algún tema presentado o que no tenga ninguna opinión al respecto. Es muy importante disponer de un amplio listado de temas viables para facilitar una conversación fluida. Se verá a continuación la importancia de distraer al consultor para que no ponga atención a la grabadora y que hable naturalmente, y por eso, la selección de temas interesantes ayudan con este propósito.

Como se ha expuesto anteriormente, uno de los problemas que surge con este tipo de estudio es que aunque el investigador quiere obtener datos de una conversación natural sin que el consultor se percate de la observación, el acto de entrometerse con algún equipo de grabadora y micrófono disminuye la naturalidad de una conversación espontánea. Tanto el consultor como el investigador no van a comportarse normalmente porque el estudio mismo no es natural. El nerviosismo y la ansiedad, por ejemplo, son algunas de las **variables afectivas** que pueden afectar el comportamiento del consultor. El lingüista americano William Labov identificó este fenómeno y le puso el nombre de "paradoja del observador". La **paradoja del observador** puede complicar la recolección de datos, pero no pone fin a ella. Además, existen estrategias que disminuyen el efecto de esta paradoja y éstas se explican a continuación.

1. Estrategias para disminuir la paradoja del observador

Puesto que uno quiere obtener renglones encadenados que provienen de una conversación natural, es necesario tener sus preguntas ya preparadas antes de que comience el estudio. Además, como se explicó antes, puede que no le interese algún tema, consecuentemente, no tendrá mucho que decir. A algunos no les gusta hablar de datos personales, entonces, tendrán que tener otros temas preparados para que el consultor no pierda el interés. Los temas que tienen que ver con los festivales, las celebraciones culturales, y/o los acontecimientos históricos serán muy aptos. Aunque la política es un tema interesante, puede ser tan controvertida como la religión, y a algunos no les gusta hablar de esas cuestiones. En fin, la responsabilidad del mantenimiento de la conversación recae en el entrevistador.

Aparte de los temas preparados, el investigador habrá ensayado una investigación preliminar sobre las tendencias que se documentan para el dialecto de su consultor. Es bueno tener un conocimiento general de los procesos dialectales que caracterizan al habla de la gente de la región seleccionada. Para complementar la información provista en el capítulo 6 de este libro, las obras fundamentales de Manuel Alvar y las de John Lipski le servirán bien. Es más, las obras de Lipski están disponibles en español e inglés.

2. ¿Qué materiales usar?

En cuanto a la recolección de datos, una pregunta importante es: ¿qué materiales se deben usar? La grabadora (video o audio), aunque contribuya a la paradoja del observador, es un componente integral para el estudio de campo porque sería imposible transcribir todo lo que se dice el consultor. Además, si uno necesita escuchar de nuevo lo que dice el consultor, ya habrá una forma grabada. Se recomienda un aparato de audio o video (DAT) con un buen micrófono y que se pueda colocar donde no esté a la vista, porque aunque sabe el consultor que se graba la entrevista, la presencia del aparato distrae. Si es posible grabar utilizando la computadora hay programas de *software* existentes que facilitan el análisis de los datos, y uno de ellos se describe a continuación. Aunque se puede llevar a cabo una entrevista por teléfono y grabarla a la vez, es más ventajoso estar cara a cara para mantener contacto visual con el consultor y para poder ver cómo se forman los sonidos.

Es una buena idea ensayar unas grabaciones prácticas antes para ajustar el volumen de la grabadora y medir, a la vez, la distancia apropiada para el micrófono. Es importante tener todo arreglado para que no se tenga que lidiar con los medios tecnológicos ante su consultor porque va a perturbar el desarrollo de la entrevista y sin duda alguna, la fluidez de la conversación.

Volviendo al tema de los programas de *software* disponibles, el profesor Du Bois de la Universidad de California (Santa Bárbara) tiene un programa excelente que se llama *VoiceWalker* (www.linguistics.ucsb.edu/projects/transcription/tools.html) que ayuda con el análisis posterior de los datos recogidos.[1] Este programa es una herramienta lingüística cuyo diseño ayuda con la transcripción de grabaciones, tanto audio como video, permitiendo la reproducción de segmentos de la grabación de una manera regulada para poder estudiarlos con detenimiento. Sería una buena idea bajar los archivos necesarios *VoiceWalker* y practicar con ello.

La tecnología moderna es excelente y nos simplifica el trabajo, sin embargo, no subestime el valor del lápiz y el papel. Es recomendable tener a mano lápiz y cuaderno para anotar comentarios sobre la entrevista u otro fenómeno que ocurre que no se graba con su equipo. Estos apuntes pueden tener importancia durante el análisis de los datos y se sugiere guardarlos y archivarlos con las transcripciones.

3. ¿Dónde tiene lugar la recolección de datos?

Otra consideración importante tiene que ver con el lugar donde se realiza el estudio. Se quiere escoger algún lugar que facilite una conversación natural y fluida. Así pues, es recomendable escoger un lugar tranquilo, cómodo y de alguna forma amueblado, para evitar así la reverberación. Un cuarto vacío es problemático por las malas condiciones acústicas. Un lugar bien mueblado es mejor porque los muebles disminuyen la probabilidad de la reverberación de la voz que se puede interferir con la recolección de datos. En un lugar tranquilo, no tendrán las interrupciones comunes y/o ir y venir de la gente. No se olviden de apagar los teléfonos celulares u otros aparatos que puedan hacer ruidos molestos.

4. Lista de control y consejos prácticos

Anteriormente se presentó la importancia de llevar a cabo una investigación preliminar en cuanto a los aspectos culturales, las tendencias dialectales y otros datos pertinentes a la región escogida. Adicionalmente, será importante tener en cuenta una **lista de control** con algunas preguntas para estructurar la entrevista. Siempre se presentan algunas preguntas al principio de la entrevista para romper el hielo y establecer una ambiente amigable.

Recordemos que se quiere recoger datos que muestren todo entorno o marco lingüístico para todo sonido variable en el inventario, entonces se quiere una conversación variada y continuada. Puede que se tengan que reunir de nuevo si no se recogen suficientes datos, entonces se quiere potenciar al máximo esta entrevista.

Es mejor no pedirle al consultor que lea algo escrito en voz alta para la recolección de datos. Esta práctica va a rendir un resultado de poca fiabilidad lingüística porque la ortografía normativa puede afectar la pronunciación. O sea, muchas veces la gente se autoregula y pone más atención al habla "correcta" cuando leen en voz alta. Como resultado, no se evidencia ningún proceso dialectal ni se realizan algunas formas anómalas.

Entonces, en lugar de tener algún texto ya preparado, se puede recoger datos para mantener una conversación con su consultor. A continuación hay unos consejos prácticos para asegurar el éxito de la entrevista.

1. Prepare unas **preguntas de cortesía** para hacer que se sienta cómodo el consultor. Por ejemplo, si hay una fiesta patria inminente, usted podría hablar de sus propios planes y luego preguntarle cómo piensa pasarla su consultor.

2. Hable de uno de los temas interesantes que se investigaron anteriormente para que no se autoregule mientras habla. Recordemos que nuestra meta es obtener los datos más auténticos y no se quiere que el consultor ponga atención a su forma de hablar. Tampoco se quiere que se ofenda o que se calle. Se podrá preguntar acerca de alguna celebración, una práctica cultural u otro acontecimiento histórico de su país de origen.

3. Haga una actuación improvisada. Si resulta difícil alguna conversación fluida sobre los temas que se habrán preparado, también es una técnica viable una actuación improvisada. Previamente, contamos con el acercamiento lingüístico de *Strategic Interaction*

en el capítulo 2 (sección 2.12) para recoger datos para la aplicación de la teoría sobre la entonación en español. Se podrá tener preparadas unas actuaciones (el Apéndice B, p. 198, dispone de algunos temas ya preparados) y pedir al consultor que participe con usted en esta actividad. Las actuaciones de este tipo facilitan la soltura del habla también porque los "actores" dejan de pensar en su *forma* de hablar porque están preocupados con los motivos del papel que desempeñen.

4. Como último recurso, se podrá pedir al consultor que conteste u opine sobre algunas preguntas directas acerca del habla de la gente de su región. Algunas veces es necesario darle seguimiento al consultor si escasean los marcos lingüísticos de algunos datos para verificar su realización. Sería interesante, no obstante, comparar lo que describe el consultor acerca de su forma de hablar con lo que, de verídico, dice.

Recordemos que se quiere obtener datos que muestren cada alófono, entonces, el objetivo de estas conversaciones es obtener todas las vocales y las consonantes en todos los entornos: posición inicial de la sílaba, posición media y posición final. Una conversación que trabe el interés o alguna emoción del consultor será más productiva para nuestros fines.

Un inconveniente seguro es que se tendrá que ajustar el estudio aunque lo haya planeado bien. La verdad es que el resultado del estudio no lo podemos planear, sólo la estructura provisional y los preparativos. Pero, si se han investigado algunos temas interesantes y relevantes a la cultura en cuestión, y se han repasado las tendencias lingüísticas de la región, habrá menos probabilidad de una recolección decepcionante. Se resumen en la figura 8.2 los consejos prácticos y una lista de control para la preparación anterior a la entrevista.

Figura 8.2 Lista de control—Preparativos

Investigue sobre la cultura, política, historia, etc., de la región seleccionada y prepare temas o preguntas al respecto. Prepare algunas actuaciones viables (véase el Apéndice B, p. 198).

1. Repase las tendencias dialectales generales de la gente oriunda de la región seleccionada. Apunte los fonemas inestables con sus entornos problemáticos.

2. Busque un lugar tranquilo, cómodo y bien amueblado donde llevar a cabo el estudio.

3. Tenga listo el equipo habiendo ajustado el volumen y arreglado la posición del micrófono anteriormente.

4. Tenga un lápiz y un cuaderno para apuntar notas o comentarios interesantes.

5. Antes de la recolección de datos, informe a su consultor sobre el objetivo del estudio y trátale/la con respecto. Después, obséquiele/la apropiadamente.

Conteste individualmente o en grupo las siguientes preguntas basando sus respuestas en el material presentado anteriormente.

1. ¿A qué se refiere la "**paradoja del observador**"? ¿Cómo se puede disminuir los efectos que tiene este fenómeno?

2. En cuanto a la selección de algún lugar para la realización de la entrevista, ¿qué factores se tienen que tomar en consideración? Explíquelos.

3. Nombre algunos ejemplos de **preguntas de cortesía**. ¿Para qué sirven éstas?

4. ¿Por qué no es recomendable pedirle al consultor que lea de algún texto escrito para la recolección de datos?

5. ¿Qué alternativas existen si no se puede entablar una conversación natural con su consultor?

e. El ensayo y el análisis de los datos recogidos

Después de recoger los datos, se pasa a la etapa de la transcripción y **el análisis de datos**. Durante el análisis, se buscan procesos dialectales tanto vocálicos como consonánticos. Recordemos que la posición final de sílaba es **el marco lingüístico** que atrae más ajustes consonánticos. En la figura 8.3 se resumen los pasos del análisis de los datos para tenerlos en cuenta mientras se examinan los datos. Es importante, primero, transcribir en ortografía normativa todos los datos recogidos para tener una referencia concreta y para verificar que se entiende todo lo que se ha dicho su consultor. Luego, se pueden transcribir en fonemas los renglones. A esta altura del análisis, sería conveniente subrayar los entornos o marcos lingüísticos donde se espera notar algún fenómeno dialectal para poder tener alerta el oído para aquellas partes de la grabación. Tenga en cuenta también que no todo lo que se ha grabado será de la misma importancia, o sea, puede que se dupliquen algunos datos o que no se evidencie nada fuera de lo normal en algún marco donde se espera una forma innovadora. En cuanto a los procesos dialectales anticipados, es importante no dejar que sus esperanzas influyan en la transcripción estrecha de los datos recogidos. Las tendencias dialectales existen para guiar su análisis no para controlarlo y/o determinar el resultado. A continuación se presentarán algunos consejos prácticos y advertencias para tener en cuenta durante el análisis. Es decir que se han documentado algunas "trampas" que otros han experimentado y quisiéramos evitarlas.

Figura 8.3 Los pasos del análisis de los datos

1. Escuche su grabación y transcriba en ortografía normativa todos los datos. Anote también en su transcripción cualquier comentario que se habrá notado durante la entrevista.

2. Transcriba en fonemas los renglones transcritos.

3. Anote todos los marcos lingüísticos relevantes a los fenómenos dialectales—la posición inicial de la sílaba, y la posición final de ella, etc.

4. Marque los procesos dialectales según su marco lingüístico respectivo y compárelos con la teoría.

5. Marque los rasgos suprasegmentales y compárelos con la teoría.

6. Anote sus conclusiones.

Algunos procesos comunes

Se han documentado algunos procesos que son comunes en el habla de la mayoría de las lenguas humanas. Entonces, antes de seguir con su análisis de datos, cabe repasar algunos de los prevalecientes. Sin embargo, sólo se describen en esta sección aquéllos que tendrán relevancia para el español y éstos incluyen: palatalización, nasalización, redondeamiento, glotización, asimilación, ensordecimiento, sonorización, simplificación, epéntesis y yodización.

La palatalización ocurre con las oclusivas velares /k, g/ que se realizan como [ç, ɟ], respectivamente ❀**1**, especialmente en inglés. En español, la palatalización ocurre también con la fricativa velar /x/, como en la palabra «gesto»—en lugar de pronunciarla [xés̪.to] ❀**2**, se dice [xʲés̪.to] ❀**3**. Entonces, las obstruyentes velares en posición inicial de la sílaba tienden a palatarizarse.

En muchas lenguas, **la nasalización** es un proceso común que sufren las vocales en posición anterior a las consonantes nasales. Por ejemplo, con la palabra «inclusa», se dice [ĩŋ.klú.sa] ❀**4**.

El redondeamiento es un proceso que se documenta entre las generaciones mayores y ocurre con consonantes que preceden a vocales posteriores [o, u], por ejemplo, con la palabra «cosa» uno diría [kʷó.sa] ❀**5**, en lugar de [kó.sa] ❀**6**.

La glotización (también llamada aspiración) es un fenómeno que afecta a la fricativa velar sonora en español /x/. En lugar de decir [á.xo] para «ajo» ❀**7**, uno diría [á.ho] ❀**8**.

Ya conocemos bien el proceso de **la asimilación**, que ocurre en muchas lenguas y es un proceso natural porque simplifica algunas pronunciaciones. Recordemos que este proceso deja sus huellas en la morfología, o sea, la ortografía normativa queda afectada por este proceso—la palabra «imposible» es una combinación de «in» más «posible», pero se escribe con «m» por la bilabialidad de la «p». Sin embargo, este proceso no siempre afecta la ortografía, pero sí afecta la pronunciación, por ejemplo, en la palabra «enmendar», uno dirá [em.men̪.dáɾ] ❀**9**.

Otro fenómeno se llama **el ensordecimiento** y éste es un proceso que sufren las consonantes sonoras cuando están adyacentes a otras consonantes sordas. Las sonoras se ensordecen por la influencia de las sordas. Por ejemplo, en lugar de pronunciar [aβ.soɾ.βéɾ] ❋10, uno diría [ap.soɾ.βéɾ] ❋11.

En términos del ensordecimiento, la **sonorización** es "la otra cara de la moneda". En este caso, las consonantes sordas se sonorizan cuando preceden a consonantes sonoras. Por ejemplo, con la palabra «etnia», uno dice [éð.nja] ❋12, por la influencia de la consonante sonora «n».

Otro proceso común se llama **simplificación** y ya se conoce bien este fenómeno. La simplificación se realiza en grupos consonánticos y también con africadas. La palabra «apto» muestra bien este proceso porque se dice [á.to] ❋13 en lugar de [áp.to] ❋14.

La epéntesis vocálica ocurre en español por razones fonotácticas, especialmente con neologismos que tienen una «s» más otra consonante en posición inicial de palabra. Por ejemplo, con la palabra «scanner» en inglés, se dice en español «escáner» con la «e» epentética tradicional. Pero, también recordemos que el español hablado experimenta una epéntesis consonántica que resulta de la ultracorrección. Por ejemplo, en lugar de pronunciar [ba.sí.o] ❋15 para «vacío», uno dirá [ba.sí.ðo] ❋16, con una «d» epentética.

El último proceso común del habla se llama **yodización** y recordemos que este fenómeno y la simplificación de grupos consonánticos van muchas veces de la mano. Por ejemplo, volviendo al ejemplo anterior de la palabra «apto», uno dirá [áj.to] ❋17, o sea, la consonante se elide y la yod [j] se realiza de reposición.

A continuación, en la figura 8.4 se resumen los procesos comunes con ejemplos adicionales por si acaso se realizasen en los datos de su estudio.

Figura 8.4 Procesos dialectales comunes

Proceso	Ejemplo	Transcripción estrecha
1. palatalización	«gente»	[xjéṇ.te]
2. nasalización	«pandero»	[pãṇ.dé.ro]
3. redondeamiento	«cosa»	[kʷó.sa]
4. glotización	«hijo»	[í.ho]
5. asimilación	«inminente»	[im.mi.néṇ.te]
6. ensordecimiento	«abstracto»	[aps.trák.to]
7. sonorización	«fútbol»	[fúð.βol]
8. simplificación	«transporte»	[trãs.póɾ.te]
9. epéntesis	«aldea»	[aḷ.dé.ða]
10. yodización	«concepto»	[kon.séj.to]

Conteste individualmente o en grupo las siguientes preguntas basando sus respuestas en el material presentado anteriormente.

1. ¿Por qué es importante transcribir ortográficamente los datos recogidos de su estudio lingüístico?

2. En español, ¿qué **marco lingüístico** conlleva más procesos dialectales? ¿Por qué?

3. ¿Qué impacto tendrán nuestras expectativas en la transcripción de los datos recogidos? ¿Podría ser negativo y positivo a la vez? Explíquelo.

4. En el habla, la **nasalización** vocálica es un proceso común. Vuelva al capítulo 6 y busque los datos sobre la nasalización vocálica en español. ¿En qué regiones se evidencia?

5. ¿Cree que el **ensordecimiento** será un proceso dialectal común en español? ¿Por qué (no)?

f. La transcripción estrecha de los datos recogidos

Tanto **la transcripción ortográfica** como la fonémica van a ayudar mucho con la transcripción estrecha de los datos recogidos durante la entrevista con su consultor. Durante el proceso de la transcripción ortográfica, se tiene que volver a escuchar repetidas veces algunos segmentos de la conversación para poder escribirlo con precisión. Además, es una tarea que lleva mucho tiempo. Sin embargo, es más fácil transcribir ortográficamente que transcribir fonéticamente. Uno sólo tiene que reconocer las palabras para poder documentarlas con facilidad. Al volver a escuchar los sonidos específicos se requiere más atención y cuidado por parte del investigador, y, consecuentemente, lleva aún más tiempo. Por eso, podría ser un trabajo menos exigente si lo compartiera con otro/a compañero/a de clase. No sería una mala idea colaborar con otro/a para transcribir los procesos dialectales porque sería otra manera de verificar el resultado.

1. Tendencias generales y algunas trampas

Recordemos que hay algunos procesos que caracterizan a varios dialectos del español a la vez. Además, hay algunos procesos que se asemejan y, algunas veces, esta semejanza dificulta su identificación. A continuación se presentan algunas tendencias lingüísticas del habla que son comunes y que, además, comparten características con otras, haciendo su identificación aún más difícil. Por ejemplo, las consonantes que se debilitan pueden elidirse también. La diferencia entre una articulación debilitada y una elisión es difícil de determinar, especialmente con el habla rápida. Entonces, es conveniente tenerlas en cuenta durante su análisis para que no se caiga en la trampa de confundirlas.

Una característica general de las oclusivas sonoras es que tienden a perder su sonoridad en posición final absoluta de palabra. En español hay tres oclusivas sonoras: la bilabial /b/, la dental /d/ y la velar /g/. En la ortografía, sin embargo, escasean la velar y la bilabial en posición final absoluta a menos que sea algún trueque lingüístico. Pero la dental sí se presenta muchas veces en este entorno. En español, la oclusiva dental /d/ puede debilitarse en este entorno y realizarse como su alófono fricativo [ð], o puede elidirse dejando una sílaba abierta. Tomando el ejemplo de la palabra «sed», la realización fricativa sería [séð] ✤ 18, y con elisión sería [sé] ✤ 19. Si se ensordeciera, tendríamos [sét]. Con el habla rápida, puede ser difícil identificar una [ð], una [t] o una elisión en este entorno.

La oclusiva bilabial sonora /b/ puede causar problemas también, especialmente en los entornos donde se debilita. Recordemos que el alófono oclusivo se realiza en posición inicial absoluta de renglón, posterior a alguna nasal, y después de alguna pausa. Si ocurre en otro entorno, su alófono fricativo [β] se articula. Durante el análisis, muchas veces la diferencia entre la fricativa bilabial sonora [β] y la fricativa labiodental sonora [v] será indistinta.

En el análisis de datos, las oclusivas sordas también presentan sus retos. Recordemos que la oclusiva sorda /t/ es alveolar en inglés pero es dental en español. La proximidad de estos dos articuladores pasivos (los alvéolos y los dientes superiores respectivamente) en este caso dificulta la identificación de la articulación—¿se habrá producido una alveolar [t] o una dental [t̪]? Se tiene que escuchar con mucha atención y hasta volver a observar la producción del sonido si se grabara con video.

Otra traba lingüística se presenta con las nasales. En el habla, las consonantes tienden a sonorizar en posición posterior a una nasal. Entonces, las obstruyentes sordas /p, t, k, f, s, x, θ, tʃ/ pueden sonorizarse cuando siguen a una de las nasales /m, n, ɲ/. La determinación entre las oclusivas sordas y las sonoras será más difícil puesto que existen tanto oclusivas sonoras como sordas en el inventario del español, y por eso, existen pares mínimos que pueden complicar la transcripción. Por ejemplo, en español la palabra «embate» /em.bá.te/ (acometida impetuosa) y la palabra «empate» /em.pá.te/ (acción de igualar en una votación o juego) forman un par mínimo. La transcripción de ambas palabras podría resultar igual: [em.bá.te] por la tendencia a sonorizarse la sorda /p/ después de una nasal. Por otro lado, en el inventario fonémico del español, la fricativa alveolar sorda /s/ no tiene una contraparte sonora, entonces si uno dijera [kónz.ta], por el fenómeno anteriormente descrito, en lugar de [kóns.ta], no habría tanta confusión.

2. Cómo clasificar los datos

Después de hacer una transcripción estrecha provisional, merece la pena escuchar su grabación y compararla con la transcripción hecha verificando todos los símbolos. Puede que se repita este proceso varias veces para pulir su transcripción y hacerla lo más precisa posible. Después de tener la transcripción acabada, se tendrá que clasificar los datos recogidos. Sería una buena idea volver al capítulo 4, sección 4.12 (p. 93), y repasar los pasos y las clasificaciones de datos lingüísticos. A continuación se presentan algunos pasos, además de los del capítulo 4, que se podrán seguir para enfocar su análisis.

1. *Compare la transcripción estrecha con la amplia:* con este paso se puede analizar si todos los fonemas tienen una realización o no.

2. *Documente la alofonía para cada fonema (tanto consonántico como vocálico):* se puede confirmar la alofonía teórica con la que se recogió en la grabación y averiguar si hay alófonos diferentes para los fonemas transcritos. Se puede juntar un listado de todos los fonemas y su alofonía.

3. *Analice los marcos lingüísticos para los alófonos y determine las pautas:* ahora se pueden escribir las reglas para la realización de cada alófono.

4. *Anote las formas anómalas:* se puede ver si hay algunas formas que varían en su realización y que no son consecuentes.

5. *Apunte sus conclusiones:* se llegará a algunas conclusiones por el análisis de las pautas que se hayan documentado en el tercer paso.

6. *Confirme su(s) hipótesis ajustándola cuando sea necesario:* se tendrá que volver a su(s) hipótesis original y verificarla respaldándola con los datos recogidos, o tendrá que ajustarla con los datos recogidos.

3. ¿Qué hacer con datos anómalos?

Si se realiza alguna forma anómala, se tendrá que buscar el porqué. Si otra reunión con su consultor es fácil de conseguir, entonces se pueden recoger datos adicionales con el pretexto de identificar la pauta que la indique. Si no es posible recoger más datos, merece la pena revisar los datos etnográficos para determinar si hay la interferencia de otra lengua u otro factor cultural en el modo de hablar de su consultor. Por eso, no se puede exagerar la importancia de recoger los datos personales y etnográficos porque éstos pueden desempeñar un papel importante en el análisis de los datos.

8-6. Comprensión

Conteste individualmente o en grupo las siguientes preguntas basando sus respuestas en el material presentado anteriormente.

1. ¿Por qué es una buena idea tener una **transcripción ortográfica** de las grabaciones? ¿Qué dificultades podrá resolver una transcripción ortográfica?

2. Nombre dos trabas lingüísticas y describa cómo se pueden evitar.

3. En cuanto al análisis de los datos recogidos, ¿por qué se sugiere una comparación entre la transcripción amplia y la estrecha?

4. ¿Por qué es importante clasificar sistemáticamente los datos recogidos? Nombre los cinco pasos de la clasificación y explíquelos.

5. Si se encuentra una pronunciación anómala, ¿cómo se puede estudiar?

8-7. Verificación

Ud. verá una grabación de video de una entrevista. Al verla, trabajando en grupo, pregúntense:

1. ¿Cómo se organiza la entrevista?

2. ¿Qué estrategias ha empleado la entrevistadora para obtener los datos que se recogen?

3. ¿Qué preparaciones previas habría hecho la entrevistadora antes de ensayar la entrevista?

4. ¿Apuntó algo la entrevistadora durante la recolección de datos? ¿Qué se habría apuntado?

5. ¿Qué haría de forma diferente si la realizase Ud.?

Haga unas preguntas de cortesía para su entrevista y compárelas con otro/a compañero/a. Luego contesten Uds. las siguientes preguntas:

1. ¿En qué se asemejan las preguntas?

2. ¿Hay preguntas de información o sólo de confirmación?

3. ¿Qué cambios tendrán que llevar a cabo para sean mejores las preguntas?

4. Piensen en cómo se puede hacer una transición imperceptible y natural entre las preguntas de cortesía y las que sirven para la recolección de datos.

5. Pídale ayuda de otro grupo de compañeros para averiguar si funcionan bien las preguntas. ¿A qué conclusiones llegan?

Síntesis

8-8. Aplicación

Trabaje con un/a compañero/a de clase para completar la siguiente actividad.

Encuentre la página web para *Electronic Meta-Structure for Endangered Languages Data* (EMELD)—www.emeld.org—y también la de *Documentation of Endangered Languages*—www.mpi.nl/DOBES/. Estos sitios disponen de enlaces muy interesantes sobre cuestiones éticas y prácticas en la recolección de datos con un consultor. Profundice en uno de los temas provistos y comparta sus conclusiones con la clase.

8-9. Investigación

Busque artículos recientes en una revista académica (el Apéndice A, p. 197, dispone de algún listado parcial de las revistas académicas recomendadas) para reforzar sus conclusiones en cuanto al dialecto en cuestión. Compare y contraste los datos recogidos con la información recién publicada sobre la región para determinar si hay documentación de algunas tendencias diferentes.

8-10. Un poco más allá

Identifique dos sonidos interesantes de sus datos recogidos, y apunte sus marcos lingüísticos. Ahora, escoja una película de la región representada por su recolección de datos. Transcriba un fragmento de unos diez minutos buscando esos mismos entornos para comparar y contrastarlos con sus propios datos. ¿Existe alguna coincidencia entre ellos? ¿Por qué (no)?

8-11. Reflexiones personales

Apunte en su diario sus reflexiones sobre la siguiente pregunta.

Después de haber llevado a cabo su propia entrevista y recolección de datos, ¿qué habrá aprendido sobre el estudio (etno)lingüístico? ¿Qué utilidad tiene en cuanto a su comprensión del habla hispana de diferentes regiones?

8-12. Componente de Estudio de Campo

Pensando en algún sonido interesante de su propio estudio de campo, cree su propio listado lingüístico utilizando algunos datos de su recolección que muestren este fenómeno (vuelva al capítulo 4, sección 4.12, para organizarlos). Luego, pídale a otro/a estudiante que analice el problema. Compare las conclusiones suyas con las de su compañero/a.

Bibliografía y enlaces recomendados

Textos

Beckman, Mary E., Manuel Díaz-Campos, Julia Tevis McGory, and Terrell A. Morgan. "Intonation across Spanish, in the Tones and Break Indices Framework." *Probus* 14 (2002) 9–36.

Hammond, Robert M. *The Sounds of Spanish: Analysis and Application.* Somerville, MA: Cascadilla Press, 2001.

Ladefoged, Peter, and Ian Maddieson. *The Sounds of the World's Languages.* Oxford: Blackwell Publishing, 1996.

Milroy, Lesley, and Matthew Gordon. *Sociolinguistics: Method and Interpretation.* Oxford: Blackwell Publishing, 2003.

Newman, Paul, and Martha Ratliff, eds. *Linguistic Fieldwork.* Cambridge: Cambridge University Press, 2001.

Payne, Thomas E. *Describing Morphosyntax: A Guide for Field Linguistics.* Cambridge: Cambridge University Press, 1997.

Samarin, William J. *Field Linguistics: A Guide to Linguistic Field Work.* New York: Holt, Rinehart and Winston, 1967.

Sosa, Juan Manuel. *La entonación del español: Su estructura fónica, variabilidad y dialectología.* Madrid: Ediciones Cátedra, 1999.

Vaquero, María, José Luis Vega, and Humberto López Morales. *La entonación: Prosodia.* San Juan: Editorial Plaza Mayor, 2000.

Vaux, Bert, and Justin Cooper. *Introduction to Linguistic Field Methods.* München: Lincom Europa, 2005.

Apéndice A

Listado de revistas académicas recomendadas

Applied Psycholinguistics
Bilingualism: Language and Cognition
Fonética y fonología actual del español
Foreign Language Annals
Fundamentos de lingüística hispánica
Hispania
Hispanic Linguistics
Journal of Memory and Language
Journal of Phonetics
Language
Language Learning
Linguistics Journal
Lingua
Modern Language Journal
Phonetica
Phonology
Probus
Revista de estudios hispánicos
Studies in Second Language Acquisition
System

Apéndice B

Las actuaciones para capítulo 2 y capítulo 8

La monografía escrita por Robert J. Di Pietro, *Strategic Interaction: Learning Languages through Scenarios*, se publicó en 1987. En ésta se desarrolla un acercamiento lingüístico que se basa en el aprendizaje de otro idioma por medio de actuaciones porque en éstas hay las tres dimensiones importantes de lengua natural: el intercambio de información, la transacción y la interacción. Los papeles descritos comparten algunos datos, pero cada personaje tendrá su propia agenda y/o motivo con la/el que querrá salir. Consulte la monografía para profundizar en el acercamiento y la teoría que subyace en el. A continuación se encuentran algunos papeles ya descritos.

Actuación I

Papel A: Tu jefe/a te pidió que tradujeras al español algunos documentos oficiales de la compañía este fin de semana. Te resultó demasiado difícil el trabajo y ya son las ocho y media de la mañana el lunes. Habla con tu jefe/a y dile que te apena pero que será necesario que busque otra persona que lo haga.

Papel B: Uno/a de tus empleados ha hecho una traducción muy importante para la compañía este fin de semana y va a pasar por tu oficina para dejarla. Quieres hablar con él/ella porque quieres darle una promoción por haber traducido estos documentos tan importantes.

Actuación II

Papel A: Tú trabajas en un laboratorio farmacéutico muy bueno y te gusta el trabajo. Sin embargo, acabas de saber que la administración va a despedir a tu mejor amigo/a que también trabaja allí. Prepárate para hablar con tu amigo/a.

Papel B: Trabajas en un laboratorio farmacéutico con tu mejor amigo/a y acabas de saber que la administración va a tener que despedir a unos empleados por razones económicas y tú eres uno/a de estos empleados. Como tienes que buscar otro puesto, quieres pedirle a tu amigo/a que vaya contigo. Prepárate para una conversación con tu amigo/a.

Apéndice C

Listado de ejemplos audio

Capítulo 1: El español y los otros idiomas romances

🎧 **1**

1-1.1 Fragmento de "La Cenicienta" en catalán: "La Ventafocs"

Hi havia una vegada un gentil home que es va casar en segones núpcies amb la dona més altiva i orgullosa que mai hàgiu vist. Aquesta dona tenia dues filles que se li assemblaven en tot. Ell en canvi tenia una filla que era tota bondat i dolcesa que havia heretat de la seva pobre mare que havia estat la millor dona del mon.

La madrastra no suportava les qualitats d'aquesta noia i l'obligava a fer les tasques més pesades: fregar el terra, netejar les habitacions, rentar la vaixella . . . Quan acabava la feina, la noia s'instal·lava en un racó de la cuina al costat de la llar de foc. Per això l'anomenaven la Ventafocs.

1-1.2 Fragmento de "La Cenicienta" en francés: "Cendrillon"

Il était une fois un gentilhomme qui épousa en secondes noces une femme, la plus hautaine et la plus fiére qu'on eút jamais vue. Elle avait deux filles de son humeur, et qui lui ressemblaient en toutes choses. Le mari avait de son côté une jeune fille, mais d'une douceur et d'une bonté sans exemple; elle tenait cela de sa mère, qui était la meilleure femme du monde. Les noces ne furent pas plus tót faites, que la belle-mère fit éclater sa mauvaise humeur; elle ne put souffrir les bonnes qualités de cette jeune enfant, qui rendaient ses filles encore plus haïssables. Elle la chargea des plus viles occupations de la maison: c'était elle qui nettoyait la vaisselle et les montées, qui frottait la chambre de madame, et celles de mesde-moiselles ses filles. Lorsqu'elle avait fait son ouvrage, elle s'en allait au coin de la cheminée, et s'asseoir dans les cendres ce qui faisait qu'on l'appelait Cendrillon.

1-1.3 Fragmento de "La Cenicienta" en portugués: "Cinderela"

Havia quatro irmãs que viviam numa pequena casa. As três mais velhas usavam vestidos de seda e tinham rendas em todas as saias. A mais moça, entretanto, andava esfarrapada e fazia todo o serviço da casa. Era, por isso, chamada Cinderela, a gata borralheira.

A mais velha era alta e magra, tinha nariz comprido e queixo pontudo. A segunda era baixa e gorda, tinha nariz chato e era vesga. A terceira era coxa e curvada para a frente. Além disso, era linguaruda. Cinderela, com todos os remendos, era bonita e delicada. Tinha cabelos dourados e olhos azuis. A pele era macia e as faces estavam sempre coradas.

1-1.4 Fragmento de "La Cenicienta" en italiano: "Cenerentola"

La moglie di un ricco si ammalò e, quando sentì avvicinarsi la fine, chiamò al capezzale la sua unica figlioletta e le disse: "Sii sempre docile e buona, così il buon Dio ti aiuterà e io ti guarderò dal cielo e ti sarò vicina." Poi chiuse gli occhi e morì. La fanciulla andava ogni giorno alla tomba della madre, piangeva ed era sempre docile e buona. La neve ricoprì la tomba di un bianco drappo, e quando il sole l'ebbe tolto, l'uomo prese moglie di nuovo.

La donna aveva due figlie che portò con se in casa, ed esse erano belle e bianche di viso, ma brutte e nere di cuore. Per la figliastra incominciarono tristi giorni. "Che vuole quella buona a nulla in salotto?" esse dicevano. "Chi mangia il pane deve guadagnarselo: fuori, sguattera!" Le presero i suoi bei vestiti, le diedero da indossare una vecchia palandrana grigia e la condussero in cucina deridendola. Lì doveva sgobbare per bene: si alzava prima che facesse giorno, portava l'acqua, accendeva il fuoco, cucinava e lavava. Per giunta le sorelle gliene facevano di tutti i colori, la schernivano e le versavano ceci e lenticchie nella cenere, sicché, doveva raccoglierli a uno a uno. La sera, quando era stanca, non andava a letto, ma doveva coricarsi nella cenere accanto al focolare. E siccome era sempre sporca e impolverata, la chiamavano Cenerentola.

❀2 «gato» «c̲asa»

❀3 «fuo̲c̲o» «fueg̲o»

❀4 «caballo» «caballus» «equus»

❀5 «c̲aso» «cas̲ó»)

❀6 «ae»[aj] «a̲ire»; «oe»[oj] «o̲igo»

❀7 1. «a» [a:] [a]   2. «e» [e:] [e]   3. «i» [i:] [i]   4. «o» [o:] [o]   5. «u» [u:] [u]
      6. «ae» [ai]   7. «oe» [oi]   8. «au» [au]

❀8 1. «pa» [pa]   2. «fa» [fa]   3. «ma» [ma]   4. «ba» [ba]   5. «ta» [ta]   6. «sa» [sa]
      7. «na» [na]   8. «la» [la]   9. «ra» [rða]   10. «da» [da]   11. «ka» [ka]   12. «qua» [kʷa]
      13. «ga» [ga]   14. «gua» [gʷa]   15. «ha» [ha]

❀9 «TAURUS» «TAURO» «toro»

❀10 «palumba» : «palumma» : «paloma»

❀11 «lleno» «yeso»

❀12 «PERIGLU» «PERIGLO»

❀13 «gato» y «hago»

❀14 1. "vos sos"   2. "une jeune fille"   3. "por donde vas"   4. "estavam sempre coradas"
      5. "es un concepto"   6. "sempre buona"   7. "lo he estudiado"   8. "cstá bien, ¿verdad?"
      9. "he vivído"   10. "andava a letto"

Capítulo 2: Rasgos suprasegmentales: La sílaba, la acentuación y los contornos de la entonación

❀1 «t̲lacoyo» /t̲la.kó.jo/

❀2 «náhuat̲l» /ná.wat̲l/

❀3 «entonces» [tonsᵃ]

⚙ 4   «a.ve.rí̠.a» /a.be.rí.a/

⚙ 5   «grúa» /grú.a/   «saeta» /sa.é.ta/   «cohete» /ko.é.te/

⚙ 6   «po.e.ma» «p̠o̠.e.ma» «pue.ma»   «ma.es.trí.a»«m̠a̠.es.trí.a» «mais.trí.a»

⚙ 7   «Varios hijos en el área viajan» → /bá.rio.sí.xo.se.ne.lá.r̠e̠.a .biá.xan/

⚙ 8   «va.rios» /bá.rios/   «hi.jos» /í.xos/   «en» /en/   «el» /el/   «á.re.a» /á.r̠e.a/
       «via.jan» /biá.xan/

⚙ 9   «an.d̠é̠n» /an.dén/   «pa.p̠el» /pa.pél/   «lá̠.piz» /lá.pis/ «es.tre.lla» /es.tré.ja/ o
       /es. tré.ʎa/   «miér̠.co.les» /miér.ko.les/   «tr̠ái.ga.me.las» /trái.ga.me.las/

⚙ 10   «hable» y «hablé̠» «papa» y «papá̠» «estudio» y «estudi̠ó» «halla» y «allá̠»

⚙ 11   «¿Tenemos que estudiar esto para el examen?»

⚙ 12   «Sí, tenemos que estudiar esto para el examen»

⚙ 13   «No vamos al concierto (↓) ¿verdad? (↑)»

⚙ 14   «¿Parte el avión a las tres? (↑)»

⚙ 15   «Parte el avión a las tres (↓)»

⚙ 16   «Mi hermano es alto (↓), simpático (↓), inteligente (↑) y generoso (↓)»

⚙ 17   «Mi hermano es alto (↓), simpático (↓), inteligente (↓), generoso (↓)»

⚙ 18   «El Sr. Lagos (↑) ganó las elecciones (↓)»

⚙ 19   «Mis amigos (↓), que son de Guatemala (↑), me visitan hoy (↓)»

⚙ 20   «Mis amigos que son de Guatemala (↑) me visitan hoy (↓)»

⚙ 21   «¡Qué bueno! (↓)»

⚙ 22   «¿Cómo amaneciste, viejita?» (↑—por cortesía) «¿Cómo amaneciste viejita?»
       (↓—entonación típica) «¿Cómo?» (↑—por sorpresa) «¿Amaneciste, viejita?»
       (↑—entonación interrogativa)

Capítulo 3: El vocalismo

⚙ 1   «c̠a̠sa» «t̠e» «s̠ol» «m̠i» «d̠i̠ario; a̠i̠re» «re̠y» «h̠i̠erba» «s̠u»
       «s̠uerte; e̠uropea» «h̠uérfano»

⚙ 2   «s̠util» «s̠uegra» «Ceuta»

⚙ 3   «c̠a̠sa» «t̠e» «s̠ol» «m̠i» «d̠i̠ario» «re̠y» «h̠i̠erba» «desh̠i̠elar» «s̠u» «s̠uerte» «a̠uto»
       «h̠uérfano»

⚙ 4   «b̠a̠ile» o «h̠a̠y» «d̠i̠adema» «a̠uto» «s̠uave» «o̠i̠go» o «so̠y» «qui̠osco» («ki̠osco»)
       «estad̠ounidense» «C̠ousiño» «c̠uota» «ace̠i̠te» o «re̠y» «c̠i̠erre» «e̠uropea» «f̠uego» «v̠i̠uda»
       «c̠uida»

⚙ 5   «estudi̠áis» «buey» «Paraguay» «lidi̠éis»

Capítulo 4: El consonantismo

⚙ 1   «ve» /bé/   «bebe» /bé.be/   «pelo» /pé.lo/

⚙ 2   «te» /te/   «de» /de/

⚙ 3   «calco» /kál.ko/   «kilo» /kí.lo/   «que» /ke/   «gato» /gá.to/   «guiso» /gí.so/
       «guerra» /gé.ra/

⚙ 4   «fe» /fé/

⚙ 5   «cesa» /θé.sa/   «zumo» /θú.mo/

⚙ 6   «cesa» /sé.sa/   «si» /si/   «zumo» /sú.mo/

⚙ 7   «gente» /xé.nte/   «jota» /xó.ta/   «México» /mé.xi.ko/

&8 «leche» /lé.ʧe/

&9 «misa» /mí.sa/

&10 «cana» /ká.na/

&11 «caña» /ká.ɲa/

&12 «lado» /lá.do/

&13 «llama» /ʎá.ma/

&14 «llama» /já.ma/

&15 «pero» /pe.ɾo/   «pelo» /pé.lo/

&16 «aro» /á.ɾo/

&17 «cerro» /sé.ro/   «alrededor» /al.re.de.dóɾ/   «enroscar» /en.ros.káɾ/
«Israel» /is.ra.él/

&18 «llama» /já.ma/   «yeso» /jé.so/   «hiedra» /jé.dra/

&19 «huaso» /wá.so/

&20 «pesa» /pé.sa/   «besa» /bé.sa/   «mesa» /mé.sa/

&21 «festivo» /fes.tí.bo/

&22 «tos» /tós/   «dos» /dós/

&23 «cirio» /θí.rio/   «zapato» /θa.pá.to/

&24 «sopa» /só.pa/   «nata» /ná.ta/   «líquido» /lí.ki.do/   «arco» /áɾ.ko/
«rodar» /ro. dáɾ/

&25 «chico» /ʧí.ko/

&26 «ella» /é.ʎa/   «ella» /é.ja/   «yerno» /jéɾ.no/   «año» /á.ɲo/

&27 «codo» /kó.do/   «kaleidoscopio» /ka.lei.dos.kó.pio/   «quiosco» /kiós.ko/
«galón» /ga.lón/   «guineo» /gi.né.o/   «jamás» /xa.más/   «huipil» /wi.píl/

&28 «pisco» /pís.ko/   «tope» /tó.pe/   «carpeta» /kar.pé.ta/   «sólo» /só.lo/
«falda» /fál.da/   «mexicana» /me.xi.ká.na/   «ancho» /án.ʧo/

&29 «bota» /bó.ta/   «dicho» /dí.ʧo/   «gordo» /góɾ.do/   «huésped» /wés.ped/
«milpa» /míl.pa/   «nardo» /nar.do/   «ordeñar» /or.de.ɲáɾ/   «conlleva» /kon.jé.ba/
«libro» /lí.bro/   «artes» /áɾ.tes/   «ropa» /ró.pa/   «llevo» /ʎé.bo/

&30 «arco» /áɾ.ko/   «bota» /bó.ta/   «casa» /ká.sa/   «cien» /sién/ o /θién/
«ancho» /án.ʧo/   «diario» /diá.rio/   «elefante» /e.le.fán.te/   «fe» /fé/
«gota; guiso» /gó.ta/ /gí.so/   «gente» /xén.te/   «harto» /áɾ.to/   «isla» /ís.la/
«justo» /xús.to/   «kilómetro» /ki.ló.me.tro/   «lado» /lá.do/   «llanto» /ján.to/ o /ʎán.to/
«mucho» /mú.ʧo/   «nada» /ná.da/   «año» /á.ɲo/   «oro» /ó.ro/   «paso» /pá.so/
«queso» /ké.so/   «paro» /pá.ɾo/   «rojo» /ró.xo/   «ferrocarril» /fe.ro.ka.ríl/
«sitio» /sí.tio/   «tipo» /ti.po/   «uva» /ú.ba/   «vaca» /bá.ka/   «México» /mé.xi.ko/
«éxito» /ék.si.to/   «Xochitl» /so.ʧítl/   «yeso» /jé.so/   «rey» /réi/   «zumo» /sú.mo/ o
/θú.mo/

Capítulo 5: La alofonía consonántica

&1   gota» /gó.ta/   «hago» /á.go/   «despacho» /des.pá.ʧo/   «hada» /á.da/
«barco» /báɾ.ko/   «habas» /á.bas/   «escuchar» /es.ku.ʧáɾ/   «esgrimir» /es.gri.míɾ/
«tener» /te.néɾ/   «tengo» /tén.go/   «enfermo» /en.féɾ.mo/   «enjambre» /en.xám.bre/
«alderredor» /al.de.re.dóɾ/   «endémico» /en.dé.mi.ko/   «resbalón» /res.ba.lón/
«respaldar» /res.pal.dáɾ/

&2   «cien» «pies» [sjén] [pjés]

🕸 3 «ciempiés» [sjém.pjés]

🕸 4 «n̪udo» «m̪udo»

🕸 5 «un par» [úm.par] «enrosca» [en.rós.ka] «ángulo» [áŋ.gu.lo]

🕸 6 «V̪oy»

🕸 7 «Me v̪oy»

🕸 8 «Alejo, D̪aniel y Tere» /a.lé.xo // da.nié.li.té.ɾe /

🕸 9 «comb̪ate» [kom.bá.te]

🕸 10 «celda» /sél.da/ [sél̪.da]

🕸 11 «en̪vase, en̪derezo, inglés» «con Paco, Víctor, D̪arío, Guille y Fede» «B̪ogotá es la capi-
tal». «¿D̪e qué parte viene?» «¿Gastas mucho?» «alcal̪de, al̪daba» «hab̪a, pub̪, esb̪elta»
«had̪o, sed̪, esd̪rújula» «hago, ignorante, salgo»

🕸 12 «con Paco» [kom.pá.ko] «envase» [em.bá.se] «conmueve» [kom.mwé.βe]

🕸 13 «en Francia» [eɱ.fɾán.θja] «confirmar» [koɱ.fir.máɾ]

🕸 14 «un telón» [ún̪.te.lón] «enderezo» [en̪.de.ɾé.θo] «anzuelo» [an̪.θwé.lo]

🕸 15 «con Lalo» [kon̪.lá.lo] «encía» [en.sí.a]

🕸 16 «son» [són] «gana» [gá.na]

🕸 17 «conchero» [koň.ʧé.ro] «un chulengo» [úň.ʧu.léŋ.go]

🕸 18 «enyesa» [eɲ.jé.sa] «un ñeque» [úɲ.ɲé.ke] «conlleva» [koɲ.ʎé.βa]

🕸 19 «encadena» [eŋ.ka.ðé.na] «congosto» [koŋ.gós.to] «conjuez» [koŋ.xwés]
«con hueso» [koŋ.wé.so]

🕸 20 «en Perú» [em.pe.ɾú] «un barco» [úm.báɾ.ko]
«en medio» [em.mé.ðjo] «enfrente» [eɱ.fɾen̪.te] «entre» [en̪.tre] «conde» [kón̪.de]
«enroscar» [en.ros.káɾ] «ancho» [áň.ʧo] «enyesar» [eɲ.je.sáɾ] «un ñandú»
[úɲ.ɲan̪.dú] «un llavín» [úɲ.ja.βín] o [úɲ.ʎa.βín] «concreto» [koŋ.kɾé.to]
«engordar» [eŋ.goɾ.ðáɾ] «conjuro» [koŋ.xú.ro] «un huevo» [úŋ.wé.βo]

🕸 21 «alto» [ál̪.to] «falda» [fál̪.da]

🕸 22 «alzar» [al̪.θáɾ]

🕸 23 «constar» [kons̪.táɾ] «disciplina» [dis̪.θi.plí.na]

🕸 24 «el hierro» [eʎ.jé.ro] «el ñipe» /el.ɲí.pe/ [eʎ.ɲí.pe] «el llanero» [eʎ.ʎa.né.ro]

🕸 25 «cultiva» [kul̪.tí.βa] «caldo» [kál̪.do] «calza» [kál̪.θa] «el yeísmo» [eʎ.je.ís.mo]
«el ñandutí» [eʎ.ɲan̪.du.tí] «el llavero» [eʎ.ʎa.βé.ro] «el parque» [el.páɾ.ke]

🕸 26 «espada» [es.pá.ða]

🕸 27 «esbelto» [ez.βél̪.to]

🕸 28 «rasco» [rás.ko] «rasgo» [ráz.ɣo]

🕸 29 «atlántico» [að.lán̪.ti.ko]

🕸 30 «fútbol» [fúð.βol]

🕸 31 «astilla» /as.tí.ja/ [as̪.tí.ja] «posdata» /pos.dá.ta/ [poz̪.ðá.ta] «descifrar»
/des.θi.fɾáɾ/ [des̪.θi.fɾáɾ] «desdén» /des.dén/ [dez̪.ðén] «asbesto» /as.bés.to/ [az.βés̪.to]
«desgrase» /des.gɾá.se/ [dez.ɣɾá.se] «deshielo» /des.jé.lo/ [dez.jé.lo] «asma» /ás.ma/
[áz.ma] «asno» /ás.no/ [áz.no] «eslabón» /es.la.bón/ [ez.la.βón] «los llantos»
/los.ʎán.tos/ [loz.ʎán.tos] «los rieles» /los.rié.les/ [loz.rjé.les] «escasa» /es.ká.sa/
[es.ká.sa]

🕸 32 «atmósfera» [að.mós.fe.ra] «atlético» [að.lé.ti.ko] «etnia» [éð.nja]
«fraterno» [fra.téɾ.no]

🕸 33 «es azul» «e.sa.zul» [é.sa.súl]

🕸 34 «es verde» «es.ver.de» [és.βéɾ.ðe]

🕸 35 «construir» [kos̪.trwíɾ]

❀ 36 «construir» [kons̺.tɾwíɾ]
❀ 37 «jamón» [Xa.món]
❀ 38 «yo» [ʤó]
❀ 39 «ella» [é.ʒa]
❀ 40 «me llamo» [me.ʃá.mo]
❀ 41 «hueso» [gwé.so]
❀ 42 «hueso» [wé.so]

Capítulo 6: La dialectología: Zonas dialectales y tendencias generales

❀ 1 «veces» [bésᵊs]   «antes» [an̪tᵊs]
❀ 2 «tú dices» [tú.ðí.se]   «Ud. dice» [us.téð.ðí.se]   «mi niño» [mi.ní.ɲo]
«mis niños» [mi.ní.ɲo]
❀ 3 «luego» [ló.ɣo]   «pues» [pos]   «pues» [po]
❀ 4 «leche» [lé.ʧi]   «gallo» [gá.ju]
❀ 5 «cansado» [kan.sá.a.o]
❀ 6 «tarea» [ta.ɾé.ða]   «bacalao» [ba.ka.lá.ðo]
❀ 7 «con» [kõŋ]
❀ 8 «él» [é.el]   «papel» [pa.pé.el]
❀ 9 «concepto» [kon.séj.to]
❀ 10 «concepto» [kon.sék.to]
❀ 11 «septiembre» [se.tjém.bɾe]
❀ 12 «en» [eŋ]
❀ 13 «los niños» [loh.ní.ɲoh]
❀ 14 «palta» [páɾ.ta]
❀ 15 «verdad» [bel.dáð]
❀ 16 «justo» [hús.to]
❀ 17 «hablan» [á.ßlam]
❀ 18 «chico» [ʃí.ko]
❀ 19 «yo» [ʃó] «llamo» [ʃá.mo]
❀ 20 «tres» [ʧɾés]
❀ 21 «cayó» [ka.jó] «calló» [ka.ʎó]
❀ 22 «red» [rét]
❀ 23 «hago» [á̠.go]
❀ 24 «paz» [pás̺]
❀ 25 «salen» [sá.lẽ]
❀ 26 «carro» [ká.ʒo]
❀ 27 «blanco» [bláŋ.ku]
❀ 28 «tos» [tóh] «ajo» [á.ho]
❀ 29 «veinte» [bájn̪.te]
❀ 30 «mucho» [múñ.ʧo]
❀ 31 «sopa» [s̺ó.pa]
❀ 32 «jueves» [Xwé.ßes]
❀ 33 «tlacoyo» [tla.kó.jo]
❀ 34 «náhuatl» [ná.watl]
❀ 35 «alto» [áɾ.to]

Capítulo 7: El español y el inglés: Comparaciones y contrastes

🎧 **1** [ɑː] «f<u>a</u>ther»

🎧 **2** [æ] «c<u>a</u>t»

🎧 **3** [ɛ] «s<u>ai</u>d»

🎧 **4** [ə] «<u>a</u>lone»

🎧 **5** [ɜː] «f<u>er</u>n»

🎧 **6** [eː] «st<u>a</u>te»

🎧 **7** [ɪ] «b<u>u</u>sy»

🎧 **8** [iː] «s<u>ee</u>»

🎧 **9** [oː] «c<u>oa</u>t»

🎧 **10** [ɒ] «s<u>o</u>rry»

🎧 **11** [ɔː] «s<u>a</u>lt»

🎧 **12** [ʊ] «p<u>u</u>ll»

🎧 **13** [uː] «z<u>oo</u>»

🎧 **14** [ʌ] «b<u>u</u>t»

🎧 **15** «sierra» [sjé.ra]

🎧 **16** «sierra» *[si.é.ra]

🎧 **17** «thing» [ŋ]

🎧 **18** «thin» [n]

🎧 **19** «tree» [tʃɾíː]

🎧 **20** tɾtres» [tɾés]

🎧 **21** «tres» [tʃɾés]

🎧 **22** «<u>th</u>y» /ð/

🎧 **23** «<u>th</u>igh» /θ/

🎧 **24** «advice» [æd.víːs]

🎧 **25** «advise» [æd.víːz]

🎧 **26** «fissure» [fɪˈʒ.ər]

🎧 **27** «fisher» [fɪˈʃ.ər]

🎧 **28** «haber» *[ha.βéɾ]

🎧 **29** «at night» [æʔ.náɪt]

🎧 **30** «button» [bʌˈʔ.n̩]

🎧 **31** «THAT is my book» «That IS my book» «That is MY book» «That is my BOOK»

🎧 **32** «Este es MI libro»

🎧 **33** «**trans**.port, **con**.duct, **per**.mit»

🎧 **34** «trans.**port**, con.**duct**, per.**mit**»

🎧 **35** «Tenemos que estudiar los fonemas (↓), los alófonos (↓), la acentuación (↑) y el peso silábico (↓)»

🎧 **36** «We have to study phonemes (↑), allophones (↑), stress (↑), and syllable weight (↓)»

🎧 **37** «México» [mé.Xi.ko]

🎧 **38** «chico» [ʃí.ko]

🎧 **39** «mucho» [múɲ.tʃo]

🎧 **40** «mucho» [mṹtʃo]

🎧 **41** «mismo» [mís.mo]

🎧 **42** «el papel» [el.pa.pé.li]

🎧 **43** «rojo» [ɹó.Xo]

🎧 **44** «cabello» [ka.ßé.o]

🎧 **45** «comilla» [ko.mí.a]

Capítulo 8: Estudio lingüístico del habla: Estudio de campo comprensivo

✆1   [ç, ʝ]
✆2   «gesto» [xés̺.to]
✆3   «gesto» [xjés̺.to]
✆4   «inclusa» [ĩŋ.klú.sa]
✆5   «cosa» [kʷó.sa]
✆6   «cosa» [kó.sa]
✆7   «ajo» [á.xo]
✆8   «ajo» [á.ho]
✆9   «enmendar» [em.men̪.dáɾ]
✆10   «absorber» [aβ.soɾ.βéɾ]
✆11   «absorber» [ap.soɾ.βéɾ]
✆12   «etnia» [éð nja]
✆13   «apto» [á.to]
✆14   «apto» [áp.to]
✆15   «vacío» [ba.sí.o]
✆16   «vacío» [ba.sí.ðo]
✆17   «apto» [áj.to]
✆18   «sed» [séð]
✆19   «sed» [sé]

Notas

Capítulo 1: El español y los otros idiomas romances

1. Estos temas se desarrollan en capítulos 5 y 6.

2. No obstante, se desarrollará el tema con ejemplos concretos de la influencia de los sustratos y superestratos en la pronunciación en el capítulo 2.

3. Los signos lingüísticos de corchetes se emplean para indicar la pronunciación fonética y tendrán más sentido al leer el capítulo 3.

4. Veremos en el capítulo 7 esta misma cuestión de duración de nuevo y cómo se difiere el inglés del español por este rasgo, entre otros.

5. Los signos lingüísticos de las barras oblicuas / / se explica a partir del capítulo 3; el símbolo encerrado entre las barras se llama "fonema".

6. La pérdida de consonantes fricativas en posición intervocálica es uno de los distintivos del español y será analizado en más detalle en el capítulo 6.

Capítulo 2: Rasgos suprasegmentales: La sílaba, la acentuación y los contornos de la entonación

1. La Real Academia Española dispone de las pautas para el uso del guión para dividir palabras a final de línea escrita en su página web: www.rae.es

2. En la transcripción se verá la acentuación ortográfica donde normalmente cae la prosódica. Se estudiará este detalle en el capítulo 5.

3. También habrá más detalles sobre los diptongos y triptongos en el capítulo 3.

4. Este concepto de "líquida" será desarrollado en el capítulo 4.

5. Lo que se presenta en este capítulo será desarrollado y recalcado otra vez en el capítulo 3.

6. Un listado de todas las combinaciones y ejemplos al respecto se encuentra en el capítulo 3, figura 3.11.

7. l capítulo 4 se dedica totalmente al consonantismo; se plantean los principios en este capítulo para que se destaquen en el cuarto.

8. Los fonemas serán estudiados con más detalle en el capítulo 3.

9. La Real Academia tiene pautas para las distintas divisiones permisibles a final de línea en su página web: www.rae.es

10. Estas palabras inacentuadas serán discutidas con más detención en el capítulo 5.

11. Le agradezco a Manuel Benet-Keil este ejemplo de la función de la entonación en el habla.

12. Examinaremos la entonación dialectal en el capítulo 6.

13. Una descripción breve de los principios de la técnica *Strategic Interaction* se encuentra en el Apéndice B.

Capítulo 3: El vocalismo

1. La cuestión de la sílaba y los diptongos tiene su desarrollo en el capítulo 2.

2. En el capítulo 4 habrá más detalle y desarrollo del aparato fonador (el conjunto de todos los articuladores necesarios para pronunciar todos los sonidos—tanto los consonánticos como los vocálicos).

3. La correspondencia entre grafía y fonema se encuentra al final del capítulo 1.

Capítulo 4: El consonantismo

1. Se estudiará el tema de los dos fonemas peninsulares más adelante en este mismo capítulo.

2. Respecto a la distribución complementaria tendrá su desarrollo en el capítulo 5.

3. El diagrama del aparato fonador se encuentra en figura 3.8.1, p. 55.

4. Véase la figura 5.2, p. 101.

5. Vuelva a estudiar la información de las figuras 4.6 y 4.7 para ayudar con esta tarea.

6. El sitio cibernético www.omniglot.com dispone de muchos abecedarios e inventarios fonéticos.

Capítulo 5: La alofonía consonántica

1. Hay más detalle sobre estos fenómenos del habla en el capítulo 2.

2. Se notará que la lateral alveolar en la transcripción estrecha de la palabra «celda» conlleva una diacrítica especial. Este símbolo se explica en una de las próximas secciones.

Capítulo 6: La dialectología: Zonas dialectales y tendencias generales

1. Esta cuestión de la variación vocálica del inglés tendrá más desarrollo en el capítulo 7 de este libro.

2. Las características de la fonética del inglés se presentan en el capítulo 7.

Capítulo 8: Estudio lingüístico del habla: Estudio de campo comprensivo

1. La autora de este libro le agradece al Dr. Du Bois su autorización para reproducir la cita de esta referencia.

Glosario de términos lingüísticos

Abertura bucal:	se refiere a la amplitud bucal o sea cuán abierta o cerrada está la boca durante la producción de sonidos.
Acento de intensidad:	es la mayor fuerza que se da a una sílaba; la prominencia perceptible que se indica con una rayita oblicua en dirección de derecha a izquierda. Puede ser tanto prosódico como ortográfico.
Acento ortográfico:	es otra palabra para el acento escrito o la tilde.
Acento prosódico:	es el acento hablado, no el escrito.
Acentuación:	se refiere a la mayor fuerza que se da a una sílaba; la sílaba que tiene prominencia perceptible tiene la acentuación.
Adiptongo:	es otra palabra para *hiato*.
Afijo:	es el morfema o la partícula que se antepone (prefijo) o pospone (sufijo) algunas veces a una palabra.
Africada:	es aquel sonido compuesto de una oclusiva seguida por una fricativa. En el inventario del español hay una sola, /tʃ/, la alveopalatal sorda.
Aguda:	es una palabra acentuada en la última sílaba; también se llama *oxítona*.
Alargamiento vocálico:	es el proceso que ocurre cuando hay prolongación de dos vocales idénticas y consecutivas.
Alfabeto Fonético Internacional (AFI):	es el listado de todos los fonemas de todas las lenguas humanas.
Alofonía:	es el listado de todas las variantes articuladas del inventario fonémico.

Alófono:	se refiere a cada una de las variantes que se presentan en la pronunciación de un mismo fonema.
Alternancia oclusiva/fricativa:	se refiere a la realización de uno de los dos alófonos, uno oclusivo y otro fricativo, de las oclusivas sonoras /b, d, g/.
Alto:	aplícase a las vocales /i, u/ cuya articulación depende de la posición alta de la lengua; véase *eje vertical*.
Alveolar:	se refiere al punto de articulación que se realiza cuando la lengua toca con o se aproxima a la región alveolar, como en producir los sonidos /s, n, l, ɾ, r/.
Alvéolo:	es la cavidad en que están engastados los dientes.
Alveopalatal:	se refiere al punto de articulación que queda entre los alvéolos y el paladar duro, como en producir el sonido /tʃ/.
Anteantepenúltima sílaba:	es la sílaba inmediatamente anterior a la antepenúltima.
Antepenúltima sílaba:	es la sílaba inmediatamente anterior a la penúltima.
Anterior:	aplícase a las vocales /i, e/ cuya articulación depende del desplazamiento anterior de la lengua.
Anticadencia:	se refiere a la entonación que sube de tono.
Antidiptongo:	es otra palabra para *hiato*.
Aparato fonador:	es el conjunto de órganos que participan en la fonación.
Apicalización:	se refiere a la articulación que se realiza con el ápice de la lengua.
Ápice:	es el extremo o la punta de la lengua.
Aproximante:	es otra palabra para *fricativa*.
Articulación:	se refiere a la posición de los órganos de la voz para la pronunciación de una vocal o consonante.
Articuladores:	son los órganos que intervienen en la fonación; hay tanto los que se mueven (activos) como los que no se mueven (pasivos).
Articuladores activos:	son los que se mueven y que se ubican en la parte inferior del aparato fonador, como por ejemplo, la lengua, los labios, y la mandíbula.

Articuladores pasivos:	son los que no se mueven y que se ubican en la parte superior del aparato fonador, como por ejemplo, el paladar, los dientes, y el alvéolo.
Asimilable:	indica que un sonido se puede asimilar a otro.
Asimilación:	se refiere a algún proceso que facilita el habla y en que algún aspecto de un sonido vecino influye en la fonación de otro.
Asimilación nasal:	se refiere a los ajustes fonéticos que sufre la nasal alveolar sonora /n/ por el punto de articulación del sonido siguiente.
Asimilación progresiva:	es la que se realiza cuando un sonido anterior afecta en la fonación del siguiente.
Asimilación recíproca:	es la asimilación bidireccional, o sea, la realización de la asimilación progresiva y la regresiva a la vez.
Asimilación regresiva:	es la que se realiza cuando un sonido posterior influye en la fonación de algún sonido anterior.
Aspiración:	es la pronunciación de ciertas consonantes con un resoplido de aliento.
Ataque:	se refiere a algún sonido en posición inicial absoluta; puede que se refiera a la cabeza o la cima compuesta.
Atlas lingüístico:	es el mapa que muestra todas las isoglosas o variaciones del habla.
Átona:	aplícase a la palabra o sílaba sin acentuación.
Bajo:	aplícase a las vocales que se verifican con la lengua en posición baja; véase *eje vertical*.
Balcánicorromance:	es la categoría que comprende el rumano y el dálmata y perteneciente a los Balcanes.
Barras oblicuas:	representan el signo lingüístico / / en el que se encierra el fonema.
Bilabial:	aplícase al sonido en cuya pronunciación intervienen los dos labios.
Bronquios:	son los dos conductos en que se bifurca la tráquea.
Cabeza:	es la(s) consonante(s) en posición inicial de una sílaba.
Cadencia:	se refiere a la entonación descendente.

Caedizo:	véase *vocal caediza*.
Caja laríngea:	es el articulador que comprende las cuerdas vocales y la glotis.
Cambios lingüísticos:	son los procesos que se llevan a cabo en el desarrollo de alguna lengua.
Campanilla:	es otra palabra para *úvula*.
Caribeño:	aplícase a las Antillas.
Cavidad nasal:	es el vacío por donde pasa el aire en la fonación de sonidos nasales o nasalizados; la nariz.
Cavidad oral:	es el vacío por donde pasa el aire en la fonación de sonidos orales; la boca.
Cerrado:	véase *vocal cerrada*.
Cerrazón vocálica:	es otra palabra para *cierre vocálica*.
Cierre vocálico:	se refiere al cambio de timbre de una vocal media; también se llama *cerrazón vocálica*.
Cima:	es el componente vocálico de la sílaba; según la jerarquía de sonoridad, es el componente más sonoro. Hay tanto cimas simples como cimas compuestas.
Cima compuesta:	se compone de más de un componente vocálico en la misma sílaba; véase el diptongo o triptongo.
Cima simple:	se compone de una sola vocal; es el núcleo silábico.
Coda:	aplícase a la(s) consonante(s) en posición final de una sílaba.
Cometío:	es la forma coloquial de «cometido».
Comillas anguladas:	representan el signo lingüístico « » en el que se encierra una forma ortográfica.
Coda:	aplícase a la(s) consonante(s) en posición final de una sílaba.
Conjunción:	es la parte invariable de la oración que sirve de relación o enlace entre palabras o frases.
Cono Sur:	es la región sureña de Sudamérica que comprende a Chile, la Argentina, el Uruguay y, a veces, el Paraguay y partes del Brasil.
Continua:	es otra palabra para *fricativa*.
Contorno:	es otra palabra para *marco lingüístico*.
Corchetes:	representan el signo lingüístico [ ] en los que se encierra el alófono.

Costanero:	otra palabra para *costeño*.
Costeño:	aplícase a las regiones geográficas o el habla de las mismas situadas en la costa, ribera o litoral; costanero.
Crema:	es otra palabra para *diéresis*.
Criollo:	se refiere a una lengua que ha surgido por la convivencia de dos comunidades; el criollo está constituido por elementos procedentes de ambas lenguas.
Cuerdas vocales:	son los tendones musculares que forman parte de la caja laríngea y que intervienen en la fonación; en posición semicerrada se vibran produciendo un sonido sonoro; en posición abierta no se vibran produciendo un sonido sordo.
Debilitamiento:	es otra palabra para *lenición*.
Dental:	aplícase a los sonidos que se pronuncian con la punta de la lengua tocando contra los dientes superiores.
Dentalización:	es el proceso de articular algún sonido con el ápice de la lengua tocando contra los dientes superiores.
Desafricación:	es otra palabra para *fricatización*.
Desdoblamiento fonológico:	se refiere al cero fonético; es decir, se aplica a la fricativa alveolar sorda /s/ que no se pronuncia en posición final de sílaba.
Desfonologización:	es la pérdida del valor fonémico de algún fonema del inventario; también se llama *neutralización*.
Desplazamiento:	se refiere al movimiento horizontal de la lengua en la fonación de las vocales; véase el eje horizontal.
Dialecto:	es una forma emparentada con algún idioma; o sea, una variedad regional.
Dialecto andino:	se refiere a los hablares de la Cordillera de los Andes; incluye Colombia, Venezuela, Ecuador, Perú, Bolivia, Argentina y Chile.
Dialecto montañoso:	se refiere a las variedades habladas en las tierras altas.
Dialectología:	se refiere al tratado o el estudio de los dialectos.
Dientes inferiores:	son los articuladores que intervienen en la fonación de un sonido interdental.

Dientes superiores:	son los articuladores que intervienen en la fonación de un sonido dental, interdental o labiodental.
Diéresis:	tiene valor diacrítico y es el signo que consiste en dos puntos sobre una vocal; también se llama la *crema*.
Dígrafo:	es la unión de dos grafías que da un solo sonido; por ejemplo, «ch, ll, rr».
Diptongación:	es la acción de pronunciar dos vocales en una sola sílaba.
Diptongo:	es la unión de dos vocales en una sílaba. Hay tres clasificaciones: *sucesión creciente, sucesión decreciente,* y *sucesión acreciente.*
Diptongo quebrado:	es otra palabra para *hiato.*
Distribución coincidente:	se refiere a aquellos sonidos que se encuentran en el mismo marco/contorno.
Distribución complementaria:	se refiere a la ocurrencia de dos fonos que no aparecen en el mismo marco/contorno, así pues confirmando la alofonía.
Distribución contrastiva:	se refiere a la ocurrencia de dos fonos que aparecen en el mismo marco/contorno, así pues confirmando el valor fonémico de ambos.
Disyuntiva:	la conjunción disyuntiva es la que, uniendo palabras, expresa diferencia o separación, como «o, u, ya, ora».
Dorso:	es la región de la lengua entre el predorso y el postdorso.
Duplicación vocálica:	es la doble articulación de una vocal a consecuencia de la ausencia de una consonante.
Eje bucal:	es el eje que indica cuanta amplitud hay entre los dos labios en la fonación de vocales; hay vocales abiertas y cerradas.
Eje horizontal:	es el eje que indica qué movimiento o desplazamiento horizontal de la lengua se precisa para la articulación de vocales: anterior, central o posterior.
Eje labial:	es el eje que indica qué configuración de labios se precisa para la articulación de vocales: redondeada, estirada o neutra.

Eje vertical:	es el eje que indica qué posición vertical de la lengua se precisa para la articulación de vocales: alta, media o baja.
Elisión:	es la supresión de una vocal o consonante.
Enlace:	se refiere a la unión o encadenamiento entre sílabas.
Ensordecimiento:	se refiere a la pérdida de sonoridad de algún sonido.
Entonación:	es un rasgo suprasegmental que se usa para marcar los contornos tonales de un grupo fónico o un enunciado.
Entorno:	es otra palabra para *marco lingüístico*.
Enunciado:	se refiere al bloque fónico; o sea, una oración o frase.
Epéntesis consonántica:	se refiere a la adición de una consonante en algún entorno donde no había antes.
Esdrújula:	es aquella palabra que se tilda en la antepenúltima sílaba; también se llama *proparoxítona*.
Estirado:	véase *vocal estirada*.
Etnolecto:	se aplica a la variedad del habla que queda afectada por la etnia con la que se asocia.
Familia lingüística:	es el conjunto de lenguas relacionadas por el mismo antecesor.
Faringe:	es el conducto muscular y membranoso situado en el fondo de la boca y unido a la laringe.
Fonación:	es la emisión de voz.
Fonema:	es la unidad de sonido que se encierra entre barras oblicuas / /; forma parte del inventario invariable de alguna lengua.
Fonética:	es el estudio de los sonidos del lenguaje y de las lenguas.
Fonología:	es la ciencia que estudia los elementos fónicos atendiendo a su respectivo valor funcional dentro del sistema propio de la lengua.
Fricativa:	aplícase a aquel sonido cuya articulación permite una emisión continua de aire, produciendo cierta fricción o roce en los órganos bucales; también se llama *continua* o *aproximante*.

Fricatización:	aplícase al proceso en el cual se convierte en fricativo algún otro modo de articulación; también se llama *desafricación*. Se aplica a la /tʃ/.
Frontera morfémica:	se refiere al límite de algún morfema.
Función distintiva:	se refiere a la acentuación y es la función que sirve para distinguir dos palabras de significado diferente; por ejemplo, en el caso de «práctica» y «practica».
Fusión:	aplícase a la unión de sonidos.
Galillo:	es otra palabra para *úvula*.
Galorromance:	aplícase a las lenguas romances pertenecientes a la Galia, comprendiendo el francés, el catalán y el occitánico.
Generolecto:	se refiere al habla distintiva por el sexo.
Geolecto:	se refiere al modo de hablar impactado por la geografía circundante.
Glótico:	aplícase a cualquier sonido que se verifica con el lugar de articulación situado en las cuerdas vocales (la glotis).
Glotis:	es la abertura formada por las cuerdas vocales.
Glotización:	se refiere al proceso de cambiar la articulación al punto de las cuerdas vocales.
Grado de constricción:	significa *modo de articulación*.
Grafía:	es la letra del abecedario; o sea, la forma ortográfica que se encierra entre comillas.
Grave:	es la palabra que se acentúa en la penúltima sílaba; predomina en el léxico del español; también se llama *llana* o *paroxítona*.
Grupo consonántico:	se refiere a consonantes consecutivas que se pueden mantener juntas en una sílaba o se pueden dividir en sílabas distintas.
Habla:	es la forma oral de la lengua.
Habla cuidadosa:	es la forma oral que se manifiesta de manera controlada.
Habla despreocupada:	es la forma oral que se manifiesta sin control alguno.

Habla lenta:	es la forma oral que se manifiesta de modo muy despacio.
Habla mesurada:	forma oral que se manifiesta de ritmo bastante natural.
Habla rápida:	forma oral que se manifiesta de manera coloquial.
Hablares en contacto:	se refiere al contacto que se mantiene entre dos lenguas que normalmente conviven en la misma región o alguna región cercana.
Hiato:	es el encuentro de dos vocales consecutivas sin formar diptongo; también se llama *antidiptongo*, *adiptongo* o *diptongo quebrado*.
Iberorromance:	aplícase a las lenguas relacionadas con la Península Ibérica, comprendiendo el español, el gallego y el portugués.
Idiolecto:	es la variedad personal e individual de hablar.
Idioma:	es otra palabra para una lengua de algún pueblo o nación.
Ilativo:	que infiere; conjunción que indica una consecuencia de lo previamente manifestado.
Inteligibilidad mutua:	se refiere al nivel de comprensión que existe entre dos formas lingüísticas.
Interdental:	aplícase a aquel sonido cuyo punto de articulación se realiza con el ápice de la lengua sobre el filo de los dientes incisivos superiores.
Intervocálico:	aplícase a la posición entre vocales.
Inventario consonántico:	es el listado de todos los fonemas consonánticos de una lengua.
Inventario fonémico:	es el listado de todos los fonemas tanto los consonánticos como los vocálicos de una lengua.
Inventario vocálico:	es el listado de todos los fonemas vocálicos de una lengua.
Isoglosa:	es una línea imaginaria que, en un atlas lingüístico, pasa por todos los puntos en que se manifiesta un mismo fenómeno.
Italorromance:	se refiere a aquellas lenguas de la rama itálica que se desarrollaron cerca de la Península Itálica, comprendiendo italiano y sardo.

Judeo-español:	es un dialecto del español hablado por los sefarditas, principalmente en el Asia Menor, los Balcanes, y el norte de África, que conserva muchos rasgos del español anterior al siglo XVI; también se llama *ladino*.
Labialización:	es la aplicación de un punto de articulación labial (en los labios) a algún sonido.
Labio inferior:	es el repliegue músculo-membranoso más bajo que, con el superior, cierran la boca.
Labio superior:	es el repliegue músculo-membranoso más alto que, con el inferior, cierran la boca.
Labiodental:	se refiere a la consonante cuya articulación se forma acercando el labio inferior a los bordes de los dientes incisivos superiores, como para la /f/.
Labiovelar:	se refiere a la consonante cuya articulación depende de la labialización de los labios y la participación del velo del paladar a la vez, como para la /w/.
Ladino:	es otra palabra para *judeo-español*.
Lambdaización:	se refiere al proceso de articular una [l] en lugar de una [ɾ] en posición final de la sílaba.
Lámina:	es la zona de la lengua que queda entre el ápice y el predorso.
Laringe:	es el tubo cartilaginoso que va desde la base de la lengua a la tráquea; el órgano de la voz.
Laríngeo:	concerniente a la laringe.
Lateral:	dícese de ciertas consonantes, como la [l] y la [ʎ], en que el aire sale por los lados de la lengua.
Latín culto:	es la forma del latín que se utilizaba para escribir.
Latín vulgar:	es la forma hablada del latín en el Imperio Romano y del cual derivan las lenguas romances; el que sentó las bases para crear las lenguas romances.
Laxo:	véase *vocal laxa*.
Lenición:	es el debilitamiento vocálico o consonántico.
Letra:	es otra palabra para *grafía*.
Lexema:	es otra palabra para *morfema léxico*.
Línea Spezia-Rimini:	la isoglosa que divide a los idiomas romances del este de los del oeste. Su nombre se refiere a las dos ciudades en Italia, Spezia y Rimini.

Líquida:	es una de las consonantes laterals o vibrantes /l, ʎ, ɾ, r/, así denominada por presentar ciertas características entre las vocales y las consonantes.
Llana:	es otra palabra para *grave*.
Marco lingüístico:	se refiere a la posición de algún sonido incluyendo todos los sonidos a su alrededor; también se llama *contorno, entorno*.
Mayor abertura:	aplícase a la vocal más abierta del inventario, /a/, que se verifica con mayor amplitud bucal.
Medio:	aplícase a aquellas vocales que se pronuncian con la lengua en posición vertical media; véase *eje vertical*.
Menor abertura:	aplícase a las vocales de menor amplitud bucal, la /i/ y la /u/ en español.
Metátesis:	se refiere al fenómeno lingüístico que consiste en alterar el orden de los sonidos de un vocablo.
Modo de articulación:	se refiere a la clasificación de sonidos atendiendo a <u>cómo</u> se articula; también se llama *grado de constricción*.
Monosílabo:	aplícase a la palabra de una sola sílaba.
Mora:	se refiere a la unidad de cantidad que conlleva alguna sílaba. Una vocal sola y laxa tiene <u>una</u> mora; mientras que una vocal larga, algún diptongo/triptongo, o una vocal más coda tendrían <u>dos</u> moras.
Morfema:	aplícase a los elementos mínimos que en una lengua expresan relaciones o categorías gramaticales.
Morfema gramatical:	es el morfema que sólo tiene significado gramatical y puede combinarse con otros morfemas o estar solo.
Morfema léxico:	es el morfema que tiene significado porque se basa en sustantivos, verbos, adjetivos y adverbios; también se llama *lexema*.
Morfemas libres:	son los morfemas que pueden formar palabras por sí mismos.
Morfemas trabados:	son los morfemas que dependen de otros morfemas para formar palabras.
Morfología:	es el estudio de la estructura de las palabras y de sus transformaciones.

Nasal:	aplícase al sonido que se realiza cuando el velo del paladar desciende de la pared faríngea permitiendo la emisión de aire por la cavidad nasal también; incluye /m, n, ɲ/.
Nasalización:	es la acción de producir con articulación nasal sonidos de la lengua.
Neolatino:	que procede o se deriva de los latinos o de la lengua latina.
Neutralización:	es otra palabra para *desfonologización*.
Neutro:	véase *vocal neutra*.
Núcleo:	se refiere a la cima de alguna sílaba.
Obstruyente:	es la clasificación de modo de articulación que comprende las oclusivas, las fricativas y las africadas.
Oclusiva:	es aquel sonido en cuya articulación los órganos bucales interrumpen momentáneamente la salida del aire espirado.
Oral:	aplícase al sonido que se realiza cuando el velo del paladar está adherido a la pared faríngea y el aire sale por la cavidad bucal.
Oxítona:	es otra palabra para *aguda*.
Paladar:	es el cielo de la boca.
Palatal:	relativo al paladar; se refiere al sonido cuya articulación se forma en cualquier punto del paladar.
Palatalización:	es el proceso de dar a un sonido articulación palatal.
Parámetro:	se refiere a las tres categorías descriptivas para la identificación de los fonemas.
Paravocal:	aplícase a la «i» o la «u» en algún diptongo o triptongo cuando están en posición final, es decir, a la vocal debilitada; también se llama *semivocal, vocal satélite*, o *vocal marginal*.
Paroxítona:	es otra palabra para *grave*.
Pausa:	se refiere a la breve interrupción en el habla; en el escrito se indica con la puntuación (coma, punto y coma, dos puntos, etc.).
Penúltima sílaba:	es la inmediatamente anterior a la última sílaba.

Pérdida:	se refiere a la privación de algún sonido que poseía anteriormente.
Polisílabo:	aplícase a la palabra que tiene varias sílabas.
Posnuclear:	relativo a la posición posterior al núcleo silábico.
Post-dorso:	relativo a la posición posterior al dorso de la lengua.
Predorso:	relativo a la posición anterior al dorso de la lengua.
Prefijo:	es el afijo que va antepuesto.
Prefijo griego:	el afijo/morfema proveniente del lexicón griego.
Prefijo latino:	el afijo/morfema proveniente del lexicón latín.
Prenuclear:	relativo a la posición anterior al núcleo silábico.
Proparoxítona:	es otra palabra para *esdrújula*.
Prótesis:	es la adición de uno o más sonidos al principio de una sílaba.
Prueba de conmutación:	es el proceso de intercambiar sonidos para ver si esto cambia el significado de la palabra.
Pulmones:	órganos de la respiración del hombre y de los vertebrados que viven o pueden vivir fuera del agua.
Punta:	es el extremo o el ápice de la lengua.
Punto de articulación:	se refiere a la categoría que comprende todo término que sirve para clasificar algún sonido o diferenciarlo de otro a <u>dónde</u> se articula.
Raíz:	es el elemento más simple de una palabra; la parte que de ella queda después de quitarle todos los afijos.
Rama itálica:	una de las ramas de la familia lingüística indoeuropea que se divide en cuatro categorías: balcánicorromance, italorromance, galorromance, iberorromance.
Rasgo suprasegmental:	se refiere a aquellos rasgos que quedan por encima de los elementos segmentales, como por ejemplo la acentuación.
Redondeado:	véase *vocal redondeada*.
Redondeamiento:	se refiere a la acción de abocinar los labios en la producción de sonidos.
Reducción vocálica:	se refiere a la disminución de las diez vocales del latín a cinco en español.

Refuerzo:	es el fortalecimiento de las (semi)consonantes en posición inicial de la sílaba, como para la /j/ y la /w/.
Rehilamiento:	es el zumbido o vibración que se produce en la zona articulatoria de ciertas consonantes, especialmente en la posición inicial de la sílaba.
Representación subyacente:	es la forma mental invariable de las grafías de una palabra compuestas en fonemas.
Resilabeo:	es el silabeo que se lleva a cabo entre palabras.
Retraído:	relativo a la posición posterior de la lengua en la fonación de vocales, como para la /u/ y la /o/.
Rima:	es el componente de la sílaba que comprende la cima y la coda.
Rotacismo:	es el proceso del habla en el que se articula una [ɾ] en lugar de una lateral [l].
Rótico:	se refiere a las líquidas no laterales, como las vibrantes.
Segmento:	se refiere a los sonidos discretos que forman parte de la representación subyacente o fonética.
Semiconsonante:	aplícase a la «i» o la «u» en algún diptongo/triptongo cuando están en posición inicial.
Semivocal:	es otra palabra para *paravocal*.
Seseo:	se refiere al proceso de pronunciar la «c, s, z» con la misma articulación—la fricativa alveolar sorda [s].
Sílaba:	es la unidad mínima de sonido que se da en una sola emisión de voz; también se denomina con la grafía griega σ.
Sílaba abierta:	se refiere a la sílaba que termina en vocal; es decir, que carece de coda. La abierta es la estructura predilecta del español.
Sílaba trabada:	se refiere a la sílaba que termina en consonante(s); es la estructura predilecta del inglés.
Silabeo:	se refiere a la separación en sílabas.
Simplificación:	es algún proceso del habla natural en el que el hablante simplifica o facilita el habla por elidir o cambiar algunos elementos del grupo consonántico.

Sinalefa:	se refiere a la ausencia de pausa entre la articulación de vocales contiguas; se indica con un enlace (medio círculo) por debajo de las vocales.
Sobresdrújula:	es una palabra que se tilda en la anteantepenúltima sílaba; también se llama *superproparoxítona*.
Sociolecto:	aplícase a una variedad del habla impactada por cuestiones sociales como escala social, nivel económico, etc.
Sonante:	es una de las categorías generales del modo de articulación que comprende las siguientes clases de sonidos: nasales, líquidas laterales y líquidas vibrantes.
Sonoridad:	dícese de aquellos sonidos que conllevan la vibración de las cuerdas vocales.
Sonorización:	es la acción y efecto de sonorizar o sonorizarse; se aplica a la adquisición de voz de algún sonido sordo.
Sonoro:	aplícase a un sonido producido con la vibración de las cuerdas vocales; es decir, a un sonido con voz.
Sordo:	aplícase a un sonido producido sin la vibración de las cuerdas vocales; es decir, a un sonido sin voz.
Sucesión acreciente:	aplícase a la secuencia de vocales consecutivas que comprenden dos cerradas: por ejemplo, «iu» o «ui».
Sucesión creciente:	aplícase a la secuencia de vocales consecutivas que comprenden una cerrada más una abierta: por ejemplo, «i, u» más «a, e, o». Se aplica a los diptongos tanto como los hiatos.
Sucesión decreciente:	aplícase a la secuencia de vocales consecutivas que comprenden una abierta seguida por una cerrada: por ejemplo, «a, e, o» más «i, u». Tiene aplicación para los diptongos tanto como los hiatos.
Sufijo:	es el afijo que va postpuesto.
Superestrato:	se refiere a una lengua llevada a otro dominio lingüístico en un proceso de invasión, y que desaparece ante la firmeza de la lengua invadida, dejando sólo algunos vestigios de ésta.
Superproparoxítona:	es otra palabra para *sobresdrújula*.
Suspensión:	es la acción y efecto de suspender; aplícase a la entonación que queda invariable o inalterada.
Suspenso:	aplícase a la entonación invariable o inalterada.

Suprasegmental:	véase *rasgo suprasegmental.*
Sustrato:	se refiere a una lengua que, hablada en un territorio sobre el cual se ha implantado otra lengua, se ha extinguido, pero ha legado algunos rasgos a esta última.
Tilde:	es el acento ortográfico o escrito.
Timbre:	es la cualidad perceptible característica de un sonido que lo distingue de otro; se refiere a las frecuencias secundarias que se vibran en su articulación.
Tónica:	aplícase a la sílaba o palabra con la acentuación, intensidad o prominencia perceptible.
Transcripción amplia:	es la transcripción que enseña la relación entre grafía y fonema; refleja la correspondencia teórica, no práctica.
Transcripción estrecha:	es la transcripción que enseña todo detalle fonético del habla.
Tráquea:	es el conducto cartilaginoso situado delante del esófago, que, partiendo de la laringe, se divide en dos ramas o bronquios.
Triptongo:	es el conjunto de tres vocales que forman una sola sílaba.
Trueques lingüísticos:	se refieren a aquellas voces que una lengua recibe por medio de otra.
Última sílaba:	la sílaba que conlleva la acentuación en la palabra aguda.
Ultracorrección:	es el error consistente en corregir lo correcto, suponiendo que es fonética o gramaticalmente incorrecto, como en la articulación de [ba.sí.ðo] por «vacío».
Úvula:	el apéndice blando y retráctil pendiente del velo del paladar; también se llama *campanilla* o *galillo.*
Uvular:	dícese del sonido en cuya articulación interviene la úvula.
Uvularización	se refiere al proceso del habla que convierte en uvular el punto de articulación normativo de algún sonido.

Valor fonémico:	aplícase al sonido con la característica susceptible de diferenciar el sentido de una palabra.
Velar:	aplícase al punto de articulación que se verifica con el dorso de la lengua tocándose o aproximándose al velo del paladar.
Velarización:	se refiere al proceso del habla que convierte a velar el punto de articulación normativo, como para la nasal /n/.
Velo del paladar:	es una especie de cortina membranosa que separa la cavidad de la boca de las fauces.
Vibrante:	se refiere a los sonidos en la categoría de sonantes que comprende tanto la líquida vibrante simple como la líquida vibrante múltiple.
Vibrante múltiple:	es el sonido rótico [r] en la categoría de sonantes que se pronuncia con el ápice de la lengua tocando repetidas veces contra los alvéolos.
Vibrante simple:	es el sonido rótico [ɾ] en la categoría de sonantes que se pronuncia con el ápice de la lengua tocando una vez contra los alvéolos.
Vocal abierta:	se refiere a aquellas vocales que se verifican con mayor amplitud bucal; se aplica a [a, e, o].
Vocal alta:	se refiere a aquellas vocales que se verifican con la lengua en posición alta; se aplica a [i, u].
Vocal anterior:	se refiere a aquellas vocales que se verifican con el desplazamiento horizontal de la lengua en posición anterior; se aplica a [i, e].
Vocal baja:	se refiere a aquella vocal que se pronuncia con la lengua en posición baja; se aplica a [a].
Vocal caediza:	alude a la pronunciación casi imperceptible de una vocal, especialmente la «e» entre dos sonidos sibilantes.
Vocal central:	se refiere a la vocal que se articula con un desplazamiento central (ni anterior ni posterior) de la lengua (el eje horizontal).
Vocal cerrada:	se refiere a las vocales que se verifican con menor amplitud bucal; se aplica a [i, u].
Vocal estirada:	se refiere a aquella vocal que se articula con los labios estirados (no redondeados), como para la /i/ y la /e/.

Vocal laxa:	se refiere a la vocal que no se pronuncia con tensión, es decir, que se puede debilitar fácilmente.
Vocal marginal:	es otra palabra para *paravocal*.
Vocal media:	se refiere a las vocales cuya articulación se verifica con la lengua en una posición vertical media, como para la /e/ y la /o/.
Vocal neutra:	se refiere a la articulación de alguna vocal en la que ni se redondean ni se estiran los labios; se aplica a [a].
Vocal posterior:	se refiere a aquella vocal que se pronuncia con un desplazamiento horizontal posterior de la lengua; se aplica a la /o/ y la /u/.
Vocal redondeada:	se refiere a aquella vocal que se verifica con un redondeamiento de los labios; se aplica a la /o/ y la /u/.
Vocal satélite:	es otra palabra para *paravocal*.
Vocal tensa:	se refiere a aquella vocal que se pronuncia completamente con tensión, es decir, que no se debilita.
Vocálico:	relativo a las vocales.
Wau:	se refiere a la vocal «u» que se pronuncia como semiconsonante, como en la palabra «suerte», o como semivocal, como en la palabra «cautivo».
Yod:	se refiere a la vocal «i» que se pronuncia como semiconsonante, como en la palabra «pie», o como semivocal, como en la palabra «rey».
Yodización:	se refiere al proceso dialectal de convertir en diptongo la cima de una sílaba cuya coda se ha elidido, por ejemplo en la palabra «concepto» [kon.séj.to].

Glosario de palabras ejemplares

Aldaba: es un llamador; una pieza de metal en las puertas para llamar o cerrarlas (aldabilla).

Asomado: aplícase a algo mostrado por una abertura o por detrás de una cosa.

Bolilla: es una bola pequeña.

Borda: es una forma del verbo *bordar*, que significa adornar con aguja.

Buzo: es un hombre que, protegido por aparatos, trabaja sumergido en el agua; también es una sudadera.

Ciempiés: es el miriápodo con cuatro ojos.

Congosto: es el desfiladero entre montañas.

Conjuez: es un juez juntamente con otro en un mismo negocio.

Conjuro: es un exorcismo; la acción de conjurar.

Chulengo: es un guanaco recién nacido.

Chullo: es una persona de la clase media; también es una prenda hecha de punto con orejeras que sirve para cubrir la cabeza.

Doma: es la domadura de potros; acción de hacer dóciles a los animales.

Embrujada: significa hechizada con confecciones mágicas.

Encía: es la carne que guarnece la dentadura.

Enderezo: es una forma del verbo *enderezar*, que significa poner derecho o vertical.

Endibia: es la escarola; una especie de achicoria.

Enroscar: significa torcer en forma de rosca.

Envase: es la vasija en que se transporta algún producto.

Esbozo: es un bosquejo.

Escama: es una plaquita córnea, delgada, que cubre el cuerpo de ciertos animales.

Expósito:	es un niño recién nacido abandonado en un lugar público.
Farolito:	es la caja de material transparente dentro de la cual va una luz; un farol pequeño.
Fechoría:	es una mala acción.
Fondo:	es la parte inferior de una cosa hueca.
Fundo:	es una finca rústica.
Guanaco:	es un animal sudamericano muy parecido a la llama.
Inclusa:	es la casa donde se recogen y crían niños expósitos.
Largao:	es la forma coloquial de «largado». Este ejemplo enseña el debilitamiento y consecuente pérdida de la [d].
Luciérnaga:	es el coleóptero amarillo-pardusco cuya hembra despide una luz fosforescente.
Llanera:	que se refiere a un habitante de las llanuras.
Llavín:	es una llave pequeña.
Meneándose:	moviéndose de una parte a otra con prisa.
Ñandú:	es un avestruz americano.
Ñandutí:	es un tejido muy fino.
Ñipe:	es un arbusto cuyas ramas se emplean para teñir.
Orilla:	es la tierra contigua al mar o río.
Pa:	es una forma coloquial de la preposición *para*.
Palta:	es el fruto del palto; aguacate.
Pandera:	es un instrumento de percusión; pandero.
Pescuezo:	es el cuello del animal o del hombre.
Polilla:	es la mariposa nocturna cuya larva destruye la materia en donde anida.
Pompa:	es la vanidad y grandeza.
Rodapié:	es el zócalo, o el friso (cuya forma plural es «los rodapié»)
Telón:	es el lienzo grande y pintado que puede bajarse y subirse.
Víbora:	es una culebra venenosa.
Yacaré:	es un caimán o un pequeño cocodrilo de América.
Zurdo:	que emplea la mano izquierda en vez de la derecha.

Nombres geográficos y gentilicios

Alcalá de Henares:	alcalaíno; complutense (España)	Cataluña:	catalán (España)
Andaluz:	andaluz; bético (España)	Ceuta:	ceutí (España)
Antillas:	antillano	Colombia:	colombiano
Antofagasta:	antofagastino (Chile)	Concepción:	penquista (Chile)
Aragón:	aragonés (España)	Córdoba:	cordobés (España)
Argentina:	argentino	Costa Rica:	costarricense
Árica:	ariqueño (Chile)	Cuba:	cubano
Asturias:	asturiano (España)	Cuenca:	conquense (Ecuador)
Asunción:	asunceño (Paraguay)	Chile:	chileno
Atacama:	atacameño (Chile)	Chillán:	chillanejo (Chile)
Ávila:	avilés (España)	Ecuador:	ecuatoriano
Barcelona:	barcelonés (España)	Escorial:	escurialense (España)
Belice:	beliceño	España:	español
Bogotá:	bogotano (Colombia)	Extremadura:	extremeño (España)
Bolivia:	boliviano	Galicia:	gallego; galaico (España)
Buenos Aires:	bonaerense; porteño (Argentina)	Granada:	granadino (España)
Burgos:	burgalés (España)	Guadalajara:	guadalajareño (España) tapatío (México)
Cádiz:	gaditano (España)	Guatemala:	guatemalteco
Caracas:	caraqueño (Venezuela)	Guayaquil:	guayaquileño (Ecuador)
Castilla:	castellano (España)	La Habana:	habanero (Cuba)
		Honduras:	hondureño

Huelva:	huelveño; onubense (España)	Pirineos:	pirenaico; pirineo (España, Andorra, Francia)
Huesca:	oscense; tensino (España)	Potosí:	potosino (Bolivia)
Iquique:	iquiqueño (Chile)	Puerto Montt:	puertomontino (Chile)
Isla de Pascua:	pascuense (Chile)	Puerto Rico:	puertorriqueño; borinqueño
Lima:	limeño (Perú)	Querétaro:	queretano (México)
Madrid:	madrileño; matritense (España)	Quito:	quiteño (Ecuador)
Magallanes:	magallánico; puntarenense (Chile)	Río de la Plata:	rioplatense (Argentina, Uruguay)
Málaga:	malagueño (España)	Salamanca:	salmantino; salmanticense (España)
Mallorca:	mallorquín (España)	El Salvador:	salvadoreño
Managua:	managüero (Nicaragua)	Santiago de Compostela:	santiagués; compostelano (España)
Maracaibo:	maracucho (Venezuela)		
Mar del Plata:	marplatense (Argentina)	Santiago de Cuba:	santiaguero (Cuba)
Marruecos:	marroquí; marroquín; moro	Santiago de Chile:	santiaguino; capitalino (Chile)
Melilla:	melillense (España)		
Mendoza:	mendocino (Argentina)	Santiago del Estero:	santiagueño (Argentina)
Menorca:	menorquín (España)		
Mérida:	emeritense (México)	Santo Domingo:	dominicano
México:	mexicano	Segovia:	segoviano (España)
Michoacán:	michoacano (México)	Sonora:	sonorense (México)
Montevideo:	montevideano (Uruguay)	Sucre:	sucreño (Bolivia) sucrense (Colombia)
Navarra:	navarro (España)		
Nicaragua:	nicaragüense	Tabasco:	tabasqueño (México)
Oruro:	orureño (Bolivia)	Tacna:	tacneño (Chile)
Oviedo:	ovetense (España)	Talca:	talquino (Chile)
Pamplona:	pamplonés (España)	Tarapacá:	tarapaqueño (Chile)
Panamá:	panameño	Tegucigalpa:	tegucigalpeño (Honduras)
Paraguay:	paraguayo	Teruel:	turolense (España)
Patagonia:	patagón (Argentina, Chile)	Tierra del Fuego:	fueguino (Argentina, Chile)
La Paz:	paceño (Bolivia)		
Perú:	peruano	Toledo:	toledano (España)

Uruguay:	uruguayo	Veracruz:	veracruzano (México)
Valparaíso:	porteño (Chile)	Viña del Mar:	viñamarino (Chile)
Valladolid:	valisoletano; vallisoletano (España)	Yucatán:	yucateco (México)
Venezuela:	venezolano	Zaragoza:	zaragozano; cesaraugustano (España)

Bibliografía

Alba, Orlando. *Manual de fonética hispánica*, 2nd ed. San Juan: Editorial Plaza Mayor, 2005.

Alonso, Amado, and Rafael Lapesa. *De la pronunciación medieval a la moderna en español.* Madrid: Editorial Gredos, 1988.

Altenberg, E. P. "The Judgment, Perception, and Production of Consonant Clusters in a Second Language." *International Review of Applied Linguistics in Language Teaching* 43 (1) (2005) 53–80.

Alvar, Manuel. "El español de los Estados Unidos: Diacronía y sincronía." *Revista de Filología Española* LXXII (1992) 469–90.

———. *Manual de dialectología hispánica: El español de América*. Barcelona: Editorial Ariel, 2000.

———. *Manual de dialectología hispánica: El español de España*. Barcelona: Editorial Ariel, 2000.

Álvarez Nazario, Manuel. *El habla campesina del país: Orígenes y desarrollo del español en Puerto Rico*. Río Piedras: Editorial de la Universidad de Puerto Rico, 1992.

Ariza Viguera, Manuel. *Sobre fonética histórica del español*. Madrid: Arco Libros, 1994.

Barlow, Jessica. "The Stop-Spirant Alternation in Spanish: Converging Evidence for a Fortition Account." *Southwest Journal of Linguistics* 22 (1) (2003) 51–86.

———. "Phonological Change and the Representation of Consonant Clusters in Spanish: A Case Study." *Clinical Linguistics and Phonetics* 19 (8) (2005) 659–79.

Barrios, Eduardo. "Papá y mamá". In *Cuentos americanos con algunos poemas*, Donald D. Walsh and Lawrence B. Kiddle, eds. New York: W. W. Norton and Company, 1970.

Beckman, Mary E., Manuel Díaz-Campos, Julia Tevis McGory, and Terrell A. Morgan. "Intonation across Spanish, in the Tones and Break Indices Framework." *Probus* 14 (2002) 9–36.

Bills, Garland D. "New Mexican Spanish: Demise of the Earliest European Variety in the United States." *American Speech* 72 (2) (1997) 154–71.

Castro, Oscar. *Huellas en la tierra*. Santiago: Editorial Andrés Bello, 1994.

Chambers, J. K., and Peter Trudgill. *Dialectology*, 2nd ed. Cambridge: Cambridge Textbooks in Linguistics, 1998.

Cid-Hazard, Susana Margarita. "Variación de estilo en relación a la variable fonológica /s/ en el español de Santiago de Chile." *Southwest Journal of Linguistics* 22 (2) (2003) 13–43.

Colina, Sonia. "The Status of Word-Final [e] in Spanish." *Southwest Journal of Linguistics* 22 (1) (2003) 87–107.

Davenport, Mike, and S. J. Hannahs. *Introducing Phonetics and Phonology*, 2nd ed. London: Hodder Arnold, 2005.

Di Pietro, Robert J. *Strategic Interaction: Learning Languages through Scenarios*. Cambridge: Cambridge University Press, 1987.

Ducrot, Oswald, and Tzvetan Todorov. *Diccionario enciclopédico de las ciencias del lenguaje*, 11th ed. Trans. Enrique Pezzoni. Madrid: Siglo Veintiuno Editores, 1985.

Elliot, A. Raymond. "Staking Out the Territory at the Turn of the Century: Integrating Phonological Theory, Research, and the Effect of Formal Instruction on Pronunciation in the Acquisition of Spanish as a Second Language." In *Spanish Second Language Acquisition: State of the Science*, Barbara A. Lafford and Rafael Salaberry, eds. Washington, D.C.: Georgetown University Press, 2003.

England, Nora C. *La autonomía de los idiomas mayas: Historia e identidad*. Guatemala: Editorial CHOLSAMAJ, 1994.

Fabre, Alain. *Manual de las lenguas indígenas sudamericanas I*. München: Lincom Europa, 2005.

———. 1998. *Manual de las lenguas indígenas sudamericanas II*. München: Lincom Europa, 2005.

Flege, J., M. Munro, and I. MacKay. "Factors Affecting Degree of Perceived Foreign Accent in a Second Language." *Journal of the Acoustical Society of America* 97, 3125–134.

Fontanella de Weinberg, María Beatriz. *El español bonaerense: Cuatro siglos de evolución lingüística (1580–1980)*. Buenos Aires: Librería Hachette, 1987.

Frago Gracia, Juan Antonio. *Historia del español de América*. Madrid: Editorial Gredos, 1999.

García Mouton, Pilar. *Cómo hablan las mujeres*, 2nd ed. Madrid: Arco Libros, 2000.

———. *Lenguas y dialectos de España*. Madrid: Arco Libros, 2002.

Gil Fernández, Juana, ed. *Panorama de la Fonología Española Actual*. Madrid: Arco Libros, 2000.

Goetz, Rainer H. *La Lengua Española: Panorama Sociohistórico*. Jefferson: McFarland and Co., Inc. 2007.

Guitart, Jorge M. *Sonido y sentido: Teoría y práctica de la pronunciación del español contemporáneo con audio CD*. Washington, D.C.: Georgetown University Press, 2004.

Hammond, Robert M. *The Sounds of Spanish: Analysis and Application*. Somerville, MA: Cascadilla Press, 2001.

Harris, Martin, and Nigel Vincent, eds. *The Romance Languages*. New York: Oxford University Press, 1988.

Hualde, José Ignacio, Antxon Olarrea, and Anna María Escobar. *Introducción a la Lingüística Hispánica*. Cambridge: Cambridge University Press, 2001.

Ladefoged, Peter, and Ian Maddieson. *The Sounds of the World's Languages*. Oxford: Blackwell Publishing, 1996.

Lapesa, Rafael. *Historia de la lengua española*, 9th ed. Madrid: Editorial Gredos, 1986.

Lightbown, Patsy M., and Nina Spada. *How Languages Are Learned*, 3rd ed. Oxford: Oxford University Press, 2006.

Lipski, John M. *Latin American Spanish*. New York: Longman, 1994.

———, and Silvia Iglesias Recuero. *El español de América*. Madrid: Grupo Anaya Comercial, 2000.

Mar-Molinero, Clare. *The Spanish-Speaking World: A Practical Introduction to Sociolinguistics*. London: Routledge, 1997.

Milroy, Lesley, and Matthew Gordon. *Sociolinguistics: Method and Interpretation*. Oxford: Blackwell Publishing, 2003.

Mistral, Gabriela. *Desolación; Ternura; Tala; Lagar*. México: Editorial Porrúa, 1992.

Moreno de Alba, José G. *El español en América*. México: Fondo de Cultura Económica, 1993.

Moreno Fernández, Francisco. *Qué español enseñar*. Madrid: Arco Libros, 2000.

Newman, Paul, and Martha Ratliff, eds. *Linguistic Fieldwork*. Cambridge: Cambridge University Press, 2001.

Núñez Cedeño, Rafael A., and Alfonso Morales-Front. *Fonología generativa contemporánea de la lengua española.* Washington, D. C.: Georgetown University Press, 1999.

Oroz, Rodolfo. *Diccionario de la lengua castellana*, 9th ed. Santiago: Editorial Universitaria, 1997.

Payne, Thomas E. *Describing Morphosyntax: A Guide for Field Linguistics*. Cambridge: Cambridge University Press, 1997.

Penny, Ralph. *A History of the Spanish Language*, 2nd ed. Cambridge: Cambridge University Press, 2002.

———. *Variation and Change in Spanish*. Cambridge: Cambridge University Press, 2000.

Piske, T., I. R. A. MacKay, and J. E. Flege. "Factors Affecting Degree of Foreign Accent in an L2: A Review." *Journal of Phonetics* 29 (2) 191–215.

Posner, Rebecca. *The Romance Languages*. Cambridge: Cambridge University Press, 1996.

Quilis, Antonio. *Principios de fonología y fonéticas españolas*, 5th ed. Madrid: Arco Libros, 2003.

———, and Joseph A. Fernández. *Curso de fonética y fonología españolas*, 24th ed. Madrid: Consejo Superior de Investigaciones Científicas, 1992.

Quiroga, Horacio. *Cuentos de la selva para los niños*, 6th ed. Buenos Aires: Editorial Losada, 1961.

Real Academia Española. *Esbozo de una nueva gramática de la lengua española*, 21st ed. Madrid: Espasa Calpe, 2004.

Samarin, William J. *Field Linguistics: A Guide to Linguistic Field Work*. New York: Holt, Rinehart and Winston, 1967.

Sosa, Juan Manuel. *La entonación del español: Su estructura fónica, variabilidad y dialectología*. Madrid: Ediciones Cátedra, 1999.

Stewart, Miranda. *The Spanish Language Today*. London: Routledge, 1999.

Téllez, Hernando. "Cenizas para el viento." In *Cuentos americanos*, Donald D. Walsh and Lawrence B. Kiddle, eds. New York: W. W. Norton and Company, 1970.

Vaquero, María, José Luis Vega, and Humberto López Morales. *La entonación: Prosodia*. San Juan: Editorial Plaza Mayor, 2000.

Vaquero de Ramírez, María. *El español de América I: Pronunciación*, 2nd ed. Madrid: Arco Libros, 1998.

———. *El español de América II: Morfosintaxis y léxico*, 2nd ed. Madrid: Arco Libros, 1998.

Vaux, Bert, and Justin Cooper. *Introduction to Linguistic Field Methods*. München: Lincom Europa, 2005.

Whitley, M. Stanley. *Spanish/English Contrasts: A Course in Spanish Linguistics*. Washington, D.C.: Georgetown University Press, 2002.

Zamora, Vicente. *Dialectología española*. Madrid: Editorial Gredos, 1967.

Índice analítico

Nota: Números itálicos indican figuras o tablas.